नेटवर्क ऑफ़ चैम्पियंस

नेटवर्क मार्केटिंग में क्या सही है –और इसका हिस्सा कैसे बनें

शैड हेल्मसटेटर, पीएच. डी.

अनुवाद : डॉ. सुधीर दीक्षित

MANJUL
मंजुल पब्लिशिंग हाउस

MANJUL
मंजुल पब्लिशिंग हाउस
कॉरपोरेट एवं संपादकीय कार्यालय
• द्वितीय तल, उषा प्रीत कॉम्प्लेक्स, 42 मालवीय नगर, भोपाल-462003
विक्रय एवं विपणन कार्यालय
• सी-16, सेक्टर 3, नोएडा, उत्तर प्रदेश - 201301, इंडिया
वेबसाइट : www.manjulindia.com
वितरण केन्द्र
अहमदाबाद, बेंगलुरू, भोपाल, कोलकाता, चेन्नई,
हैदराबाद, मुम्बई, नई दिल्ली, पुणे

शैड हेल्मसटेटर द्वारा लिखित मूल अंग्रेजी पुस्तक
नेटवर्क ऑफ़ चैम्पियंस का हिन्दी अनुवाद
Network of Champions by *Shad Helmstetter* - Hindi Edition

यह हिन्दी संस्करण 2015 में पहली बार प्रकाशित
7वीं आवृत्ति 2023

ISBN 978-81-8322-568-7

हिन्दी अनुवाद : डॉ. सुधीर दीक्षित

मुद्रण व जिल्दसाज़ी : रेप्रो इंडिया लिमिटेड

यह पुस्तक गहरे प्रेम और स्नेह के साथ मेरी पत्नी
बॉनी एलीस को समर्पित है।

विषय-सूची

प्रस्तावना

यह पुस्तक उन लोगों और परिवारों के लिए लिखी गई है, जो किसी भी स्तर पर वर्तमान में ऐमवे डिस्ट्रिब्यूटर हैं, चाहे अब तक आपकी गतिविधि जो भी रही हो। यह उन लोगों के लिए भी है, जो ऐमवे डिस्ट्रिब्यूटर संगठन में शामिल होने के बारे में सोच रहे हैं, लेकिन अब तक इसके सदस्य नहीं बने हैं।

इस पुस्तक के चार उद्देश्य हैं :

पहला है ऐमवे डिस्ट्रिब्यूटर संगठन में आपकी भूमिका के महत्त्व को पहचानना। साथ ही आपके जीवन तथा भविष्य में उस संगठन की भूमिका के महत्त्व को पहचानना।

दूसरा उद्देश्य है आपको उन सच्चे मनोवैज्ञानिक कारणों की जानकारी देना, जिनसे आपको व्यवसाय में व्यक्तिगत सफलता पाने में मदद मिलती है।

तीसरा है आपको लक्ष्य तक पहुँचने के सबसे प्रभावी प्रेरक साधन मुहैया कराना, जो मुझे शोध में मिले हैं।

मेरा चौथा उद्देश्य यह है कि पुस्तक पढ़ने में आसान हो, बेहद व्यावहारिक हो, ज़मीन से जुड़ी हो और ज़ाहिर है, आपकी सचमुच मदद करे।

मैं चाहता था कि यह पुस्तक आपके तथा आपके संगठन के लिए सबसे मददगार पुस्तक हो। इसलिए मैंने इसे नेटवर्क मार्केटिंग के बारे में नहीं, *ख़ासतौर पर* ऐमवे संगठन के बारे में लिखा है। इसलिए इसका हर शब्द पढ़ते समय आप यह विश्वास रख सकते हैं कि यह ख़ासतौर पर आप पर लागू होता है।

यह पुस्तक नेटवर्क मार्केटिंग संगठनों - ख़ासतौर पर इन संगठनों के सदस्यों- के कई वर्ष लंबे अध्ययन के बाद लिखी गई है। यह आपके संगठन, आपके प्लान या आपकी प्रस्तुति के तंत्र का वर्णन नहीं करती है। यह किसी भी औज़ार की नक़ल नहीं करती है या उसकी जगह नहीं लेती है, जो आपके पास पहले से ही उपलब्ध है।

इसके बजाय, यह पुस्तक तो आपकी सफलता के *व्यक्तिगत* पहलू के बारे में है - आपके भीतर के वे गुण और लक्षण, जो या तो आपकी मदद करते हैं या फिर आपको पीछे रोककर रखते हैं।

हालाँकि आपके संगठन का सदस्य बनने की इच्छा मेरे मन में थी, लेकिन मैंने किसी भी संगठन से बाहर रहने का चुनाव किया है, ताकि बाहरी प्रेक्षक और इस क्षेत्र

के शोधकर्ता के रूप में अपने पेशेवर ओहदे को क़ायम रख सकूँ।

इस पेशेवर स्थिति की वजह से मैं आपको आश्वस्त कर सकता हूँ कि ये अवलोकन स्पष्ट और निष्पक्ष हैं। मैं आपको आपके तथा आपके संगठन के बारे में जो भी बताने जा रहा हूँ, वह सब मेरी जानकारी के लिहाज़ से सटीक और सच है।

मेरे लिए सबसे अहम बात यह है कि यह पुस्तक आगे आने वाले बरसों में आपकी साथी बन जाए। पिछले वर्षों में मेरी आपमें से कई लोगों से अच्छी जान-पहचान हुई है। मुझे उम्मीद है कि आने वाले पन्नों में हम भी पक्के मित्र बन जाएँगे।

ऐमवे में आपकी सफलता के नाम। आप इसके हक़दार हैं।

शैड हेल्मसटेटर, पीएच.डी.

खण्ड - I

लोग, जो दुनिया बदल रहे हैं

"बहुत बार, हम ऊपर जगमगाते
सितारों को देखना छोड़ देते हैं।

हम भूल जाते हैं कि आसमान
में हीरे हैं -
और उनमें से एक हमारा है।"

अध्याय - 1

आपके आसमान में हीरे

"आप ही हैं जो हर चीज़ हैं,
आपके विचार, आपकी ज़िंदगी, आपके सपने सच होते हैं।
आप वह हर चीज़ हैं, जो आप चुनते हैं।
अनंत ब्रह्मांड की तरह ही आपकी भी कोई सीमा नहीं है।"

इन शब्दों से मैंने दस साल से भी ज़्यादा समय पहले अपनी पहली पुस्तक शुरू की थी। ये शब्द आज भी उतने ही सच हैं और यह हमारे जीवन के सबसे महत्त्वपूर्ण संदेशों में से एक है : आपके भविष्य की कोई सीमा नहीं है - और यह *आप पर निर्भर करता है।*

क्या आपने कभी साफ़, ठंडी रात में ऊपर की तरफ़ सितारों पर नज़र डाली है और यह कल्पना की है कि आपके सिर के ऊपर का आसमान हीरों से भरा हुआ है?

मुझे याद है कि मैं बचपन में ऐसा किया करता था। मुझे यह विश्वास था कि अगर मुझे अपनी किसी इच्छा को पूरी करना है, तो इसका तरीक़ा आसान था। इसके लिए मुझे बस आसमान में हीरों के अविश्वसनीय भंडार को देखना है, अपना सितारा खोजना है, अपनी इच्छा प्रकट करनी है और वह इच्छा सच हो जाएगी।

समस्या यह है कि बचपन के बाद हम बहुत व्यस्त हो जाते हैं। हम आसमान के सितारों की तरफ़ देखना बंद कर देते हैं। या हम भूल जाते हैं कि *हमारे आसमान में हीरे हैं* - और उनमें से एक हमारा है। समस्या यह है कि हम कभी इस बात पर यक़ीन नहीं कर पाते कि हमें वह हीरा मिल सकता है - इसलिए हम उस तक पहुँचने के लिए ज़्यादा ऊपर उठने की कोशिश ही नहीं करते।

ऐसा लगता है कि समस्या सितारों से भरे आसमान में दिखते सपने को ज़मीनी

या रोज़मर्रा के जीवन की *हक़ीक़त* से जोड़ने में आती है। आप कह सकते हैं, "सितारों को छूने की कोशिश करना बड़ी अच्छी बात है, मगर मुझे हाउस लोन की क़िस्त चुकानी है, बच्चों का पेट पालना है और *नौकरी करनी है।* मेरे पास सितारों को निहारने का समय नहीं है; मैं इतना व्यस्त हूँ कि मेरे पास इसकी फ़ुरसत ही नहीं है।"

मेरा विश्वास है कि अगर आप ऐमवे को अपने जीवन का हिस्सा बनाने में रुचि रखते हैं तो आप शायद उससे ज़्यादा चाहते होंगे, जो इस वक़्त आपके पास है : अपने परिवार के साथ ज़्यादा समय गुज़ारना, यात्रा की अधिक स्वतंत्रता, ज़्यादा पैसे... कम से कम, इस संगठन के साथ जुड़ाव आमतौर पर इसी तरह *शुरू होता है।*

उदाहरण के लिए, हम पैसे को लें। मैंने बहुत से लोगों से बात की है, जो ऐमवे से इसलिए जुड़े थे, क्योंकि वे हर महीने सैकड़ों डॉलर की अतिरिक्त कमाई करना चाहते थे। और यह बुरा विचार नहीं है। अगर आप आर्थिक स्वतंत्रता हासिल करना चाहते हैं, अगर आप अगले दस साल में अमेरिका के 10-15 प्रतिशत सर्वाधिक संपन्न परिवारों की श्रेणी में आना चाहते हैं, तो ऐमवे से ज़्यादा महत्त्वपूर्ण संगठन या अवसर आज मौजूद नहीं है। लेकिन एक चीज़ स्पष्ट है, बात इतनी-सी नहीं है।

यह पैसों या स्वतंत्रता या समय से कहीं अधिक है : यह जीवन की एक राह है

ज़ाहिर है, आर्थिक स्वतंत्रता महत्त्वपूर्ण है। जब रोज़मर्रा की आर्थिक चिंताओं का बोझ हल्का होता है, तभी आप बेहतर जीवन के *दूसरे* लक्ष्यों तथा उद्देश्यों पर ध्यान केंद्रित कर सकते हैं। अपने परिवार के साथ समय गुज़ारना भी आपका एक महत्त्वपूर्ण लक्ष्य हो सकता है। और यात्रा करना भी मायने रखता है, क्योंकि इससे आपके क्षितिज फैलते हैं और यह आपको उन सीमाओं के पार ले जाता है, जिन्हें आप हर दिन अपने चारों ओर देखते हैं। लेकिन जो डिस्ट्रिब्यूटर इस संगठन में लंबे समय से हैं, उनके साथ कुछ चर्चाओं में ही मुझे इस बात का प्रमाण मिल गया, जिसकी सच्चाई के बारे में मैं पहले से ही जानता था : कि ऐमवे सिर्फ़ आर्थिक अवसर या यात्रा या खाली समय से बहुत ज़्यादा है।

और मैंने आपके संगठन को जितना ज़्यादा देखा, इसका जितना ज़्यादा अध्ययन किया और इसका जितना ज़्यादा मूल्यांकन किया, मुझे उतना ही ज़्यादा विश्वास होता गया कि भले ही आप मेरे बताए किसी भी कारण से इसमें शामिल हुए हों, लेकिन जल्दी ही आप अधिक विराट और महत्त्वपूर्ण चीज़ का हिस्सा बन गए

होंगे। हो सकता है कि आपने आर्थिक आवश्यकता से *शुरुआत की हो* - परंतु ऐमवे में शामिल होने के बाद आपने न सिर्फ़ अपने, बल्कि अपने आस-पास के लोगों के जीवन को भी अधिक समृद्ध बना लिया होगा।

आप ऐमवे के साथ *सचमुच* क्या कर रहे हैं

जब तक कि आस-पास के लोग भी इस व्यवसाय में न हों, तब तक उन्हें इस बात का ज़रा भी पता नहीं होता कि आप *सचमुच* क्या कर रहे हैं, इसका उनके लिए क्या अर्थ हो सकता है या आप कितने महत्त्वपूर्ण हैं।

चाहे उन्हें - या आपको - इस बात का एहसास हो या न हो, आप दरअसल एक बहुत ही सकारात्मक "क्रांति" के बीच में हैं। जब आप प्लान पर काम कर रहे हैं, अपने जीवन को बेहतर बना रहे हैं और अपने मूलभूत आर्थिक लक्ष्य पूरे कर रहे हैं, तो इसके साथ-साथ आप जीवनशैलियाँ भी बदल रहे हैं, पूरे समाज को अपने मूलभूत आदर्शों की ओर लाने में मदद कर रहे हैं, आध्यात्मिक विश्वासों का समर्थन कर रहे हैं और उन लोगों को "सफलता" प्रदान कर रहे हैं, जो इसके लिए काम करते हैं।

यह एक बड़ा काम है और जितना आपने सोचा होगा, उससे बहुत ज़्यादा महत्त्वपूर्ण भी है। इस काम में आपको अपना सर्वश्रेष्ठ प्रदर्शन करने की ज़रूरत है और इसमें आपको *हर एक* का समर्थन मिलना चाहिए, आपके संगठन के *भीतर* भी और *बाहर* भी।

इस काम को करने में आपकी मदद करना

अगर मैं हर रोज़ बैठकर आपसे बातचीत कर सकता, आपको व्यक्तिगत रूप से प्रेरित कर सकता और आपको सफलता की शिक्षा दे सकता, तो मैं एक मित्र की तरह ऐसा करता और मुझे आप पर पूरा विश्वास होता।

मैं आपको यह दिखाने की कोशिश करता कि आप *सचमुच* कितने अच्छे हैं - अतिशयोक्तिपूर्ण या अनुचित तरीक़े से नहीं, बल्कि यथार्थवादी और व्यावहारिक तरीक़े से।

मैं आपको यह दिखाने की कोशिश करता कि आप इस अद्‌भुत संगठन के सदस्य होने के नाते दरअसल क्या कर रहे हैं; बाहरी आदमी होने के कारण मैं सच्चाई को ज़्यादा स्पष्टता से देख सकता हूँ।

मैं आपकी मदद करने वाला हर औज़ार, सच्चाई और तकनीक बताता। मैं

चाहता कि आप अपनी सर्वश्रेष्ठ क्षमताओं के अनुरूप बनें; और इसी दृष्टिकोण से मैंने यह पुस्तक आपके लिए लिखी है।

ऐमवे डिस्ट्रिब्यूटरों के लिए एक प्रेरणादायक प्रशिक्षण "हैंडबुक"

अगर आप पहले से ही ऐमवे में हैं, तो मैं आपको कुछ महत्त्वपूर्ण साधन देने जा रहा हूँ, जिनका इस्तेमाल करके आप नेटवर्क मार्केटिंग में अपने लक्ष्य हासिल कर सकते हैं। (अगर आप अभी सदस्य नहीं बने हैं, तो मुझे उम्मीद है कि इस पुस्तक को ख़त्म करने तक आप इसमें शामिल होने के लिए राज़ी हो जाएँगे।)

आज तक जितनी भी प्रभावी प्रेरणादायी तकनीकें खोजी गई हैं, उनमें से सबसे श्रेष्ठ तकनीकें आपको बताने के लिए मैंने इस क्षेत्र की प्रमुख अवधारणाओं को आपके लिए एकत्रित और अद्यतन किया है। मैंने सारे शोध और जानकारी को संयोजित तथा एकाग्र करके सीधे आपके व्यवसाय पर लागू किया है। इस तरह, यह प्रेरक प्रशिक्षण हैंडबुक सर्वश्रेष्ठ और अत्याधुनिक प्रेरणादायी औज़ारों व अवधारणाओं का सार है - और इसे *ख़ासतौर पर आपके यानि* ऐमवे डिस्ट्रिब्यूटर के लिए लिखा गया है।

मेरा लक्ष्य है कि इस पुस्तक के अंत तक मैं आपको यह एहसास करा दूँ कि ऐमवे में आप और आपका काम सचमुच कितना महत्त्वपूर्ण है। मैं चाहता हूँ कि आप जहाँ पहुँचना चाहते हैं, वहाँ तक पहुँचने के लिए आपको *व्यक्तिगत और प्रेरणादायी* नज़रिये से जितनी रसद और समर्थन की ज़रूरत है, मैं आपको वह सब प्रदान कर दूँ।

आपके सामने एक अविश्वसनीय अवसर है। मैं जानता हूँ कि आपमें वह सबकुछ है, जिससे आप इस अवसर का पूरा लाभ ले सकते हैं। मैं जानता हूँ कि आप उस सबसे ऊँचे सितारे तक पहुँच सकते हैं, जिस पर आप अपनी नज़रें जमा लें। और मैं यह भी जानता हूँ कि आप अपने तथा अपने परिवार के लिए उस भविष्य का निर्माण करने में सक्षम हैं, जिसके आप सपने देखते हैं - सिर्फ़ दिवास्वप्न नहीं, बल्कि बेहद यथार्थवादी, व्यावहारिक स्वप्न - इसलिए जब आप अगली बार सितारों से भरा आसमान देखें, तो यह समझ लें कि आपकी *जगह* इन "डायमंड (हीरों)," इन चमकती हुई रोशनियों के बीच है।

मुझे आशा और *विश्वास* है कि एक दिन आप अपने आसमान के इन हीरों में से एक *बन जाएँगे* - और वहाँ पहुँचने में मैं आपकी जितनी मदद कर सकता हूँ, करूँगा।

"अपने जीवन,

अपने परिवार,

अपने समाज,

अपने देश,

और मानव जाति

की बेहतरी के लिए

आप जो सबसे बड़ी सेवा कर सकते हैं,

वह...

ऐमवे संगठन का

एक सकारात्मक, सक्रिय सदस्य बनने के

अतिरिक्त और कुछ नहीं हो सकती।"

अध्याय - 2

उम्मीद से बढ़कर भी कुछ है, अमेरिका - और वह ऐमवे है

कुछ लोग जीवन में सफल क्यों होते हैं, जबकि बाक़ी लोग नहीं होते? जब सभी लोगों के सामने इतने ज़्यादा अवसर हैं, तो उनमें से सिर्फ़ कुछ ही उन अवसरों का लाभ क्यों ले पाते हैं और अपने जीवन को सुखमय बना पाते हैं?

मैंने इन सवालों के जवाब खोजने में कई साल लगाए हैं। मैंने कुछ लोगों को प्रगति करते और सफल होते देखा, जबकि बाक़ी लोग हाशिये पर गिर गए और वे खुद से कम उम्मीद कर रहे थे, क्योंकि वे यह सोच रहे थे, *"जीवन ऐसे ही चलता है,"* या फिर वे दौड़ से बाहर निकलने के बहाने बनाकर संतुष्ट हो गए।

जिन जवाबों की मुझे तलाश थी, वे मुझे समय के साथ मिल गए। दरअसल, सफलता के सच्चे समाधानों की मेरी अंतहीन खोज के दौरान मैंने शोध का एक ऐसा क्षेत्र और एक ऐसा समाधान खोजा, जो अब व्यक्तिगत प्रेरणा के क्षेत्र को पूरी तरह बदल रहा है। शोध के इस क्षेत्र और इस खोज को नाम दिया गया "सेल्फ़-टॉक" यानि "खुद से बात करना।" हमने यह जाना कि सेल्फ़-टॉक की तकनीकों का इस्तेमाल करके लोग अपने असफल जीवन को प्रगतिशील और सफल जीवन में बदल सकते हैं। यह एक महत्त्वपूर्ण खोज थी और इससे लाखों-करोड़ों लोगों का जीवन बेहतर बनने में मदद मिली।

लेकिन अपने शोध के दौरान मैंने सफलता का एक और सिद्धांत खोजा - और यह भी दुनिया को बदल रहा है।

जब मैंने सेल्फ़-टॉक से होने वाले सकारात्मक परिवर्तनों का अध्ययन किया और उनके बारे में अमेरिका के हर बड़े शहर में श्रोताओं को संबोधित किया, तो एक और चीज़ हुई। अपने श्रोताओं में मुझे अपने जवाब का दूसरा हिस्सा मिल गया।

ये लोग किस वजह से अलग थे?

व्यवहारवादी शोधकर्ता होने के नाते मेरा काम लोगों का अध्ययन करना है। इसलिए इसमें हैरानी की कोई बात नहीं कि श्रोताओं के सामने बोलते समय, और हज़ारों लोगों से मिलते समय मुझे यह एहसास हुआ कि उनमें से कुछ लोग *अलग* थे। ये लोग अधिक जागरूक थे, अधिक रोचक थे, अधिक *ज़िंदादिल* थे।

समय के साथ मैंने पाया कि जब मैं अपने सेमिनार में सैकड़ों दर्शकों के सामने पहली बार बोलना शुरू करता था, तो तीन मिनट में ही मैं भीड़ में "ऐसे लोगों" को पहचान जाता था। श्रोताओं के बीच बैठे होने के बावजूद वे अलग दिखते थे। यह मुझे उनके चेहरे से दिख जाता था। यह मुझे उनके हावभाव से दिख जाता था - उस तरीक़े से दिख जाता था जिससे वे बैठते थे, जिससे वे अपनी कुर्सियों पर आगे की तरफ़ झुके होते थे, ताकि वे हर शब्द को अपने दिल में उतार सकें।

हालाँकि ऐसे लोग एक जैसे दिखते थे और ऐसा लगता था मानो वे सभी "सफलता के उसी स्कूल" से स्नातक हुए हों, परंतु उनमें से कई एक दूसरे को नहीं जानते थे और एक दूसरे से पहले कभी नहीं मिले थे।

अपनी हर प्रस्तुति के अंत में मैं श्रोताओं से बात करने का समय निकालता था। हर अवसर पर मैं इन ख़ामोश विजेताओं से बात करता था और उनसे उनके बारे में पूछता था। उनकी बातों से यह पता चलता था कि वे आम लोगों जैसे ही थे, यानि उनके बच्चे स्कूल में पढ़ते थे, वे चर्च जाते थे, नौकरियाँ करते थे, उनके ऊपर भी हाउस लोन की क़िस्त चुकाने की ज़िम्मेदारी थी और वे भविष्य की योजना बनाते थे।

परंतु इन "ख़ास" लोगों से बात करते समय मुझे यह पता चलने लगा कि वे किस वजह से *एक दूसरे* से इतने मिलते-जुलते थे और किस वजह से वे *बाक़ी सब लोगों* से इतने *अलग* थे। मैंने जितने ज़्यादा लोगों से बातें की, मेरे सामने यह उतना ही स्पष्ट होता गया कि इन सभी सकारात्मक लोगों में एक बात साझी थी और वह यह थी कि वे सभी *नेटवर्क मार्केटिंग* में थे - आमतौर पर, ऐमवे में।

नेटवर्क मार्केटिंग - और *आप* - इतने महत्त्वपूर्ण क्यों हैं

अगले कुछ सालों में मैंने हर प्रकार की नेटवर्क कंपनी और संगठन में काम कर रहे नेटवर्क मार्केटरों के विश्वासों, दृष्टिकोणों और प्रेरणाओं की तहक़ीक़ात शुरू की।

मैंने शीर्षस्थ संगठनों का अपना स्वतंत्र अवलोकन करने का निश्चय किया।

कुछ समय बाद मुझे यह विश्वास हो गया कि हम आज जिस दुनिया में रह रहे हैं, वहाँ *"सफलता" की सबसे महत्त्वपूर्ण राह ऐमवे संगठन से होकर गुज़रती है।*

अगर यह सही है, और मेरा विश्वास है कि यह सही है, तो नेटवर्क मार्केटिंग की सफलता अचानक बहुत महत्त्वपूर्ण बन जाती है। क्यों? क्योंकि किसी समाज या देश की सफलता अंततः अपने नागरिकों की सफलता और समृद्धि पर निर्भर करती है। इस बात में कोई संदेह नहीं है कि लोग *व्यक्तिगत स्तर पर* जितने ज़्यादा सफल होंगे, समाज या देश भी उतना ही ज़्यादा सफल होगा।

इससे यह निष्कर्ष निकलता है कि नेटवर्क मार्केटिंग आज व्यक्ति को सफलता दिलाने वाली प्रबल शक्तियों में सबसे प्रमुख है और अगर इस क्षेत्र में ऐमवे सबसे सशक्त है, तो इसका मतलब यह हुआ कि ऐमवे संगठन ही *सफलता के उस स्तर को तय करने में मदद करता है, जिस पर हमारा देश अमेरिका - और हमारा संसार - पहुँचेगा।*

अपने जीवन को - और दुनिया को बदलना

जब आप सफल ऐमवे डिस्ट्रिब्यूटर बन जाते हैं, तो आप अपने जीवन को कई सकारात्मक तरीक़ों से बदल लेते हैं। परंतु मामला यहीं पर ख़त्म नहीं हो जाता। दरअसल, यहाँ तो लाभ *शुरू* होते हैं।

अपने जीवन को बदलते समय *आप जो करते हैं,* उससे ऐमवे बहुत महत्त्वपूर्ण बन जाता है। आप अपने जीवन को बदलने के साथ-साथ दूसरे लोगों का जीवन बदलने में *उनकी* भी मदद कर रहे हैं। और वे लोग दूसरे लोगों का जीवन बदलने में *उनकी* मदद कर रहे हैं। और वे भी, अपने स्तर पर, दूसरे लोगों का जीवन बदलने में *उनकी* मदद कर रहे हैं... और इस तरह यह सिलसिला शुरू होता है। दुनिया में ऐसे कितने लोग हैं, जो ऐमवे डिस्ट्रिब्यूटर बनकर लाभ उठा सकते हैं?

ज़ाहिर है कि ये सब बातें वह डिस्ट्रिब्यूटर भी जानता है, जो अभी हाल ही में इसमें शामिल हुआ है। फिर भी बच्चों को पालने, किराया चुकाने, समय पर ऑफ़िस पहुँचने की दिनचर्या में हम इस बुनियादी सच्चाई को आसानी से भूल सकते हैं।

आप ऐसे कितने व्यवसायों को जानते हैं, जहाँ आप सिर्फ़ कुछ दर्जन या कुछ सौ लोगों से बातें करके - या उन्हें प्रभावित करके - *लाखों लोगों* के जीवन में सकारात्मक बदलाव ला सकते हैं?

उन लोगों के बारे में क्या, जिन्हें सफल होना तो चाहिए – लेकिन हो नहीं पाते?

जब मैंने नेटवर्क मार्केटिंग संगठनों का अध्ययन शुरू किया, तो मेरी रुचि उनकी कंपनी के लाभ में नहीं थी, उनके द्वारा बेचे जाने वाले प्रॉडक्टों में भी नहीं थी। देखिए, किसी भी अच्छे मार्केटिंग संगठन में बेहतरीन क्वालिटी के प्रॉडक्ट और कारोबारी मुनाफ़ा बेशक मायने रखता है। मगर मेरी ख़ास दिलचस्पी तो इस व्यवसाय के "लोगों" वाले पहलू में थी। या ज़्यादा सटीक तरीक़े से कहें, तो मैं यह जानना चाहता था कि नेटवर्क मार्केटिंग करने वालों के *मस्तिष्क* में ऐसा क्या होता था, जिससे वे सफल होते थे।

मैं जानना चाहता था कि कुछ नेटवर्क मार्केटर किस वजह से सफल नहीं हो पाते थे। मैंने अपने आप से पूछा, अगर इस संगठन में बहुत से लोग सफल हो सकते हैं, लेकिन बाक़ी सफल नहीं हो रहे हैं, तो *कौन-सी चीज़ उन लोगों को रोक रही है जिसकी वजह से वे सफल नहीं हो पा रहे हैं?*

संगठन के कई सदस्य संगठन द्वारा दिए जाने वाले अवसरों और संभावनाओं का पूरा लाभ नहीं ले रहे थे। उन्हें जो औज़ार दिए गए थे, उनकी बदौलत *शिद्दत से सफलता चाहने वाला कोई भी व्यक्ति सफल हो सकता था।* लेकिन ये लोग अक्सर प्लान पर नहीं चल रहे थे और उन्हें दिए गए प्रशिक्षण का इस्तेमाल नहीं कर रहे थे।

ऐसा लग रहा था, जैसे कुछ लोग एक-दो दिन तक तो सपने देखने के लिए तैयार थे, या शायद एक सप्ताह या कुछ महीने तक। लेकिन इसके बाद वे अविश्वास की अपनी पुरानी मानसिकता में वापस लौट जाते थे।

परिणाम यह होता है कि वे अपने सामने मौजूद महान अवसर का बहुत कम फ़ायदा उठा पाते थे या बिलकुल भी फ़ायदा नहीं उठा पाते थे। अंत में, वे उन पुरस्कारों से वंचित रह जाते हैं, जो उन्हें मिल सकते थे, *बशर्ते वे बस उस प्लान के अनुरूप काम करते रहते,* जो उन्हें दिया गया था।

यह स्पष्ट था कि यह ऐमवे की ग़लती नहीं थी; यह संगठन का दोष नहीं था। प्लान काम करता था; इस प्लान का अनुसरण करके लोग हर दिन सफल होते थे। जो लोग इसमें सफल नहीं हो पा रहे थे, उन्हें कोई *दूसरी* चीज़ रोक रही थी।

मैंने जितना देखा, मुझे उतना ही ज़्यादा पता चला कि अनगिनत लोग ज़्यादा ऊँचे स्तर पर पहुँच सकते थे, लेकिन उनमें से केवल मुट्ठी भर लोग ही इस विश्वास के साथ *शुरुआत करते हैं कि वे ऐसा कर सकते हैं।*

इस निष्कर्ष के कारण मैंने बहुत नज़दीक से देखने का फ़ैसला किया कि दुनिया के सबसे शक्तिशाली और सकारात्मक नेटवर्क मार्केटिंग संगठन के कुछ सदस्यों को सफल होने से *दरअसल कौन-सी चीज़ रोकती है - जबकि उन्हें सफल होने के लिए हर ज़रूरी चीज़ मुहैया करा दी जाती है।*

अब हम मेरे खोजे हुए सकारात्मक क़दमों पर एक नज़र डालते हैं, जिनसे आपको इस कारोबार में सफल होने में मदद मिल सकती है। हम उन नौ मुख्य तत्वों से शुरुआत करेंगे, जो आपकी सफलता के लिए पूरी तरह *अनिवार्य* हैं।

"यह आपकी सीमाओं पर चिंता करने का समय नहीं है।

यह तो आपकी कल्पना को फैलाने का समय है, अपने क्षितिजों को विस्तार देने का समय है और आपके बाक़ी जीवन के बारे में सोचने का समय है।"

अध्याय - 3

सफल नेटवर्क मार्केटिंग के नौ मुख्य गुण

आइए ऐसी चीज़ से शुरू करते हैं, जो आपके व्यवसाय में *तुरंत* मदद कर सके। हम कुछ नई खोजों पर नज़र डालकर शुरू करते हैं, जो आपके नेटवर्क मार्केटिंग व्यवसाय के *व्यक्तिगत पहलू* में आपकी मदद करेंगी।

मुझे इस व्यवसाय के प्रेरक व्यवहार को जितने क़रीब से देखने का मौक़ा मिला है, उतना मेरी जान-पहचान के किसी दूसरे लेखक या शोधकर्ता को नहीं मिला। जिस तरह कोई डॉक्टर किसी की जाँच करके यह सुनिश्चित करता है कि वह शारीरिक रूप से शक्तिशाली और स्वस्थ है, उसी तरह मैं भी लोगों के नज़रियों, प्रेरणाओं और आत्म-गौरव की शक्ति की जाँच करता हूँ।

इतने बरसों में, मैंने "सफलता" के कई मार्गों का अध्ययन किया है। इनमें से ज़्यादातर अल्पकालीन हैं, जैसे वे प्रेरक व्याख्यान जो आपको एक-दो घंटे के लिए प्रेरित कर देते हैं, लेकिन जब आप अगली सुबह उठते हैं, तो वे ग़ायब हो चुके होते हैं। इसके बाद सिर्फ़ यह असहज भाव बचता है कि आप इस वक़्त जो कर रहे हैं, आपको अपना जीवन बदलने के लिए उससे भिन्न कुछ करना चाहिए - लेकिन आपको पक्का पता नहीं होता कि वह क्या है।

अगर आप सफलता के एक स्थायी मार्ग पर चलना चाहते हैं, और अगर आप इस समय ऐमवे के डिस्ट्रिब्यूटर हैं, तो आपने अच्छा चुनाव किया है। एक निष्पक्ष, बाहरी शोधकर्ता के नाते मुझे लगता है कि आपको ऐमवे प्लान का अनुसरण करने से बेहतर तरीक़ा नहीं मिल सकता।

लेकिन मैं जिन डिस्ट्रिब्यूटरों से मिला हूँ, उनमें से कुछ में मुझे शंका का निहित एहसास नज़र आया। यह शंका सफलता की *संभावनाओं* के बारे में अस्पष्ट असहजता के रूप में दिखती है। भले ही आपके सामने सारे तथ्य हों और भले ही

आप सफलता की तमाम कहानियाँ सुन लें, लेकिन वह आंतरिक असहजता लौट आती है – और कहती है, *"क्या मैं सचमुच इसे कारगर बना सकता हूँ?"*

एक महत्त्वपूर्ण खोज

अपने शोध में मैंने यह पता लगाया कि नेटवर्क मार्केटिंग, और ख़ासतौर पर ऐमवे डिस्ट्रिब्यूटर बनना, किसी अन्य जगह पर मौजूद करियर, व्यवसाय या नौकरी से *भिन्न क्यों* है।

मैंने निश्चित कारण भी खोजे कि इस व्यवसाय में लोग *क्यों सफल या असफल* होते हैं – और वे कारण कई महत्त्वपूर्ण मायनों में उन कारणों से *भिन्न* हैं, जिनसे लोग दूसरे क्षेत्रों में सफल या असफल होते हैं।

मैंने यह पता लगाया कि *सफल* डिस्ट्रिब्यूटरों ने एक ऐसा नज़रिया और व्यवसाय करने की एक शैली अपनाई, जो दूसरे व्यवसायों की तुलना में स्पष्ट रूप से *भिन्न* – और मुझे लगता है, *श्रेष्ठ* – है। मैं यहाँ उन क़दमों की बात नहीं कर रहा हूँ, जो प्लान को कारगर बनाने के लिए ज़रूरी हैं। मैं यहाँ व्यावसायिक अवधारणा के बहु-स्तरीय तंत्र की बात भी नहीं कर रहा हूँ।

मैं तो बुनियादी, अंतर्निहित नियमों के समूह की बात कर रहा हूँ, जिन पर सफल डिस्ट्रिब्यूटर चलते हैं – और असफल डिस्ट्रिब्यूटर *नहीं* चलते।

मैं नौ निश्चित आवश्यकताएँ – मुख्य *गुण* – खोजने में कामयाब हुआ, जिन पर आपको अमल करना होगा, तभी आप अपने व्यवसाय में *सफल* हो सकते हैं। इनमें से हर "गुण" संभवतः आपको आपके स्पॉन्सर ने परिचय के सामान्य हिस्से के रूप में कम या ज़्यादा महत्त्व देते हुए सिखाया होगा। इनमें से हर गुण डिस्ट्रिब्यूटर बनने के बाद दिए गए प्रशिक्षण में आपको सिखाया गया होगा।

आप शायद इनमें से कई, या शायद सभी, सिद्धांतों का पहले से ही इस्तेमाल कर रहे होंगे, भले ही आप यह न जानते हों कि वे मुख्य गुण हैं। इनमें से कोई भी मुश्किल नहीं है। वास्तव में, वे एक फलते-फूलते डिस्ट्रिब्यूटर व्यवसाय के व्यावहारिक, ज़मीन से जुड़े सिद्धांत हैं।

इसलिए जब हम यहाँ *गुण* की बात कर रहे हैं, तो हम किसी ऊँचे सद्गुण की बात नहीं कर रहे हैं, जो आम डिस्ट्रिब्यूटर की पहुँच से परे हो। हम यहाँ जिस तरह के गुणों की बात कर रहे हैं, वे ऐसे हैं, जिन्हें हमारे जीवन और व्यवसाय का सारे समय मार्गदर्शन करना चाहिए।

आपके व्यवसाय को बढ़ाने वाले नौ "मुख्य गुण"

यह आश्चर्यजनक नहीं है कि आपका व्यवसाय ही ऐसा एकमात्र व्यवसाय है, जिसमें व्यक्ति की सफलता इन *सभी* नौ सिद्धांतों के तालमेल पर आधारित है। कई व्यवसाय इनमें से *कुछ* गुणों का इस्तेमाल करते हैं। लेकिन कोई दूसरा व्यवसाय नज़र नहीं आता, जिसमें इन सभी नौ गुणों का *मिलकर* इस्तेमाल किया जाता है, जैसा कि सफल डिस्ट्रिब्यूटर करते हैं।

यही शर्तें लागू होती हैं, फिर भले ही डिस्ट्रिब्यूटर के रूप में आपका लक्ष्य सिर्फ़ इतना हो कि आपके मकान की क़िस्त निकल आए या आप कर्ज़ से मुक्त हो जाएँ या ऐसा ही कोई शुरुआती लक्ष्य हो। ज़ाहिर है, अगर आपकी योजनाओं में इनसे ज़्यादा बड़ी सफलताएँ शामिल हों - और मैं *ऐसी* उम्मीद करता हूँ - तो इन सिद्धांतों को अपनाना वहाँ तक पहुँचने में एक *बड़ी* भूमिका निभाएगा।

मुख्य गुण #1: स्वप्न

स्वप्न कोई ऊँची मानसिकता का विचार नहीं है। यह आपके व्यवसाय के लिए बुनियादी विचार है। और इसका आपमें होना *अनिवार्य* है।

अगर कोई आपसे कहता है, *"मैं नहीं सोचता कि मैं यह कर सकता हूँ... मैं इसे कारगर होते नहीं देख सकता,"* - तो यह स्वप्न का अभाव दर्शाता है।

अगर कोई कहता है, *"देखिए, मेरे पास एक नौकरी है, मैं पहले ही महीना चलाने के लिए हर संभव चीज़ कर रहा हूँ... मैं और कुछ नहीं कर सकता..."* - यह स्वप्न का अभाव है।

जब आप किसी को कहते सुनते हैं, *"शायद किसी और समय..."*, तो यह एक ऐसा व्यक्ति है, जिसका जीवन बस उस चंद एकड़ जगह तक ही सिमटकर रह गया है, जिनमें वह हर दिन चलता है।

यह एक ऐसा व्यक्ति है, जिसमें कोई स्वप्न या भविष्यदृष्टि नहीं है। यह एक ऐसा व्यक्ति है, जो अपने खुद के बनाए एक लघु संसार में "गुज़ारा करने" में ही उलझा हुआ है। वह कभी रुककर अपने *बाहर* देखने - और सत्य को पहचानने - का समय ही नहीं निकाल पाता है : *कि उसका जीवन उसके दिल में मौजूद सपनों से बड़ा कभी नहीं होगा।*

मैं कभी उस समय को नहीं भूल पाऊँगा, जब "सपना" होने का महत्त्व मेरे खुद के जीवन में मुझे सिखाया गया था।

मेरा सबसे छोटा बेटा ग्रेगरी जब छह साल का था, तो वह और मैं उसके

भविष्य पर बातचीत कर रहे थे। हम उसके सामने मौजूद अविश्वसनीय जीवन के बारे में बात कर रहे थे। मैं यह पता लगाने की कोशिश कर रहा था कि मैं उसके असीमित भविष्य का चित्र उसे कैसे दिखाऊँ, तभी उसने ख़ुद मुझे संकेत दे दिया।

बातों-बातों में उसने मुझसे एक सवाल पूछा, जो उसकी उम्र के लिहाज़ से असामान्य था।

उसने मुझसे पूछा, *"मैं कितनी दूर तक जा सकता हूँ?"*

मैंने एक-दो मिनट तक उस सवाल की गहराई के बारे में सोचा और फिर मेरे दिमाग़ में एक विचार आया। कुछ आसान शब्दों में उसे तुरंत जवाब देने के बजाय मैंने अपनी कार की चाबी उठाई और ग्रेगरी से पूछा कि क्या वह घूमने चलना चाहेगा।

आप कितनी दूर तक देख सकते हैं?

हम कार से अपने घर के क़रीब एक पहाड़ी के सबसे ऊँचे बिंदु तक गए। सूर्य अस्त हो रहा था और यह एक सुंदर शाम थी। बादल दूर क्षितिज में बिंदु की तरह दिख रहे थे और वे अनंत लग रहे थे।

जब हम कार से बाहर निकले और इस सुंदर नज़ारे को देखने लगे, तो मैंने उससे पूछा, "तुम कितनी दूर तक देख सकते हो?"

मुझे हमेशा याद रहेगा कि मेरे छोटे बेटे ने मुझसे क्या कहा था, जब हम वहाँ अपने सामने अंतहीन शाम के आसमान को निहार रहे थे। उसने यह नहीं कहा, "वाह, यह तो बेहतरीन है।" या, "क्या अब हम घर चल सकते हैं?"

उसने यह कहा था, *"मैं हमेशा-हमेशा के लिए देख सकता हूँ।"*

वह उसे देख रहा था, जो मुझे उम्मीद थी कि वह देखेगा। और इससे मुझे उसके सवाल का जवाब देने का मौक़ा मिल गया। मैंने कहा, "अगर तुम इतनी दूर तक देख सकते हो, तो तुम इतनी दूर तक जा भी सकते हो।"

मैं नहीं सोचता कि वह छोटा लड़का, जो अब एक सफल युवक है, अपने जीवन में उस महत्त्वपूर्ण सबक़ को कभी भूला। मैं उसे अच्छी तरह जानता हूँ। आज तक वह अपने सबसे सुदूर क्षितिजों के सबसे महान वादे में यक़ीन करता है। उसने अपने भविष्य के स्वप्न को कभी नहीं गँवाया है।

छह साल का बच्चा भी बुनियादी संदेश को समझ सकता है। और एक बार जब आप इसे समझ लेते हैं, तो यह आपके साथ जीवन भर क़ायम रहता है।

आपका स्वप्न इस वक़्त कैसा है?
आप कितनी दूर तक जाएँगे?
आप कितनी दूर तक देख सकते हैं?

आप केवल उतनी ही दूर तक जा सकते हैं, जितनी दूर तक आप अपने जाने की कल्पना कर सकते हैं। अगर आपकी कल्पना उस ऑफ़िस में ठहर जाती है, जहाँ आप काम करते हैं या जहाँ आप इस वक़्त हैं, उससे ऊपर कुछ पायदानों तक की तरक्की के स्तर पर रुक जाती है - तो आप सटीकता से उतनी ही दूर तक जा पाएँगे।

दूसरी ओर, अगर आपकी कल्पना की कोई सीमाएँ नहीं हैं, तो *आपके भविष्य की भी सीमाएँ नहीं होंगी।* यदि आप खुद को स्वप्न देखने की अनुमति नहीं देते हैं, तो आप सफल नहीं हो सकते; आप उतनी दूर तक नहीं जा सकते, जितनी दूर तक आप जा सकते हैं। अगर आप खुद को स्वप्न का उपहार देते हैं, तो आप "सदा के लिए" देखने में समर्थ हो सकते हैं। अगर आप कभी सदा के लिए देखने का निर्णय लेते हैं और अगर कभी उतनी दूर तक जाने का निर्णय लेते हैं, जितनी दूर तक आप जा सकते हैं - तो मैं उस व्यक्ति या समस्या को चेतावनी दे दूँगा, जो आपकी राह में बाधा बनने की कोशिश करती है।

"स्वप्न" होने का गुण सकारात्मक ऊर्जा की सबसे बड़ी शक्तियों में से एक है, जिसे आप अपने जीवन में कभी जोड़ सकते हैं। स्वप्न के बिना, ज़्यादातर जीवन औसत से बहुत कम बेहतर होते हैं। स्वप्न हो, तो कोई भी जीवन बेहतरीन बन सकता है।

अगर आप "स्वप्न" पाना चाहें, तो आप क्या कर सकते हैं?

बाद में मैं आपको कुछ निश्चित साधन दूँगा, जो आपको किसी भी तरह की सीमाओं से छुटकारा दिला देंगे, जिन्हें आपने खुद के सामने रखा होगा। लेकिन हाल-फ़िलहाल अपने दम पर इस सुझाव का अभ्यास करके शुरुआत करें। वे चीज़ें *करने, बनने* और *हासिल करने* की कल्पना करें, जिन्हें आप असंभव मानते थे। अगर आप अपने मन में कारोबारी लक्ष्य हासिल करने की तस्वीर नहीं देख सकते, तो आप कभी वहाँ नहीं पहुँच पाएँगे। इसलिए *आदत* डालें, इसे समय दें, अपने मन में अपने सफल स्वरूप को उसी तरह देखें, जिस तरह आप सबसे ज़्यादा बनना चाहते हैं।

मेरा इससे वैसा मतलब नहीं है, जैसा कोई प्रेरक वक्ता आपको कुछ मिनटों तक आपके भविष्य के बारे में अलग तरह से सोचने के लिए प्रेरित करता है - और

फिर यह एहसास चला जाता है। मैं तो उस भविष्य को खुद बनाने के हर दिन के, ज़मीन से जुड़े अभ्यास के बारे में बात कर रहा हूँ।

अगर आप पहले से ही ऐमवे में हैं, तो आपका स्पॉन्सर और आपके लीडर आपको पुस्तकें पढ़ने, टेप सुनने तथा समारोहों में शामिल होने की सलाह देते हैं। *उनकी सलाह पर अमल करें!* वे पहले ही वहाँ रह *चुके* हैं, जहाँ आप जाने वाले हैं - और वे मदद कर सकते हैं। वे जो कर रहे हैं, उसका एक हिस्सा यह है कि वे आपके क्षितिजों को थोड़ा आगे पहुँचाने में आपकी मदद कर रहे हैं। वे आपकी मदद कर रहे हैं कि आप *स्वप्न* देखने का अभ्यास करें।

अपनी पत्नी या पति के साथ जाकर अपने स्पॉन्सर के साथ बैठें। अपने भविष्य के बारे में बात करने के उद्‌देश्य से एक शाम पूरी तरह अलग रख दें। जन्मदिन या वर्षगाँठ या नववर्ष के दिन या किसी ख़ास घटना का इंतज़ार न करें। इसे अभी कर दें। अपनी संभावनाओं, अपने सपनों, अपनी हसरतों और अपने लक्ष्यों के बारे में बात करें। इसे गंभीरता से लें। एक पैड और पेन साथ रखकर नोट्स लें। आप जिसके बारे में बात करते हैं और आप जो लिखते हैं, वह बेहद महत्त्वपूर्ण है। इससे आपकी ज़िंदगी बदल सकती है।

अपने भविष्य को उस तरह देखना, जैसा कि इसे *होना चाहिए* - और जैसा यह *हो सकता है* - जीवन में इससे ज़्यादा महत्त्वपूर्ण काम दूसरा नहीं है। उस तस्वीर को अपने दिमाग़ में जमा लें और उस लक्ष्य तक पहुँचने का निर्णय लें।

मुख्य गुण #2 : *आपके समय का सकारात्मक उपयोग*

कितनी बार आपने किसी को कहते सुना है, *"हाल-फ़िलहाल मेरे पास समय नहीं है,"* या *"मैं बहुत ज़्यादा व्यस्त हूँ?"* (कितनी बार आपने यह खुद कहा है?)

सफलता के इन दोनों बहानों को एक बार फिर पढ़ें, लेकिन इस बार उन्हें ऐसे पढ़ें, मानो आप उन्हें ज़ोर से कह रहे हों। और इस बार, मैं इन दो विचारों को ऐसे लिखूँगा, जैसे वे *सचमुच* हैं। जब आप उन्हें कहते हैं, तो आप दरअसल यह कह रहे हैं :

"हाल-फिलहाल मेरे पास... सफल होने का... समय नहीं है।"

"मैं... सफलता के लिए... बहुत ज़्यादा व्यस्त हूँ।"

दरअसल ठीक यही बात ऐमवे के बारे में आपसे "नहीं" कहने वाले लोग कह रहे हैं। और यही आप खुद से कह रहे हैं, अगर आप डिस्ट्रिब्यूटर हैं, लेकिन आप सफल

होने का समय नहीं निकाल पाते।

आपके पास फ्रैंकलिन प्लानर नामक समय प्रबंधन का औज़ार है। आपके पास स्पॉन्सर तथा संगठन के दिए प्रशिक्षण तथा विचारों के ज़रिये समय-प्रबंधन की बुनियादी जानकारी उपलब्ध है।

लेकिन दरअसल यहाँ समस्या *समय* की नहीं है; समस्या तो *समर्पण* की है। यदि आपके पास एक महत्त्वपूर्ण लक्ष्य, अचल एकाग्रता और अटल समर्पण हो - तो आप सफल होने का *समय* निकाल लेंगे। समर्पण उत्पन्न करें और आप लगभग अपने आप वह समय उत्पन्न कर लेंगे, जिसकी ज़रूरत आपको काम पूरा करने के लिए होती है।

मानव स्वभाव की इस सच्चाई की वजह से ही अगला मुख्य गुण - *समर्पण* - सबसे महत्त्वपूर्ण गुणों में से एक है। और सभी गुणों की तरह ही ये दोनों भी साथ-साथ चलते हैं।

मुख्य गुण #3 : *समर्पण*

क्या आप इस वक़्त किसी व्यवसाय के मालिक हैं?

यदि आप एक स्वतंत्र डिस्ट्रिब्यूटर या नेटवर्क मार्केटर हैं, तो आप एक व्यवसाय के स्वामी हैं। आप एक बहुत वास्तविक व्यवसाय के स्वामी हैं।

ऐमवे अवसर में शामिल होना बहुत आसान होता है, इसलिए कुछ लोग यह पहचान ही नहीं पाते हैं कि यह सबसे पहले, और सबसे बढ़कर, एक *व्यवसाय* है। परिणाम यह होता है कि वे कभी अपने बैंकर, अपने अकाउंटेंट, अपने वकील या एक दूसरे के साथ भी नहीं बैठते हैं और व्यवसाय में रहने का वास्तविक *समर्पण* नहीं करते हैं। उनके या किसी दूसरे के साथ समर्पण का कोई कथन, कोई वास्तविक अनुबंध नहीं है।

जैसा कुछ बहुत सफल डायमंडों ने मुझे बताया, समस्या यह है कि व्यवसाय बस किसी तरह... *शुरू* हो जाता है, लेकिन इसके मालिक इस बात को कभी पहचानते ही नहीं हैं कि *यह* व्यवसाय भी किसी फ़ास्ट फूड फ्रैंचाइज़ी या प्रिंटिंग स्टोर खोलने जितना ही महत्त्वपूर्ण है। मेरे दृष्टिकोण से यह उससे भी *ज़्यादा* महत्त्वपूर्ण है।

यदि आप समर्पित नहीं होते हैं, तो आप सफल नहीं हो सकते

जैसा आपके स्पॉन्सर ने शायद आपको बताया होगा, अगर आपको बैंक जाकर 1 लाख डॉलर का लोन माँगना पड़ता, तो आप निश्चित रूप से अपने डिस्ट्रिब्यूटर

व्यवसाय को बहुत गंभीरता से लेते। उनकी बात सही है। इससे आप समर्पित हो जाते।

और अगर आप इस तरह समर्पित हो जाते, तो आप अपने समय और गतिविधियों को उसी अनुरूप तय करते। (इसीलिए मुख्य गुण #2 : समय, जिसका पहले ज़िक्र किया गया है, दरअसल सही स्तर के समर्पण से उत्पन्न होता है।)

यदि आप किसी तरह के व्यवसाय के मालिक बनते, जो साल भर में पचास हज़ार या *एक लाख डॉलर या इससे अधिक* मुनाफ़ा कमाता, तो आप उसे बहुत महत्त्वपूर्ण व्यवसाय मानते। लेकिन गौर करें, अगर आप प्लान का अनुसरण करते हैं, तो आप अपने नेटवर्किंग व्यवसाय को भी दरअसल यही करने के लिए तैयार कर रहे हैं।

और उस सफल व्यवसाय के प्रति आपको इसी वक़्त समर्पण कर देना चाहिए - भले ही आपने अभी-अभी शुरुआत की हो या अब तक कोई प्रगति न की हो।

मैं यह इसलिए कह रहा हूँ, क्योंकि मैं कई डिस्ट्रिब्यूटरों से मिला हूँ, जिन्होंने यह काम अब तक नहीं किया है! उन्होंने दरअसल समर्पण नहीं किया है। और इसी की वजह से वे *सफल नहीं हो पा रहे हैं।*

समर्पित होने के लिए एक अनुबंध बनाएँ

यदि आपने अब तक समर्पण का वह स्तर नहीं बनाया है, जो दरअसल आपकी सफलता की *गारंटी* देता है, तो यह व्यवसाय या प्रशिक्षण संबंधी समस्या नहीं है। यह कुछ और है। ये तो आपके पुराने मानसिक "प्रोग्राम" हैं, जो आपको वह सबसे महत्त्वपूर्ण क़दम उठाने से रोक रहे हैं, जो आपको सफल होने के लिए उठाना होगा।

हम कंपनी के क़ागज़ात या व्यावसायिक लाइसेंस, लेटरहेड या बैंकर के साथ मीटिंग या बिज़नेस अनुबंध की बात नहीं कर रहे हैं। यह तो एक अलग प्रकार का अनुबंध है : आपके और आपके बीच का अनुबंध, और आपके तथा आपके जीवनसाथी के बीच अनुबंध। हो सकता है कि यह क़ागज़ पर न लिखा हो, लेकिन फिर भी यह अनुबंध तो है। यह एक मनोवैज्ञानिक अनुबंध है, जो कहता है, *"मैं समर्पण करने का चुनाव करता हूँ। हम समर्पण करने का चुनाव करते हैं।"*

और उस अनुबंध को बनाते समय आप दोनों सफल होने का चुनाव कर रहे हैं।

मुख्य गुण # 4 : *विश्वास*

एक और वजह है, जिस कारण लोग सफलता से कम रह जाते हैं। इस सबसे महत्त्वपूर्ण कारण को "विश्वास" कहा जाता है। विश्वास कई तरह के होते हैं, लेकिन यहाँ हम *आप* में - और ऐमवे में - और आपके भविष्य में विश्वास करने की बात कर रहे हैं।

सबसे पहले, सच तो यह है कि शायद आप *खुद पर* भरोसा न करते हों। यह असामान्य नहीं है। ज़्यादातर लोग हर दिन जीवन में सामने आने वाली बहुत-सी स्थितियों में खुद पर सवाल करते हैं। (हम यहाँ आपके धार्मिक विश्वास की बात नहीं कर रहे हैं; हम तो खुद को विजेता के रूप में स्वीकार करने की आपकी *योग्यता* के बारे में बात कर रहे हैं।)

या, हो सकता है कि आप *"प्लान,"* या ऐमवे या "सपने" या उस भविष्य में सचमुच यकीन न करते हों, जो ऐमवे की पूरी अवधारणा अंगीकार करती है। यदि आपके पास वह सारा विश्वास नहीं है, जिसकी आपको ज़रूरत है, तो यह भी समझ में आता है। किसी ऐसी चीज़ पर सवाल या शंका करना आपके लिए स्वाभाविक है, जो इतनी अच्छी नज़र आती है। आख़िर, आप पहले भी बहुत से अच्छे विचार देख चुके हैं : यह भिन्न क्यों होना चाहिए?

क्या आप सचमुच अपने भविष्य में यक़ीन कर सकते हैं, जबकि आपने अब तक इसे नहीं देखा है?

एक तरह का विश्वास है, जो आस्था का रूप है। आप बस "विश्वास करते हैं।" लेकिन हम यहाँ जिस तरह के विश्वास की बात कर रहे हैं, वह दरअसल एक योग्यता है। यह एक ऐसी चीज़ है, जिसे करना आप *सीखते* हैं। यह एक गुण है, जिसका आप *अभ्यास करते* हैं।

मैं बहुत तीक्ष्ण डायमंडों तथा अन्य लोगों की संख्या पर हैरान था, जिन्होंने मुझे बताया कि वे जितने भी ऐमवे सदस्यों को जानते थे, उनमें से केवल चंद डिस्ट्रिब्यूटर ही यह जानते थे कि वे कितने महत्त्वपूर्ण थे - और वे सचमुच क्या हासिल कर रहे थे - *जब तक कि वे वहाँ पहुँच नहीं गए।*

यानि, मैंने जिससे भी बातचीत की, उनमें से लगभग किसी को भी *हज़ारों* दूसरे लोगों की सफलता में अपनी "भूमिका" के *सच्चे* महत्त्व का अंदाज़ा तब तक नहीं हुआ, जब तक कि उन्होंने सफलता हासिल नहीं कर ली।

जब मैंने संगठन और इसके लोगों का वर्षों तक अध्ययन किया, तो मैं पहले

साल के ऐमवे के शुरुआती स्तर के उत्साही व्यक्तियों के नज़रियों से भी प्रभावित हुआ। मैं ऐमवे में जिससे भी मिला, हर एक ने किसी बहुत अविश्वसनीय स्वप्न का कम से कम कुछ हिस्सा पकड़ लिया था। मैंने जितना ज़्यादा अध्ययन किया, शोध किया और बातचीत की, मुझे उतना ही ज़्यादा विश्वास हो गया कि ये लोग किसी बहुत ख़ास चीज़ का हिस्सा बन गए थे।

मुझे यह मालूम *नहीं* था कि मैं जिन लोगों का सम्मान और प्रशंसा कर रहा था, उनमें से कितनों को ज़रा भी *अंदाज़ा* नहीं था कि वे किसी तरह से ख़ास थे।

अधिक विश्वास उत्पन्न करने के लिए आप क्या कर सकते हैं?

यदि आप खुद पर पहले से भी ज़्यादा विश्वास करना चाहते हैं, और अगर आप अपने काम में इतना ज़्यादा विश्वास करना चाहते हैं कि यह असफल हो ही न सके - तो मैं आपको प्रोत्साहित करता हूँ कि आप विश्वास करने के गुण का *अभ्यास करने* का *चुनाव* करें। आप इस गुण का जितना ज़्यादा अभ्यास करते हैं, आपका विश्वास उतना ही ज़्यादा स्वाभाविक बन जाएगा।

आप विश्वास करने का *निर्णय* ले सकते हैं

अगर आप सफल होना चाहते हैं, लेकिन अनिश्चित हैं - या तो ऐमवे के बारे में या खुद के बारे में - तो विश्वास करने का निर्णय लें! हाल-फ़िलहाल आपके मन में जो भी अविश्वास हो, उसे परे रख दें। विश्लेषण करने की कोशिश न करें, असहमत होने की कोशिश न करें, आलोचना न करें, निंदा न करें और इसे रोकने या टालने के किसी कारण से न लड़ें।

हम यहाँ जो करने की कोशिश कर रहे हैं, वह यह है कि हम *हर चीज़* को, ख़ास तौर पर *आपको*, आपकी सफलता की राह में रोड़ा बनने से दूर कर रहे हैं।

ऐमवे प्लान और अवधारणा लाखों लोगों के लिए काम कर चुकी है, जिनके पास देने के लिए आपसे बहुत कम था। उन्होंने नए घर बनाए हैं, अपने बच्चों को कॉलेज भेजा है, बैंक में इतना ज़्यादा पैसा जमा किया है जितने की उन्हें कभी ज़रूरत नहीं पड़ेगी, अपनी धार्मिक आस्था को बढ़ाया है और अपने लिए सचमुच नया जीवन बनाया है, *सिर्फ़ इसलिए क्योंकि उन्होंने विश्वास करने, प्लान का अनुसरण करने और ईश्वर की कृपा हासिल करने का निर्णय लिया है।*

इसमें सही तरह के परिवार में बड़े होने की ज़रूरत नहीं थी, सही किस्म के कॉलेज में जाने या कोई ख़ास डिग्री लेने की ज़रूरत नहीं थी; इसमें सरकारी सहायता की ज़रूरत नहीं थी या किसी तरह की क़िस्मत की ज़रूरत नहीं थी।

इसमें विश्वास करने का *चुनाव करने* की ज़रूरत थी।

यदि आप अब तक विश्वास नहीं करते हैं, तो बस एक साल के लिए विश्वास करने का वादा करें। या छह महीनों के लिए।

अगर आप विश्वास के गुण को अपने जीवन और अपने व्यवसाय में शामिल कर लेते हैं और प्लान पर अमल करते हैं - तो कुछ ही समय में आप सफल लोगों की गिनती में आ जाएँगे। और आप किसी दूसरे को बता रहे होंगे, "हाल-फ़िलहाल... बस *विश्वास करने का निर्णय लें*... और प्लान के मुताबिक़ काम करते रहें।"

मुख्य गुण #5 : *आत्म-स्वीकृति*

हम इस मुद्‌दे को तुरंत तय कर लेते हैं :

ऐमवे के लिए कोई ग़लत व्यक्तित्व नहीं है।

ज़ाहिर है, अगर आप सकारात्मक, आत्मविश्वासी और प्रेरित हैं, तो इससे मदद मिलती है; इस तरह की योग्यताएँ जीतने में मदद करती हैं, चाहे आप *कोई भी काम* कर रहे हों। लेकिन ये *योग्यताएँ* हैं। सकारात्मक नज़रिया होना, आत्मविश्वास होना, प्रेरित होना - ये व्यक्तित्व के ऐसे गुण नहीं हैं, जिनके साथ आप *पैदा* होते हैं; इन्हें तो आप *सीखते* हैं।

अगर आप एक *पल* के लिए सोचते हों कि ऐमवे के लिए आपका व्यक्तित्व सही नहीं है, तो मैं आपको *आप ही जैसे* असीमित लोग दिखा दूँगा, जो पहले ही सफल हो चुके हैं।

यह एक भारी मिथक है जो हमारे मन में यह झूठी धारणा भर देता है कि विचार पेश करने में (जिसे "बेचना" कहा जाता है) अच्छा होने के लिए एक निश्चित "तरह" के व्यक्ति की ज़रूरत होती है। *यह सच नहीं है।* मैं जिन सबसे प्रेरक लोगों को जानता हूँ, उनमें से कुछ सबसे शांत या सबसे विश्लेषणात्मक हैं; उनमें से कुछ तो संकोची होने की चिंता तक करते हैं।

लेकिन वे शीर्ष पेशेवर हैं, क्योंकि वे उसमें विश्वास करते हैं, जो वे दे रहे हैं, और वे अपनी प्रस्तुतियों को आदर्श बनाने का समय निकालते हैं।

कोई भी डायमंड के रूप में "पैदा" नहीं हुआ था

मैंने जिन डायमंड से बातचीत की, उनकी समीक्षा करते समय मैं कहना चाहूँगा कि हालाँकि आज वे बेहद प्रभावशाली हैं, लेकिन मुझे नहीं लगता कि उनमें से एक भी ऐसा था, जो यह कहे कि वह हर उस गुण के साथ "पैदा" हुआ था, जिसकी ज़रूरत

सफल होने के लिए थी। उनमें से किसी से भी यह कहा जा सकता था, *"मैं नहीं सोचता कि आप इसके लिए बने हैं।"* (मैं यह जानता हूँ कि किसी समय उनमें से कई खुद के बारे में यह विश्वास रखते थे।)

आपको सही व्यक्तित्व कैसे मिले?

सही व्यक्तित्व पाने की चिंता न करें। कभी यह न सोचें कि आप इसलिए विजेता नहीं हैं, क्योंकि आपके पास आपकी हर मनचाही योग्यता नहीं है, या फिर आपके हिसाब से आप पर्याप्त भाग्यशाली नहीं हैं, या आपके पास आवश्यक पृष्ठभूमि नहीं है, या आप अतीत में असफल हो चुके हैं, या आप पर्याप्त तेज़ी से सफल नहीं हुए हैं।

मैं यह सुझाव नहीं दे रहा हूँ कि आपको खुद को बेहतर नहीं बनाना चाहिए। उल्टे मुझे तो लगता है कि हमें खुद को बेहतर बनाने की दिशा में तब तक काम करते रहना चाहिए, जब तक कि हमारी साँस चल रही हो। बेहतर बनना उद्देश्यपूर्ण जीवन का हिस्सा है।

लेकिन आप इस *वक़्त* जो भी हैं, जैसे भी हैं, अच्छा प्रदर्शन करने के लिए आदर्श रूप से सक्षम हैं। ज़ाहिर है, आप इसे ज़्यादा अच्छा बना सकते हैं, लेकिन अगर आप इस व्यवसाय को कारगर बनाना चाहते हैं, तो आपको यह जान लेना चाहिए :

यह आपका "व्यक्तित्व" नहीं है, जो सबसे ज़्यादा महत्त्वपूर्ण होता है।
यह आपका अतीत नहीं है।
यह आपकी शिक्षा नहीं है।
यह आपकी पृष्ठभूमि नहीं है।
यह आपका परिवार नहीं है।

यह *आप* हैं।

आप ही हैं, जो महत्त्वपूर्ण हैं। आप... *इसी वक़्त, आप जैसे भी हैं।* आप उस व्यक्तित्व से कहीं ज़्यादा हैं, जिसे आप अपने साथ रखते हैं - वह हिस्सा जिसे दूसरे लोग देख सकते हैं। (यह आपकी पहचान का केवल एक *हिस्सा* है - और यह हमेशा सबसे *सटीक* हिस्सा नहीं होता।) *आपके* अंदर - वास्तविक आप में - इस वक़्त जो भी है, उससे आप बाक़ी सब हासिल कर सकते हैं, जिसकी आपको ज़रूरत है।

आपको जिन "कामकाजी औज़ारों" की ज़रूरत है, वे सभी आपके पास पहले से ही हैं। अगर आपके पास पुराने मानसिक प्रोग्राम हैं, जिन्हें आपको बदलने की

ज़रूरत है, तो आप उन्हें बदल सकते हैं। लेकिन हाल-फ़िलहाल आपको यह जान लेना चाहिए कि आपसे ज़्यादा "सही" व्यक्तित्व कभी नहीं हुआ है।

आप *योग्यताओं* पर काम करते हैं। आप *प्रोग्राम* बदल सकते हैं। लेकिन *आप* जैसे भी हैं, अच्छे हैं।

मुख्य गुण #6: *ख़ुद के लिए ज़िम्मेदारी लेना*

युगों-युगों से, जो लोग *औसत से ऊपर उठना* चाहते थे, उन्हें भी वैसी ही शंकाएँ सताती रही हैं, जैसी कि वे जो आपको इस समय रोकने की कोशिश कर रही हैं।

शायद आपकी पत्नी या पति को ऐमवे में शामिल होने का विचार पसंद नहीं है, या आपका बॉस सोचता है कि आपका दिमाग़ चल गया है या कोई रिश्तेदार सोचता है कि यह समय की बर्बादी है या आपका सबसे अच्छा मित्र आपको बताता है कि वह "ऐमवे के बारे में सब कुछ" जानता है और आपको यक़ीन दिलाने की कोशिश करता है कि इसमें आप सचमुच कामयाब नहीं हो सकते।

किसी को भी आपकी राह में खड़े होने का अधिकार नहीं है

मैं कभी *किसी* से नहीं मिला, जो सचमुच ऐमवे के बारे में कुछ भी जानता था और जिसने कहा हो कि यह कामयाब नहीं होगा। अगर कोई कहता है, "इसे मत करो," तो आप भरोसा रख सकते हैं कि वह व्यक्ति उस चीज़ के बारे में कुछ *नहीं* जानता है, जिसके बारे में वह सब कुछ जानने का दावा कर रहा है। वह तो बस एक ऐसा व्यक्ति है, जो ज्ञानी दिखने की कोशिश कर रहा है, जबकि वास्तव में उसके पास कोई ज्ञान नहीं है।

ये ऐसे लोग हैं, जो अपने अज्ञान को व्यक्तिगत महत्त्व के एक झूठे मुखौटे के पीछे छुपाने की कोशिश कर रहे हैं। ये ऐसे लोग भी हैं, जो आपको कोई ऐसा काम *न* करने की सलाह देते हैं, जो हर महीने आपको 20,000 डॉलर दिला सकता है, जबकि वे ख़ुद हर *साल* 20,000 डॉलर कमाने के लिए जूझ रहे हैं।

समस्या यह है, ये सभी लोग *ग़लत* हैं – लेकिन वे आपको प्रभावित करने की स्थिति में हैं। यदि आप उन्हें इसकी अनुमति देते हैं, तो वे बोल-बोलकर आपके सपनों को आपसे दूर कर सकते हैं।

काश उन्हें *पता* होता! अगर उन्हें ज़रा भी *अंदाज़ा* होता कि वे कितनी बड़ी ग़लती कर रहे थे! जो लोग डायमंड या एमेराल्ड या रूबी बन सकते थे, उनमें से

ज़्यादातर *रुक* जाते हैं - इससे पहले कि वे डायरेक्ट डिस्ट्रिब्यूटर बन पाएँ। वे इसलिए नहीं रुकते हैं, क्योंकि वे इसमें *कामयाब* नहीं हो सकते; वे तो इसलिए असफल होते हैं, क्योंकि वे *दूसरों* के नकारात्मक विश्वासों के सामने घुटने टेक देते हैं।

जब आपको शुरू करने से भी पहले दूसरे लोगों के विरोध से उबरना होता है, तो इसमें इतनी सारी ऊर्जा की ज़रूरत होती है कि आपके मन में यह विचार भी आ सकता है कि क्या यह कोशिश करने लायक़ महत्त्वपूर्ण है।

लेकिन इस समस्या के जवाब का दरअसल किसी दूसरे के साथ कोई ताल्लुक़ नहीं है।

समाधान का ताल्लुक़ तो *आप* से है।

मैंने एक बार बताया था कि जिस एकमात्र व्यक्ति को आपकी *ओर* से सोचने का अधिकार होना चाहिए, वह ऐसा व्यक्ति होना चाहिए, जो आपके साथ - उसी दिन - *दफ़न होने* के लिए तैयार हो। (आप जिन लोगों से मिलेंगे, उनमें से बहुत कम ऐसा करने के लिए तैयार होंगे।)

आप अंततः और हर दिन अपने लिए ज़िम्मेदार हैं। यह आपके भविष्य के साथ आपके अनुबंध का हिस्सा है। आपको इस मामले में आत्मनिर्भरता के अपने अधिकार का इस्तेमाल करने के लिए तैयार रहना चाहिए। इसका मतलब सिर्फ़ यह है कि कोई दूसरा आपके लिए ज़िम्मेदारी लेने में आपकी मदद नहीं कर सकता।

अगर आप अभी जीना, और विकास करना, और हासिल करना, और सफल होना चाहते हैं, ख़ासतौर पर ऐमवे के ज़रिये, तो *किसी दूसरे को आपकी ख़ातिर यह निर्णय लेने - या आपको रोकने - का कोई अधिकार नहीं है।*

अगर दोबारा जीने के लिए आपके पास अगले पाँच साल होते...

दूसरों की नकारात्मक बातें सुनने के बजाय अपने *भविष्य* की आवाज़ सुनें। अगर दूसरे आप, ज़्यादा बड़े, ज़्यादा समझदार आप, इस वक़्त आपसे मिलने आए और आपको बताए कि क्या करना है - तो वह आपसे क्या करने को कहेगा?

हम पिछले पाँच सालों पर नज़र डालकर यह कहने के आदी हो चुके हैं, "अगर मुझे दोबारा जीना होता, तो मैं इस बार यह चीज़ अलग तरीक़े से करता!"

खुद से पूछने के लिए एक कहीं अधिक महत्त्वपूर्ण प्रश्न भी है। वह प्रश्न है : "अगर आपको *अगले* पाँच साल दोबारा जीने को मिलते, तो आप इस बार क्या भिन्न करते?"

मुद्दे की बात यह है, आपके पास जीने के लिए अगले पाँच साल मौजूद *हैं*। और अगले *दस* साल, और अगले *बीस* साल। आप इन सालों के साथ क्या करेंगे - अगर आप *कर सकें?*

आप इसके बाद क्या करेंगे? आप इस समय में हर दिन क्या करेंगे - ताकि जब आप वहाँ पहुँचें, तो आपको यह कहने की ज़रूरत न पड़े, "अगर मैं इस समय को दोबारा जी सकता, तो मैं इस बार यह भिन्न तरीक़े से करता?"

अगर आप दूसरों की नकारात्मकताओं और सवालों और शंकाओं और विरोध के पार निकलना चाहते हैं, तो आपको यह अपने भीतर करना होगा। आपको खुद से एक वादा करना होगा कि आप नकारात्मक बातों को नज़रअंदाज़ कर देंगे और अपने जीवन में आगे बढ़ जाएँगे। यह आपकी ख़ातिर कोई दूसरा नहीं कर सकता।

आप दूसरों की बात सुनने और दूसरों की परवाह करने का निर्णय ले सकते हैं। आप अपनी *सफलता* में दूसरों को *शामिल* करने के लिए राज़ी करने का निर्णय ले सकते हैं! लेकिन उस सफलता, यदि आप उसे सचमुच अर्जित करने जा रहे हैं, को एक ऐसा चयन होना चाहिए, जिसे चुनने का निर्णय *आप* लेते हैं।

कुछ लोग हो सकते हैं, जो बातों-बातों में आपको सच्चा ऐमवे व्यवसाय बनाने से दूर ले जाने की कोशिश करें। हो सकता है, उन्हें यक़ीन न हो कि आप उन ऊँचाइयों पर पहुँच सकते हैं, जिसकी कल्पना भी वे अपने लिए नहीं कर सकते। उनकी बात न सुनें। *वे ग़लत हैं।*

इसके अलावा कुछ बहुत महत्त्वपूर्ण लोग हो सकते हैं, जिन्हें आपने अपने जीवन का हिस्सा बनाने का चुनाव किया है : आपकी पत्नी, या पति, या आपके परिवार के दूसरे सदस्य।

लेकिन असल निष्कर्ष यह है, *आपका भविष्य, और आप इसके साथ क्या करते हैं, आप पर निर्भर करता है।* आप अपना जीवन दूसरों के साथ बाँट सकते हैं, लेकिन आपको इसके लिए मतदान खुद करना होगा। यह व्यक्तिगत ज़िम्मेदारी का आधार है। और यह ऐमवे में सफलता की शुरुआत है।

मुख्य गुण #7 : *दूसरों की परवाह करना*

यह एक ऐसा व्यवसाय है, जो दूसरे लोगों को बेहतर प्रदर्शन करते देखने की इच्छा पर आधारित है - और सफल होने में उनकी मदद करने की सच्ची इच्छा पर।

जैसा हम सभी जानते हैं, जो लोग इस व्यवसाय में सिर्फ़ अपनी ख़ातिर हैं, फटाफट, व्यक्तिगत पुरस्कार पाने की ख़ातिर हैं, वे यहाँ अच्छा प्रदर्शन नहीं करते हैं। लेकिन सौभाग्य से यह व्यवसाय ऐसे लोगों को आकर्षित करता है, जो दूसरे लोगों

की परवाह करते हैं। इसलिए आप अपने संगठन में जिन लोगों से मिलते हैं, उनमें से ज़्यादातर (जो बने रहते हैं और समृद्ध होते हैं) लगभग हमेशा वही होंगे, जिन्हें दूसरों की परवाह करने का सबक़ सिखाने की ज़रूरत नहीं होती - यह उनके लिए स्वाभाविक होता है।

इसके बावजूद अगर आप यह सुनिश्चित कर लेते हैं कि *परवाह करना* एक अच्छा गुण है - जिसका आप चेतन रूप से अभ्यास करते हैं - तो आपकी परवाह आगे तक जाएगी और ज़्यादा शक्तिशाली बनेगी। यह निष्क्रियता से "परवाह करने" और सक्रियता से *"परवाह करने के बारे में परवाह करने"* के बीच का फ़र्क़ है।

कई वर्षों से जब भी मैं किसी श्रोता-समूह के सामने खड़े होकर बोलने की तैयारी करता हूँ, तो मैं हमेशा एक पल के लिए उस विचार को याद करता हूँ, जो एक पुराने मित्र ने मुझे कई साल पहले दिया था।

मेरे मित्र ने मुझे बताया था, "बोलने से पहले श्रोताओं को देखो, और कल्पना करो कि इनमें से प्रत्येक दरअसल आपके पारिवारिक पुनर्मिलन में आया है - और जो वहाँ बैठे हैं, वे दरअसल आपके परिवार वाले और मित्र हैं। और फिर कल्पना करें कि यह आख़िरी बार है, जब आप उनसे बोल पाएँगे। अब आप उनसे क्या कहेंगे?"

मेरा पुराना मित्र शायद कभी नहीं जान पाया कि यह बताकर उसने मेरे जीवन में कितना कुछ दिया था। इतने बरसों में हालाँकि मैं हर जगह हज़ारों श्रोताओं के सामने खड़ा रहा हूँ, लेकिन मुझे एक बार भी ज़रा-सी भी शंका या डर महसूस नहीं हुआ। हो भी कैसे सकता था? मैं अपने मित्रों से बात कर रहा था।

मैं मानता हूँ कि यही परवाह सच है, चाहे आप एक हज़ार लोगों से बात कर रहे हों या एक दर्जन से या एक दंपत्ति से, जो आपके लिविंग रूम में आपके सामने बैठे हों। अगर आप उनकी परवाह करते हैं, तो यह नज़र आता है।

हो सकता है कि आप पहले ही परवाह करते हों, लेकिन चूँकि परवाह करना एक सद्‌गुण है, इसलिए यह एक ऐसी चीज़ है, जिसका *अभ्यास* किया जा सकता है और इसे बेहतर भी बनाया जा सकता है। आपको जब भी मौक़ा मिले, हर मौक़े पर इस गुण का अभ्यास करें। (आज अभ्यास करने के लिए एक अच्छा दिन है।) जब भी आप ऐसा करते हैं, तो ग़ौर करें कि आप सामने वाले के जीवन में कितना ज़्यादा देखना शुरू कर देते हैं।

यहीं पर आपको आवश्यकताएँ, सपने, डर और आशाएँ मिलेंगी - और वे ज़रूरतें, जिन्हें पूरी करने आप आए हैं।

जो लोग दूसरों की सच्ची परवाह नहीं करते, वे इसे चूक जाते हैं। जो लोग

परवाह करते हैं, वे हमेशा *बाँटने* का ज़्यादा अवसर खोज लेंगे।

और आपका व्यवसाय इसी बारे में है।

मुख्य गुण # 8 : *आध्यात्मिक आदर्श*

कई सफल लोगों के लिए यह पहला और सबसे अहम मुख्य गुण है। और मैं सहमत हूँ कि आपके जीवन के हर क्षेत्र में, जिसमें आपका व्यवसाय शामिल है, आध्यात्मिक आदर्शों और शक्ति लाने का इस बात पर गहरा प्रभाव पड़ सकता है कि आप कितना अच्छा प्रदर्शन करते हैं और आप किस तरह के सफल व्यक्ति बनते हैं।

इतने बरसों में मैं कई लोगों से प्रेरित हुआ हूँ। लेकिन मैंने इस बात पर ग़ौर किया है कि मैं कभी किसी ऐसे व्यक्ति द्वारा प्रेरित नहीं हुआ, जिसके भीतर *अंतरात्मा* नहीं थी, या जिसके जीवन में ईश्वर के लिए कोई जगह नहीं थी। ऐसा क्यों है?

"इंस्पायर" शब्द का मतलब है, प्राण फूँकना। अगर आपके भीतर ही प्राण या आत्मा नहीं है, तो आप किसी दूसरे में *प्राण कैसे फूँक सकते हैं* या उसे प्रेरित कैसे कर सकते हैं?

जब मैं व्याख्यान देता हूँ या ऐमवे के किसी बड़े वीकएंड समारोह में एक-दो घंटे का प्रेरक सेल्फ़-टॉक प्रशिक्षण देता हूँ, तो जब भी संभव होता है मेरी पत्नी और मैं उस दूसरे ख़ास कार्यक्रम में शामिल होने के लिए रुकते हैं, जो रविवार सुबह होता है - आराधना। हम और इतने सारे दूसरे लोग इसे इतना संतुष्टिदायक क्यों पाते हैं? क्योंकि यह हमारी आत्मा को दोबारा लबालब भर देती है!

आप और मैं इस वक़्त जिस संसार में जी रहे हैं, ख़ासतौर पर मीडिया - रेडियो, अख़बार, और विशेष रूप से टेलीविज़न - आध्यात्मिक जीवन जीने की हमारी सभी सर्वश्रेष्ठ कोशिशों के ख़िलाफ़ काम कर रहा है। हम जो देखते और सुनते हैं, उसमें से ज़्यादातर हमारी आध्यात्मिक ऊर्जाओं को क्षीण करने या छीनने की कोशिश करता है। हर दिन अपने जीवन में आध्यात्मिक आदर्श जोड़ने से आत्मा दोबारा भरती है और उसे वापस लौटाती है, जो बाक़ी संसार छीनने की कोशिश कर रहा है।

यह एक अच्छा विचार है कि आप जिस अगले समारोह में जाएँ, वहाँ रविवार की सुबह आराधना में मौजूद रहें। लेकिन अगली रैली या समारोह का ही इंतज़ार न करें। इसके बीच के दूसरे रविवारों को न भूलें - और सोमवारों, मंगलवारों, बुधवारों और सप्ताह के बाक़ी दिनों को।

जिन लोगों के जीवन में प्रबल आध्यात्मिक आदर्श हैं, और जो उनका *अभ्यास* करते हैं, उनके जीवन में *ज़्यादा* अर्थ है - हर अन्य क्षेत्र में ज़्यादा *मूल्य* है। वे जो भी

करते हैं, हर चीज़ के पीछे एक *उद्देश्य* होता है, अस्तित्व का एक ऐसा कारण होता है, जो उनके चारों ओर के भौतिक संसार में रोज़मर्रा के जीवन के पार जाता है।

ज़्यादा ऊँचे उद्देश्य के इस एहसास के बिना लोग अंततः निराशा की अचेतन आशंका को मिटाने की कोशिशों से भरा जीवन ही जी पाते हैं : भीतर की वह खोखली भावना, जो कहती है कि कुछ ठीक नहीं है – लेकिन उन्हें पक्का पता नहीं होता कि क्या ठीक नहीं है।

जो व्यक्ति अपने *हर काम* में – और इसमें उसका व्यवसाय शामिल है – प्रबल आध्यात्मिक आदर्श शामिल करने के लिए चेतन रूप से काम करता है, वह संतुलन और आंतरिक शक्ति पा लेता है। जो व्यक्ति आत्मा में अमीर है, उसके पास हमेशा भौतिक समृद्धि से ज़्यादा दौलतें रहेंगी। वह एक ऐसा व्यक्ति है, जो अपने *हर काम* में ज़्यादा अर्थ पाता है और पुरस्कारों में *सच्ची* खुशी पाता है।

मैं किसी तरह से आपको यह सुझाव नहीं दे रहा हूँ कि आपके धार्मिक या आध्यात्मिक विश्वास क्या होने चाहिए। मैं ऐसा कभी नहीं करूँगा; आपके धार्मिक विश्वास का चुनाव व्यक्तिगत है और यह पूरी तरह आप पर ही रहना चाहिए। लेकिन मैं यह सुझाव दे रहा हूँ कि आप अपने आध्यात्मिक आदर्शों को हर दिन, हर पल का एक शक्तिशाली हिस्सा बनाएँ।

मुख्य गुण #9: *सकारात्मक रिप्रोग्रामिंग*

ग़लत मानसिक प्रोग्रामिंग ही वह सबसे बड़ा कारण है, जिसकी वजह से लोग असफल होते हैं – *किसी भी काम में।* और यह निश्चित रूप से एक मुख्य कारण है, जिसकी वजह से लोग नेटवर्क मार्केटिंग में असफल होते हैं। मैंने इस गुण को अंत तक छोड़ने का चुनाव इसलिए किया, क्योंकि यह उन सभी तत्वों का *आधार* है, जिनकी आपको सफल होने के लिए ज़रूरत है।

सही प्रोग्रामिंग न हो तो सफल नेटवर्क मार्केटिंग के बाक़ी तत्वों में से एक भी आपकी ख़ातिर लंबे समय तक कारगर नहीं रह सकता। अगर आपके पास ग़लत *प्रोग्राम* हैं, तो आप लगातार खुद को नुक़सान पहुँचाएँगे और आपको पता भी नहीं होगा कि क्यों।

हम आगामी अध्यायों में इस समस्या को देखेंगे और गहराई से समाधान बताएँगे। पुराने मानसिक प्रोग्राम बदलने में आपकी मदद करने के लिए मैं आपको नए प्रोग्राम बनाने के लिए कुछ शब्द-दर-शब्द सुझाव भी दूँगा – कुछ सटीक प्रोग्रामिंग संदेशों के साथ, जिनकी ज़रूरत आपको ऐमवे डिस्ट्रिब्यूटर के रूप में उत्कृष्ट बनने के लिए है।

क्या आप इसे सफल बनाने के इच्छुक हैं?

अगर आप इन नौ मुख्य गुणों को अपने व्यवसाय और अपने जीवन में शामिल कर लेते हैं, तो आप सफलता के अवसरों को बहुत बढ़ा लेंगे। इनमें से किसी भी गुण को अपनाना असंभव नहीं है, मुश्किल भी नहीं है। लेकिन उन सभी का एक साथ अभ्यास करना सच्ची सफलता के लिए *अनिवार्य* है।

ज़ाहिर है, आप सिर्फ़ प्लान पर काम कर *सकते* हैं। और अगर आप उसे करते रहें, तो आप एक निश्चित स्तर की सफलता पा लेंगे। कुछ समय तक ऐसा हो सकता है कि आप अपना व्यवसाय उन गुणों पर आधारित किए *बिना* ही बना लें, जिनके बारे में हम बातचीत कर रहे हैं। आप निश्चित रूप से अतिरिक्त आमदनी कमा सकते हैं, शायद घर और कार की क़िस्तें चुका सकते हैं और इस वक़्त जहाँ हैं, उससे एक-दो पायदान ऊपर तक भी जा सकते हैं।

लेकिन *सच्ची* सफलता, जो स्थायी होती है, उससे ज़्यादा है। प्रश्नों की नीचे दी गई सूची को अपने आस-पास ही रखें, ताकि आपको उन मुख्य सिद्धांतों का महत्त्व याद रहे, जिन पर हमने इस अध्याय में बातचीत की है।

1. **क्या आप अपने भविष्य को सीमाओं के बिना देखने के लिए तैयार हैं?**
2. **क्या आप सफल होने में समय लगाने के लिए तैयार हैं?**
3. **क्या आप सच्चे व्यवसाय का मालिक बनने के लिए समर्पित होने के लिए तैयार हैं?**
4. **क्या आप विश्वास करने का निर्णय लेने के लिए तैयार हैं?**
5. **क्या आप यह पहचानने के लिए तैयार हैं कि आपका व्यक्तित्व अच्छा है?**
6. **क्या आप अपने लिए ज़िम्मेदारी लेने के लिए तैयार हैं?**
7. **क्या आप दूसरों की सच्ची परवाह करने के लिए तैयार हैं?**
8. **क्या आप उन आध्यात्मिक आदर्शों को अपने जीवन के हर क्षेत्र में लाने के लिए तैयार हैं, जो आपके लिए महत्त्वपूर्ण हैं?**
9. **क्या आप उन प्रोग्रामों को बदलने के लिए तैयार हैं, जो आपकी राह में आड़े आ रहे हैं?**

अगर आप अपनी मिलने वाली सफलता का *आनंद* लेना चाहते हैं और इसे अपने बाक़ी जीवन क़ायम रखना चाहते हों, तो इन नौ अनिवार्य गुणों – और इसी

जैसे अन्य गुणों - को अपने हर काम का हिस्सा बना लें।

उन्हें याद कर लें। उन्हें लिख लें। उन्हें नियमित रूप से पढ़ें। उन्हें नाश्ते की टेबल पर रखें, अपने जीवनसाथी से उन पर बातचीत करें और उन्हें हर दिन का एक चेतन हिस्सा बना लें। आप अपने लिए जो भी सार्थक लक्ष्य तय करते हैं, वे उस तक पहुँचने में आपकी मदद करेंगे। और वे पूरे रास्ते आपके सर्वश्रेष्ठ साथियों में गिने जाएँगे।

यह पुराने प्रोग्रामों के पार जाने का समय है

आइए अब मुख्य गुण # 9 - *सकारात्मक रिप्रोग्रामिंग* - को ज़्यादा ग़ौर से देखते हैं। यही वह तत्व है, जो *किसी भी चीज़ में,* किसी की सफलता के पीछे होता है। हमारा उद्देश्य यह पता लगाना है कि हम पुराने प्रोग्रामों के अवरोधों के पार कैसे निकलें, जो आपके और आपकी सफलता के बीच में खड़े हुए हैं।

ऐसा करने के लिए हमें इस बात पर एक रोचक निगाह डालनी होगी कि आपकी प्रोग्रामिंग *दरअसल* कैसे काम करती है।

खण्ड - II

जो आपको रोक रहा है, उससे पार पाना

"जो लोग इसे कर पाते हैं, और जो लोग इसे नहीं कर पाते, उनमें सिर्फ़ इतना ही अंतर होता है...

कि जो लोग इसे कर देते हैं, वे इसे करते हैं -

और जो लोग इसे नहीं कर पाते, वे इसे नहीं करते।"

अध्याय - 4

सफल और असफल लोगों के बीच का अंतर

अपने सपनों तक पहुँचने के लिए (या किसी भी महत्त्वपूर्ण मंज़िल पर पहुँचने के लिए) आपको सबसे पहले तो यह करना चाहिए कि आप उन पत्थरों या वज़नी वस्तुओं से अपना पीछा छुड़ा लें, जो आपको पीछे रोके हुए हैं। इसमें कोई संदेह नहीं है कि हमारे मस्तिष्क में जो सबसे बड़ा बोझ होता है, वह हमारे पुराने प्रोग्रामों का होता है।

हमारे जीवन में "प्रोग्रामिंग" के महत्त्व के बारे में मैंने एक नीतिकथा लिखी थी। यह कहानी एक बूढ़े आदमी और एक बच्चे के बारे में है। यह एक आसान नीतिकथा है, जो कहीं न कहीं हममें से हर इंसान के बारे में है।

सार्टबस और किम की कहानी

बहुत पहले की बात है। एक बूढ़ा आदमी था और एक छोटा बच्चा था। बूढ़े आदमी का नाम था सार्टबस और बच्चे का नाम था किम। किम अनाथ था और उसे अपना पेट खुद पालना पड़ता था। वह भोजन और सिर पर छत की तलाश में इस गाँव से उस गाँव तक भटकता रहता था। लेकिन सबसे अहम बात, वह भरपेट भोजन और सोने के आरामदेह सूखे स्थान से भी ज़्यादा महत्त्वपूर्ण चीज़ की तलाश कर रहा था - वह एक *कारण* की तलाश कर रहा था।

वह सोच रहा था, "आख़िर ऐसा क्यों होता है कि हम जीवन भर जिस चीज़ की तलाश में सफ़र करते हैं, वह हमें अंत में क्यों नहीं मिल पाती? परिस्थितियाँ इतनी कठिन क्यों होती हैं? क्या हम खुद ही उन परिस्थितियों को कठिन बना लेते हैं? क्या हमें इसी तरह से संघर्ष करना होगा, जिस तरह से कि हम करते हैं?"

किम जैसे छोटे बच्चे के लिहाज़ से ये बहुत बुद्धिमत्तापूर्ण विचार थे, परंतु इसी तरह के चिंतन के कारण उसे रास्ते में एक बूढ़ा आदमी मिला, जो उसी राह पर जा रहा था। किम ने सोचा कि यह बूढ़ा आदमी उसके सवालों के जवाब दे सकता है।

बूढ़ा आदमी अपनी पीठ पर एक बड़ी, ढँकी हुई, बुनी हुई गठरी लटकाए हुए था, जो बहुत भारी लग रही थी। वह बहुत बूढ़ा और थका हुआ दिख रहा था। जब वे सड़क किनारे एक झरने के पास आराम करने के लिए रुके, तो बूढ़े आदमी ने थके हुए अंदाज़ में गठरी ज़मीन पर रख दी।

किम को ऐसा लग रहा था, जैसे वह आदमी उस एक गठरी में अपनी पूरी गृहस्थी ले जा रहा था। वह गठरी इतनी भारी लग रही थी कि कोई युवा या अधिक शक्तिशाली आदमी भी उसे आसानी से बहुत दूर तक नहीं उठा सकता था।

"आपकी गठरी में ऐसा क्या है, जिसकी वजह से यह इतनी भारी है?" किम ने सार्टबस से पूछा। "अगर आप चाहें, तो मैं इसे ख़ुशी-ख़ुशी उठा सकता हूँ। आख़िर, मैं आपसे युवा हूँ, ज़्यादा शक्तिशाली हूँ, जबकि आप बूढ़े और थके हुए हैं।"

बूढ़े आदमी ने जवाब दिया, "इस चीज़ को तुम मेरे बदले नहीं उठा सकते। इसे तो मुझे ख़ुद ही उठाना होगा।" फिर उसने जोड़ा, "एक दिन तुम अपनी राह पर चलोगे और तुम भी इतनी ही भारी गठरी उठाओगे।"

कई दिन बाद और कई मार्गों पर चलने के बाद किम और बूढ़ा आदमी कई मील दूर पहुँच गए। हालाँकि किम बूढ़े सार्टबस से अक्सर कई सवाल पूछता रहता था, जैसे लोग इतनी ज़्यादा मेहनत क्यों करते हैं, परंतु उसने कोई जवाब नहीं दिया। किम ने हालाँकि पूरी कोशिश की, लेकिन वह यह नहीं जान पाया कि आख़िर उस गठरी में ऐसा कौन-सा वज़नी ख़ज़ाना था, जिसे वह बूढ़ा आदमी अपनी पीठ पर लटकाए हुए था।

कई बार दिन के लंबे सफ़र के बाद देर रात को जब वे सोने जाते थे, तो किम चुपचाप लेटकर सोने का नाटक करता था। वह देखता था कि बूढ़ा आदमी हिलती हुई छोटी-सी रोशनी में अपनी गठरी में रखी चीज़ों को टटोलता रहता था और धीरे-धीरे अपने आप से बातें करता जाता था। परंतु जब सुबह होती थी, तो वह हमेशा की तरह कुछ भी नहीं बताता था।

जब सार्टबस में चलने की बिलकुल हिम्मत नहीं बची और वह आख़िरी बार आराम करने के लिए लेटा, तब कहीं जाकर उसने किम को अपना रहस्य बताया। अपने आख़िरी घंटों में उसने किम को न सिर्फ़ उस गठरी का रहस्य बताया जिसे वह लादे रहता था, बल्कि इस बात का भी जवाब दिया कि लोग इतनी ज़्यादा मेहनत क्यों करते हैं।

सार्टबस ने कहा, "इस गठरी में वे सारी चीज़ें हैं जिन पर मैं विश्वास करता था, लेकिन वे सच नहीं हैं। ये वे पत्थर हैं, जिन्होंने मेरी यात्रा का बोझ बढ़ा दिया। मैं हमेशा अपनी पीठ पर शंका के हर पत्थर, अनिश्चितता की धूल के हर कण और ग़लत दिशा के हर मील के पत्थर का वज़न उठाता रहा, जो मुझे यात्रा के दौरान मिले। ये नहीं होते, तो मैं बहुत दूर तक जा सकता था। मैं अपने सपनों की ज़िंदगी जी सकता था, जो मैंने देखे थे। लेकिन इस वज़न के कारण मुझे अपनी यात्रा यहीं पर समाप्त करनी पड़ रही है।" और पीठ से बँधी गठरी की रस्सी खोले बिना बूढ़े आदमी ने अपनी आँखें बंद कीं और मृत्यु के आगोश में सो गया।

उस रात सोने से पहले किम ने बूढ़े आदमी की हर रस्सी को खोला और गठरी को उठाकर सावधानी से ज़मीन पर रख दिया। इसके बाद उसने उन चमड़े के टुकड़ों को भी खोला, जो गठरी के मुँह पर बँधे थे। फिर उसने उसे खोल लिया। वह अपने खुद के सवालों का जवाब खोज रहा था, शायद इसलिए उसे यह देखकर हैरानी नहीं हुई। जो गठरी इतने लंबे समय तक बूढ़े सार्टबस को वज़नी लग रही थी, बिलकुल ख़ाली थी।

वे प्रोग्राम, जो आपको रोकते हैं

हममें से कितने सारे लोग सिर्फ़ इसलिए असफल हो जाते हैं, क्योंकि हम जीवन भर अपनी पीठ पर अपने डरों और सीमाओं का बोझ लादे फिरते हैं।

हम यह बात पहले से ही जानते हैं कि हमारे ज़्यादातर डर हमारे ही बनाए हुए होते हैं - लेकिन वे इतने असली मालूम होते हैं मानो हम उन तक पहुँच सकते हैं और उन्हें छू सकते हैं। हम यह भी स्वीकार करते हैं कि हमारी अधिकतर सीमाएँ "काल्पनिक" होती हैं; कम से कम हम तब यही कहते हैं, जब हम किसी दूसरे की सीमाओं के बारे में बात कर रहे होते हैं। परंतु हमारे डर और हमारे खुद के द्वारा निर्धारित सीमाएँ इतनी शक्तिशाली हो सकती हैं कि वे हमें निश्चित रूप से आगे बढ़ने से रोक सकती हैं। वे हमें उसके क़रीब पहुँचने से रोक सकती हैं, जिसे हम हासिल कर सकते थे। काश हम कोई ऐसा तरीक़ा खोज पाएँ, ताकि हम उस गठरी को अपनी पीठ पर लादे न रहें।

जैसा हम जानते हैं कि डर और सीमाएँ वास्तविक हैं - कम से कम वे मस्तिष्क में तो वास्तविक ही हैं। और अब हम जान चुके हैं कि इन मानसिक डरों और सीमाओं का असली नाम क्या है; इन्हें *"प्रोग्राम"* कहा जाता है। और यही प्रोग्राम यह तय करते हैं कि आप नेटवर्क मार्केटर के रूप में कितने सफल होंगे।

नीचे कुछ सवालों की सूची दी गई है जिनकी वजह से उत्साही से उत्साही

डिस्ट्रिब्यूटर भी कई बार कुंठित हो जाता है। इसे ध्यान से पढ़ें :

कौन-सी चीज़ आपको टेलीफ़ोन उठाने और फ़ोन करने से रोकती है?

किसी काम को टालना क्यों आसान होता है जबकि आप जानते हैं कि आपको वह काम करना ही है?

ऐसा क्यों होता है कि लोग कहते हैं कि वे आगे बढ़ेंगे, कर्मठ बनेंगे और संपर्क बनाएँगे, लेकिन फिर ऐसा नहीं करते?

आप एक प्रेरणादायक भाषण या रोमांचक वीकएंड रैली से प्रेरित हो जाते हैं - लेकिन फिर कुछ ही घंटों या दिनों बाद आपकी प्रेरणा एक बार फिर से क्यों ठंडी पड़ जाती है?

इतने सारे डिस्ट्रिब्यूटरों की हसरत होती है कि वे भी सफल हों, मगर उन्हें यह विश्वास क्यों नहीं होता कि वे सफल होंगे?

परिवार में एक आदमी क्यों सोचता है कि डिस्ट्रिब्यूटर बनने का विचार बहुत ही शानदार है - और फिर पति या पत्नी उस विचार के विरोध में खड़ा हो जाता है या फिर यह कहता है कि यह कारगर नहीं होगा?

कुछ लोग इतने नकारात्मक, आलोचनात्मक या दुनिया को बुरा समझने वाले क्यों होते हैं?

डर का कारण क्या है? आख़िर कौन-सी चीज़ लोगों को वह करने से रोकती है, जो वे जानते हैं कि उन्हें करना चाहिए?

लोग ऐसा क्यों सोचते हैं कि कोई दूसरा आदमी सफल हो सकता है, मगर वे खुद सफल नहीं होंगे?

कुछ लोग कभी रूबी या एमेराल्ड या डायमंड क्यों नहीं बन पाते... जबकि वे सचमुच सफल होना चाहते हैं और उनके पास सफलता के तमाम संसाधन होते हैं?

किसी भी काम में आपकी सफलता आपके प्रोग्रामों से तय होती है

ये सारे सवाल उन सवालों की तरह ही हैं, जिन्होंने वर्षों से लीडरों और मैनेजरों को उलझा रखा है। और इन सारे सवालों का एक ही जवाब है : *किसी भी काम*

में हमारी सफलता हमेशा उन प्रोग्रामों से तय होती है, जिन्हें हम अपने साथ लेकर चलते हैं।

कहानी के बूढ़े आदमी सार्टबस की तरह ही हम सबके पास भी प्रोग्राम होते हैं और हममें से बहुत कम लोग ही ठहरकर यह जाँच करते हैं कि आख़िर हमारी गठरी में क्या है - सीमाओं की गठरी को नीचे रखकर उसे हमेशा के लिए छोड़ देना तो बहुत बड़ी बात है।

आख़िर वे प्रोग्राम कौन-से हैं, जो इतने शक्तिशाली होते हैं कि आपको आगे बढ़ने से रोक देते हैं या आपको अपनी क्षमताओं पर शंका करने पर विवश कर देते हैं या आपको हमेशा पीछे रखते हैं या आपको कभी सफल नहीं होने देते? ये प्रोग्राम आते कहाँ से हैं? और क्या हम इस बारे में कुछ कर सकते हैं? आइए पता लगाते हैं।

"जो 'प्रोग्राम' इस वक़्त
आपके पास हैं, वही हमेशा
यह तय करेंगे कि आप अपने
किसी भी काम में कितने
सफल होंगे।

आपके प्रोग्राम से
आपके सफल होने या
न होने का सीधा संबंध
होता है।"

अध्याय - 5

यह कैसे काम करता है, इसकी एक आसान तस्वीर (प्रक्रिया)

अगर आप पहले से ही ऐमवे की जीवन बदलने वाली दुनिया से जुड़े हुए हैं या आप उस टीम में शामिल होकर अपने भविष्य को बदलने के बारे में सोच रहे हैं, तो आश्वस्त हो जाएँ कि आपके पास पहले से ही ऐसे प्रोग्राम मौजूद हैं, जो आपके लिए सही काम कर रहे हैं। मेरा अनुभव है कि ऐमवे जैसा सकारात्मक संगठन खुद-ब-खुद ऐसे लोगों को अपनी तरफ़ खींचता है, जिनके पास बहुत सकारात्मक प्रोग्राम होते हैं। जब बात प्रोग्रामों की आती है, तो "एक जैसे लोग एक दूसरे को हमेशा अपनी तरफ़ आकर्षित करते हैं।"

परंतु *किसी भी काम* में *आपकी* सफलता इस बात पर टिकी होती है कि आपके पास अच्छे प्रोग्राम *अधिक से अधिक* संख्या में मौजूद हों। आपकी शुरुआत अच्छी है - जो एक अच्छी बात है - परंतु कल्पना करें कि अगर सारे सही प्रोग्राम आपके लिए इसी समय काम करने लगें, तो आप कितना कुछ कर सकते हैं।

आपके सबसे महत्त्वपूर्ण लक्ष्यों में से एक यह होना चाहिए कि आप *ग़लत* प्रोग्राम की जगह पर बिलकुल *सही* प्रोग्राम को रख दें। इस काम में आपकी मदद करना इस पुस्तक के सबसे बुनियादी लक्ष्यों में से एक है।

सबसे पहले तो यह पुस्तक आपको यह बताएगी कि प्रोग्रामिंग की प्रक्रिया कैसे काम करती है। इसमें मैं शोध के एक बहुत जटिल क्षेत्र को *बहुत* ही सरल बनाकर समझाऊँगा।

यहाँ मैं न्यूरोलॉजी और मॉलिक्यूलर बायलॉजी के क्षेत्रों में हुई पिछले दस-पंद्रह साल की गहन और नवीन खोज को संक्षेप में बताने जा रहा हूँ। और कुछ संक्षिप्त पैराग्राफ़ों में मैं आपको शोधकर्ताओं का निष्कर्ष बताने की कोशिश करूँगा। अगर आप

अगले कुछ पन्ने पढ़ते हैं यानि कि अगले एक-दो आसान अध्याय पढ़ लेते हैं, तो आपको यह पता चल जाएगा कि आख़िर वह कौन-सी चीज़ है जो आपको रोक रही है - और आप इससे कैसे *उबर* सकते हैं - और आपके आस-पास के ज़्यादातर लोगों को यह बात मालूम नहीं होगी।

मानव मस्तिष्क का अध्ययन करने वाले कुछ लोगों ने हाल ही में यह पता लगाया कि हम जो काम करते हैं, वह *क्यों* करते हैं। इतिहास में पहले कभी मस्तिष्क की प्रक्रिया के बारे में यह ज्ञान हासिल नहीं हो पाया था। उनकी पाई जानकारी से कुछ अति महत्त्वपूर्ण रहस्यों का ताला खुल गया, जिनका ताल्लुक़ ऐमवे डिस्ट्रिब्यूटर के रूप में आपकी सफलता से है।

जैसा आप देखेंगे, हाल में हुई ये खोजें उन लोगों की सीधे-सीधे मदद करती हैं, जो बेहद *प्रेरित* और बेहद *सफल* बनना चाहते हैं - संक्षेप में यह ज्ञान नेटवर्क मार्केटरों के लिए बहुत महत्त्वपूर्ण है। मैं आपको उनकी खोजों की एक संक्षिप्त रूपरेखा बताना चाहूँगा, ताकि आप इसे अच्छी तरह समझ लें।

आसान शब्दों में, हमने हाल ही में यह जाना।

आपका *"मानसिक कंप्यूटर"* नेटवर्क मार्केटिंग में आपकी सफलता को नियंत्रित करता है

मस्तिष्क संबंधी अधिकतर आधुनिक शोध नई कंप्यूटर टेक्नोलॉजी द्वारा ही संभव हो पाए हैं। नई "मेडिकल इमेजिंग टेक्नोलॉजी" ने शोधकर्ताओं को पहली बार यह अवसर दिया कि वे *मानव मस्तिष्क के काम करते वक़्त* इसकी प्रक्रिया की पड़ताल कर सकें। अब *हमारे सोचते वक़्त* वे लोग हमें सोचते हुए देख सकते हैं - इसके अलावा और भी बहुत कुछ संभव हुआ है।

शोधकर्ताओं ने यह पाया कि बहुत से मायनों में आपका मस्तिष्क किसी शक्तिशाली, पर्सनल कंप्यूटर की तरह काम करता है। हालाँकि दोनों में कुछ भिन्नताएँ भी हैं, परंतु कई मामलों में हमारा सबसे शक्तिशाली कंप्यूटर यानि हमारा *मस्तिष्क* हमारे द्वारा बनाए गए कंप्यूटर की प्रतिलिपि ही है।

मस्तिष्क के कई कार्यों की तुलना किसी कंप्यूटर के विशिष्ट पुर्ज़ों और कार्यों से की जा सकती है। अधिकतर कंप्यूटरों में कीबोर्ड, वीडियो स्क्रीन और फ़्लॉपी डिस्क होती है। आपमें और हममें भी ऐसी ही चीज़ें मौजूद हैं। रोज़मर्रा के जीवन में *आपके* पास कंप्यूटर जैसे कौन-से पार्ट होते हैं, उसकी बानगी देखें।

आपके कंप्यूटर का "कीबोर्ड" – आपकी पाँच इन्द्रियाँ

आप अपने पर्सनल कंप्यूटर के कीबोर्ड के साथ पैदा हुए थे। कंप्यूटर में नए संदेश या आदेश टाइप करने के लिए हम कीबोर्ड का इस्तेमाल करते हैं – या जब हम कंप्यूटर में कोई प्रोग्राम डालना चाहते हैं। हमारे भीतर के कंप्यूटर का भी एक कीबोर्ड होता है, यानि कि हमारी पाँच इन्द्रियाँ। इन्हीं पाँच इन्द्रियों के द्वारा वे सारे संदेश हमारे अंदर जाते हैं, जिनकी प्रोग्रामिंग हमारे भीतर होती है।

कल्पना करें कि आप दुनिया की नज़रों के सामने कीबोर्ड साथ लेकर पैदा हुए थे। तब अगर आप बोल सकते, तो इस तरह की बातें कह सकते थे :

"देखिए मम्मी, देखिए डैडी, देखिए दुनिया वालों – मैं यह नहीं जानता कि प्रोग्रामिंग कैसे की जाती है, इसलिए मुझे अपने प्रोग्राम टाइप करने में थोड़ी मदद चाहिए। क्या आप मेहरबानी करके यह टाइप कर देंगे कि मैं कौन हूँ और मुझे किस दिशा में जाना चाहिए? मैं उसी दिशा में चलूँगा। रास्ते में मुझे आपसे यह मदद भी चाहिए कि आप मुझमें कुछ जीवन-मूल्य, कुछ शक्ति, कुछ साहस और कुछ ईमानदारी भी टाइप कर दें, ताकि मैं उस रास्ते पर बना रहूँ जो आपने मेरे लिए तय किया है।

"आपने मुझे जीवन दिया है और आप मुझसे जीवन भर प्रेम करेंगे, परंतु मुझे इस बात की ज़रूरत है कि आप मुझे यह बताएँ कि मैं कितनी दूर तक जा सकता हूँ... और मैं उतनी ही दूर तक जाऊँगा। आप मुझे बताएँ कि मेरे सामने जो लंबा जीवन पड़ा है, मैं उसमें क्या करूँगा। *कृपया, क्या आप मेरी ऐसी प्रोग्रामिंग करेंगे, ताकि मैं अपनी पूरी क्षमता के अनुरूप जीवन जी सकूँ...* क्या आप मुझे बताएँगे कि मैं क्या बन सकता हूँ?"

परंतु हमारे माता-पिता, हमारे शिक्षक, हमारे भाई-बहन और हमारे चारों तरफ़ के लोग यह नहीं जानते कि हमारे कीबोर्ड के सबसे ऊपरी हिस्से पर हीरे के आकार का एक चमकदार पीला निशान बना है, जिस पर लिखा है, *"चेतावनी। आप इस बच्चे के कंप्यूटर के कीबोर्ड पर जो कुछ टाइप करेंगे, वह ज़िंदगी भर के लिए सुरक्षित रहेगा – और बच्चा उसे सच मानकर उसके हिसाब से काम करेगा।"* लोगों को यह मालूम नहीं होता; अगर उन्हें मालूम होता, तो शायद उन्होंने हमें वे ज़्यादातर अधिकांश प्रोग्राम नहीं दिए होते, जो हमें मिले हैं।

हमने अपने खुद के "मानसिक कंप्यूटर" और *आपको* मिलने वाले प्रोग्रामों के बारे में क्या खोज की है, उस पर ग़ौर करें :

जिस क्षण से आप पैदा हुए हैं, तब से लेकर आज तक आपको मिला हर संदेश आपके पर्सनल कंप्यूटर में प्रोग्राम हो चुका है - और यह आपके मस्तिष्क में हमेशा-हमेशा के लिए दर्ज हो चुका है।

इसका मतलब है कि हर वह संदेश जो आपको मिला है - हर वह चीज़ जो आपसे कही गई है, हर वह चीज़ जो आपने देखी या अनुभव की है, हर वह चीज़ जो आपने की है, हर वह चीज़ जो आपने कही है, हर वह चीज़ जिसके बारे में आपने सचेतन रूप से सोचा है, और वे चीज़ें भी जो आप नहीं जानते थे कि आप सोच रहे हैं - *किसी भी स्त्रोत से मिला हर संदेश आपके मस्तिष्क में प्रोग्राम हो चुका है और वहाँ पर हमेशा के लिए सहेजकर रखा गया है।*

कंप्यूटर स्टोरेज सेंटर - आपका अवचेतन मस्तिष्क

शोधकर्ताओं को यह जानकारी भी मिली कि जब आप पैदा होते हैं, तो आपके पास एक फ़्लॉपी डिस्क होती है, जो कंप्यूटर की मैग्नेटिक डिस्क की तरह ही होती है, जिसमें नए प्रोग्राम या सूचना रिकॉर्ड होते हैं। आपके कंप्यूटर मस्तिष्क में इस स्टोरेज डिस्क को अवचेतन मस्तिष्क कहा जाता है।

हमें यह भी पता चला कि अवचेतन मस्तिष्क कुछ निश्चित *नियमों* का पालन करता है - और ये नियम उन प्रोग्रामों के लिए महत्त्वपूर्ण हैं, जो नेटवर्क मार्केटिंग में आपकी सफलता को इस समय भी प्रभावित कर रहे हैं :

नियम 1 : आपको मिलने वाला हर प्रोग्राम, चाहे वह आपको कहीं से भी मिला हो - आपके अवचेतन मस्तिष्क में हमेशा के लिए दर्ज और संग्रहीत हो जाता है।

नियम 2 : अवचेतन मस्तिष्क - मस्तिष्क का वह हिस्सा जो प्रोग्रामों को दर्ज तथा संग्रहीत करता है - यह नहीं जानता कि सच क्या है और झूठ क्या है; उसके लिए दोनों में कोई फ़र्क़ नहीं है।

क्या आप अपने घर या ऑफ़िस के कंप्यूटर के कीबोर्ड पर कुछ ऐसा टाइप कर सकते हैं जो *सच* न हो? हाँ, आप ऐसा बिलकुल कर सकते हैं। क्या इससे कंप्यूटर को कोई फ़र्क़ पड़ता है? नहीं, बिलकुल नहीं! (वरना लोग कंप्यूटर पर उपन्यास नहीं लिख सकते थे।)

आपका कंप्यूटर हर उस चीज़ को स्वीकार करता है और संग्रहीत करता है,

जिसकी आप इसमें प्रोग्रामिंग करते हैं – और आपका अवचेतन मस्तिष्क भी यही करता है, क्योंकि इसे इसी काम के लिए बनाया गया है।

नियम 3 : अवचेतन मस्तिष्क को इस तरह से बनाया गया है कि यह हमेशा अपने पास मौजूद सबसे शक्तिशाली प्रोग्राम के हिसाब से काम करता है।

आपके पास वर्तमान में जो प्रोग्राम हैं, उनमें से जो सबसे शक्तिशाली होंगे, वही इस समय नियंत्रण में होंगे। आपको तो यह जानने की भी ज़रूरत नहीं होती कि वे प्रोग्राम कौन से हैं या वे कहाँ से आए हैं।

नियम 4 : अवचेतन मस्तिष्क को इस तरह बनाया गया है कि यह वर्तमान में मौजूद सबसे शक्तिशाली प्रोग्रामों से मिलते-जुलते दूसरे प्रोग्राम हासिल करे या उन्हीं प्रोग्रामों की नक़ल करे।

आपके पास फ़िलहाल जो प्रोग्राम हैं, आप चेतन और अवचेतन रूप से उन्हीं के जैसे प्रोग्रामों की तलाश करते हैं या उनकी तरफ़ आकर्षित होते हैं। हमारे विरोध में काम करने वाले प्रोग्रामों से पीछा छुड़ाने के बजाय हम उनकी नक़ल करते हैं।

आपसे यह कितनी बार कहा गया है कि आप इसे नहीं कर सकते?

सेल्फ़-टॉक पर मेरी पहली पुस्तक में मैंने यह अटकल लगाई थी कि हमारे जीवन के शुरुआती 18 वर्षों में औसत आदमी को *1,48,000* से ज़्यादा बार *"नहीं"* कहा जाता है या यह कहा जाता है कि वह कोई चीज़ नहीं *कर सकता।*

मुझे अब विश्वास हो चुका है कि मैंने *कम* अनुमान लगाया था। बड़े होते समय हमें जो संदेश मिलते हैं, उनमें से अधिकतर संदेश हमें ज़ोर से बोलकर नहीं दिए जाते! आपको डिनर टेबल पर जो आँखें दिखाई जाती हैं, वे क्या हैं? या टीचर द्वारा लौटाए वे टेस्ट पेपर, जिनके ऊपर अंक *सही* के बजाय *ग़लत* लिखा होता है? या उस पिता के बारे में, जो किसी ऐसे कार्यक्रम में शामिल नहीं हो पाता, जिसमें उसे शामिल होना चाहिए था?

हमें लाखों संदेश मिलते हैं, जिनमें से कुछ कहे जाते हैं और कुछ अनकहे होते हैं। चाहे हमें कितने भी प्रोग्राम मिले हों, बहुत गहराई में जाए बिना ही हम यह जान सकते हैं कि इनमें से कितने प्रोग्राम ग़लत थे।

यहाँ सवाल यह नहीं है कि मुझे इस तरह के एक लाख प्रोग्राम मिले हैं या पाँच

लाख मिले हैं। सच तो यह है कि आपको अब तक *जितने भी प्रोग्राम* मिले हैं, चाहे वे जैसे भी हों, आज भी आपके साथ हैं और उनमें से सबसे शक्तिशाली प्रोग्राम आपको इस वक़्त नियंत्रित कर रहे हैं।

हमारे 77 प्रतिशत प्रोग्राम ग़लत हो सकते हैं

व्यवहारवादी शोधकर्ताओं का मानना है कि *हमारे 77 प्रतिशत प्रोग्राम तक ग़लत हो सकते हैं।* इसका मतलब है कि हमारे कुल प्रोग्रामों का *तीन चौथाई* हिस्सा *ग़लत,* हानिकारक और हमारा विरोधी हो सकता है। और यह स्थिति तब होती है, जब हम किसी सामान्य सकारात्मक परिवार में पले-बढ़े हों! अगर यह अनुमान सही हो, तो क्या होगा?

मैं कई ऐसे लोगों से मिला हूँ, जिनके नब्बे या निन्यानवे प्रतिशत प्रोग्राम उनके ख़िलाफ़ काम करते हैं! वे ज़िंदगी भर अंतहीन संघर्ष करते हैं। वे समस्याओं से जूझते रहते हैं और एक ऐसी निर्धन राह पर चलते रहते हैं और यह जानते ही नहीं हैं कि वे कहाँ जा रहे हैं। यह एक ऐसा जीवन है, जो सफल नहीं कहा जा सकता। यह एक ऐसा व्यक्ति है जिसके प्रोग्राम असफल हो गए हैं।

सौभाग्य से, हममें से ज़्यादातर लोगों को इससे बेहतर प्रोग्राम मिलते हैं। परंतु हमारे उन प्रोग्रामों का क्या, जो ग़लत क़िस्म के हैं?

मैंने एक बार अपने पाठकों को सुझाव दिया कि वे अपने इन प्रोग्रामों की तुलना हवाई जहाज़ में कंप्यूटर पर टाइप किए हुए प्रोग्रामों से करें।

मान लें, मैं आपको सेंट थॉमस में दो सप्ताह की छुट्टियाँ मनाने के लिए आमंत्रित करता हूँ और उसका पूरा ख़र्च उठाता हूँ। वह सुहाना दिन आता है और हम लोग हवाई अड्डे पहुँच जाते हैं, हम रोमांचित हैं और चलने के लिए तैयार हैं। हमारी फ़्लाइट की घोषणा होती है और हम अपने बैग बटोरते हैं, जिनमें सनटैन लोशन और पेपरबैक पुस्तकें रखी हुई हैं। हम जहाज़ पर चढ़ने लगते हैं। परंतु जैसे ही हम हवाई जहाज़ पर चढ़ रहे होते हैं, हम वह बात सुन लेते हैं, जो नैविगेटर कैप्टन से बोल रहा है – "कैप्टेन, हमारे सामने एक *समस्या* है!"

कैप्टेन पूछता है, "क्या?" और नैविगेटर उसे – और हमें बताता है : "कैप्टेन हमें अभी-अभी पता चला है कि हवाई जहाज़ के 77 प्रतिशत कंप्यूटर *प्रोग्राम, जो हवाई जहाज़ को उड़ाते हैं – ग़लत* हैं!"

यह ख़बर सुनने के बाद हम क्या करेंगे?

हम हवाई जहाज़ से उतर जाएँगे – जितनी जल्दी हो सके उतनी तेज़ी से! अगर

हवाई जहाज़ के कंप्यूटर में 77 प्रतिशत ग़लत प्रोग्राम हैं, तो हवाई जहाज़ *दुर्घटनाग्रस्त* होने वाला है - या बिलकुल ही ग़लत जगह पर उतरने वाला है। आख़िर, यही प्रोग्राम तो हैं, जो हवाई जहाज़ की *दिशा, ऊँचाई, गति* और अंतिम *गंतव्य स्थल* तय करते हैं - यानि हमारी उस यात्रा की *सभी* चीज़ें उन्हीं पर टिकी हुई हैं।

अभी कौन से प्रोग्राम आपकी यात्रा और दिशा तय कर रहे हैं

आप कह सकते हैं, "परंतु मेरे प्रोग्राम उससे बेहतर हैं। मेरे जीवन के 77 प्रतिशत प्रोग्राम ग़लत नहीं हैं।"

मुझे उम्मीद है कि आप सही हैं। लेकिन एक बात बताएँ, क्या आप उस हवाई जहाज़ में बैठेंगे, अगर आप यह सुनें कि उसके 50 प्रतिशत प्रोग्राम ग़लत हैं? नहीं, आप बिलकुल नहीं बैठेंगे। अगर 25 प्रतिशत ग़लत हों तो?

मैं तो उस हवाई जहाज़ पर तब तक नहीं बैठने वाला, न ही आप इसमें मेरे साथ बैठेंगे, अगर हम यह सुन लें कि *एक भी प्रोग्राम ग़लत है।*

लेकिन इसके बावजूद हम हर दिन ऐसा करते हैं! हम सुबह उठते हैं, अपनी कंप्यूटर डिस्क को अंदर डालते हैं और अपने दिन की उड़ान शुरू कर देते हैं। कल्पना करें कि आपके हाथ में एक फ़्लॉपी डिस्क है, जिसमें हर वह प्रोग्राम लिखा हुआ है जो अभी आपके पास है। अब कल्पना करें कि आप हर सुबह उस डिस्क को अपनी बाँह के नीचे दबाए रहते हैं और इससे अपनी *प्रोग्रामिंग* शुरू करने तथा अपने दिन को तय करने के लिए कहते हैं।

तत्काल प्रोग्राम खुलना चालू हो जाते हैं... *क्या मुझे सचमुच इस प्लान पर आज ही काम करना चाहिए?... क्या मैं इसे अगले सप्ताह तक नहीं टाल सकता... सुव्यवस्थित होना?... शायद थोड़े समय बाद... फ़्री एंटरप्राइज़ वीकएंड में शामिल होना?... शायद अगली बार... एक और बेहतरीन दिन?... नहीं, एक और सड़ा हुआ सोमवार... आज के कामों की सूची बन गई क्या?... अब बागडोर अपने हाथ में थाम लो और स्थितियों को नियंत्रित करो!... ऐसा करने का अभी मेरा कोई मूड नहीं है...!*

मेरे कहने का यह मतलब नहीं है कि आपके प्रोग्राम ऐसे ही होंगे। हो सकता है कि आपके दिन हमेशा सही तरीक़े से ही शुरू होते हों और वैसे ही बने रहते हों। परंतु चाहे स्थिति कुछ भी हो, आप जो भी करते हैं - आज और हर दिन - आप यह अच्छी तरह से जान लें कि आप अपने साथ जिन प्रोग्रामों को रखे हुए हैं, वही

आपकी दिशा, ऊँचाई, गति और गंतव्य स्थल को तय करते हैं।

आपके प्रोग्राम यह तय करते हैं कि आप किसी चीज़ के बारे में और हर चीज़ के बारे में, हर पल क्या सोचते हैं या क्या करते हैं। हवाई जहाज़ की ही तरह आपके प्रोग्राम भी इस बात के लिए ज़िम्मेदार होते हैं कि आपका जीवन सही तरह से काम कर रहा है या नहीं - उस जीवन के लिए भी जो सही तरीक़े से काम नहीं कर रहा है, और उस जीवन के लिए भी जो काफ़ी अच्छे तरीक़े से काम कर रहा है - जो किसी डायमंड और कंपनी छोड़ देने वाले के बीच का सबसे बुनियादी अंतर होता है।

"हॉट 100" की वापसी

मैंने बरसों तक लोगों के नकारात्मक सेल्फ़-टॉक (आत्म-संवाद) वाक्य बटोरे हैं और मैं प्रायः अपने श्रोताओं को यह सूची बाँटता हूँ। इस सूची को मैं "हॉट 100" कहता हूँ। यह देखें कि कई "हानि-रहित" नज़र आने वाले सेल्फ़-टॉक वाक्यांश दरअसल हमारे गंभीर प्रोग्रामों के सूचक हैं, जो हमारे नज़रिये और आदतों की झलक हैं और जिनकी वजह से हम अपने जीवन को पूरी तरह से नियंत्रित नहीं कर पाते। वास्तविकता में, इन सेल्फ़-टॉक वाक्यांशों में से कोई भी पूरी तरह *हानि-रहित* नहीं है।

अगर आपको पहले कभी यह सूची पढ़ने का अवसर मिला हो, तो अब इस सूची को उस व्यक्ति के नज़रिये से पढ़ें, जो ऐमवे में सफल होना चाहता है और चाहता है कि उसकी राह में *कोई भी चीज़* न आए।

पढ़ते समय ग़ौर करें कि क्या आपका कोई परिचित इससे मिलती-जुलती बात कहता है या कहीं आप खुद ही तो इस तरह की बातें नहीं कहते हैं :

मैं नाम याद नहीं रख सकता।
यह एक और बुरा दिन साबित होगा!
इससे कोई फ़ायदा नहीं!
मैं जानता हूँ कि यह कारगर नहीं होगा!
मेरे जीवन में कुछ भी सही नहीं होता।
यह मेरी क़िस्मत है!
मैं बहुत लापरवाह हूँ।
मुझमें प्रतिभा नहीं है।
मैं ज़रा भी रचनात्मक नहीं हूँ।

मैं जो भी खाता हूँ, उससे मेरी कमर की चर्बी बढ़ जाती है।
मैं कभी व्यवस्थित नहीं हो सकता!
मैं अपनी मनचाही चीज़ का ख़र्च कभी नहीं उठा सकता।
मैं पहले से ही जानता हूँ कि यह मुझे पसंद नहीं आएगा।
चाहे मैं कुछ भी कर लूँ, मेरा वज़न कम नहीं हो सकता।
मेरे पास कभी पर्याप्त समय नहीं रहता।
मेरे पास पर्याप्त धैर्य नहीं है।
यह मुझे आगबबूला कर देता है!
एक और बुरा सोमवार!
मुझे कब अकल आएगी?
मैं इसके बारे में सोचते ही बीमार पड़ जाता हूँ।
कई बार मैं अपने आपसे नफ़रत करने लगता हूँ।
मैं किसी क़ाबिल नहीं हूँ।
मैं बहुत शर्मीला हूँ।
मुझे कभी यह मालूम नहीं होता कि क्या कहना है।
मेरी क़िस्मत ही ऐसी है कि मुझे एक भी मौक़ा नहीं मिलता!
मैं सिगरेट छोड़ना चाहता हूँ, मगर ऐसा लगता है कि मैं इसे कभी नहीं छोड़ पाऊँगा।
मेरी ज़िंदगी में घटनाएँ सही तरीक़े से नहीं हो रही हैं।
अब मुझमें वह ऊर्जा नहीं रही, जो पहले रहती थी।
अब मैं बेडौल हो चुकी हूँ।
मेरे पास महीने के आख़िर में ज़रा भी पैसा नहीं बचता।
मैं कोशिश क्यों करूँ - यह तो वैसे भी कामयाब नहीं होगी!
मैं इस काम को कभी अच्छी तरह नहीं कर पाता।
मेरी डेस्क हमेशा फैली रहती है!
मेरी क़िस्मत एक ही तरह की है और वह है बदक़िस्मती।
मैं कभी कोई चीज़ हासिल नहीं कर पाता, कभी जीत नहीं पाता!
ऐसे लगता है, जैसे मैं पहाड़ पर से नीचे फिसल रहा हूँ।
दौड़ में मुझे हमेशा कोई न कोई हरा देता है!
मुझे कोई पसंद नहीं करता।

मुझे कभी मौक़ा नहीं मिलता।
ऐसा लगता है, जैसे मैं हमेशा कंगाल ही रहता हूँ।
मैं जिस भी चीज़ को छूता हूँ, वह ख़राब हो जाती है।
मुझे मेरी क़ाबिलियत जितना वेतन कोई भी नहीं देता।
कई बार मैं सोचता हूँ कि काश मैं पैदा ही न हुआ होता!
मैं गणित में बिलकुल डब्बा हूँ।
मैं वज़न घटाती हूँ, परंतु जल्दी ही यह दोबारा बढ़ जाता है।
मैं बहुत निराश हो जाता हूँ!
ऐसा लगता है, जैसे मैं कभी कोई काम नहीं करा सकता!
मेरे लिए कुछ भी सही होता नहीं दिखता!
मैं सेल्सपर्सन बन ही नहीं सकता।
यह असंभव है!
कोई रास्ता नज़र नहीं आता!
लोगों के समूह के सामने खड़े होने पर हमेशा मेरी घिघ्घी बँध जाती है।
सुबह कॉफ़ी के कप के बिना मैं कुछ नहीं कर सकता।
मैं आज इसे नहीं कर पाऊँगा।
मैं इसे कभी सही तरीक़े से नहीं कर पाऊँगा।
मैं इसे और बर्दाश्त नहीं कर सकता।
मैं अपनी नौकरी से नफ़रत करता हूँ।
इस मौसम में मुझे हर साल सर्दी हो जाती है।
मैं दरअसल अब अपनी रस्सी के आख़िरी छोर पर हूँ।
आप अब किसी पर भरोसा नहीं कर सकते।
मैं इसका सामना नहीं कर सकता!
मैं कभी कहीं वक़्त पर नहीं पहुँच पाता।
हमेशा से मैं शब्दों के इस्तेमाल में गड़बड़ी करता आया हूँ।
काश मैं थोड़ा ज़्यादा स्मार्ट होता!
काश मैं थोड़ा ज़्यादा लंबा होता!
काश मेरे पास थोड़ा ज़्यादा समय होता!
काश मेरे पास थोड़ा ज़्यादा पैसा होता!

काश मैं थोड़ा ज़्यादा दुबला होता...
इत्यादि, इत्यादि, इत्यादि।

और इस तरह के प्रोग्राम सिर्फ़ उन गहरे प्रोग्रामों की एक छोटी-सी झलक हैं, जो सतह के नीचे छुपे हुए हैं! कल्पना करें कि आप अपने पर्सनल कंप्यूटर के कीबोर्ड पर बैठे हैं और कंप्यूटर में दिशानिर्देश टाइप कर रहे हैं, क्योंकि आप जानते हैं कि हमारी सेल्फ़-टॉक की प्रोग्रामिंग दरअसल हमारे मस्तिष्क की *शारीरिक संरचना* में होती है।

और अब कल्पना करें कि आप अपने कंप्यूटर में जिस तरह का प्रोग्राम डालेंगे, आपका कंप्यूटर उसी हिसाब से काम करेगा - क्योंकि *इसे ऐसा करना ही पड़ेगा।*

कोई *हैरानी* की बात नहीं कि हम जहाँ पहुँचने की कोशिश करते हैं, वहाँ पहुँचने में असफल हो जाते हैं और इसका कारण यह है कि हमारे भीतर मौजूद कई शक्तिशाली प्रोग्राम हमें इसके लिए मजबूर कर देते हैं!

नियम यह है :

*सबसे **शक्तिशाली** प्रोग्राम हमेशा जीतता है।*

इसका मतलब है कि जब आपकी सफलता से संबंधित कोई सवाल सामने आता है, जैसे *"मैं यह फ़ोन करूँ या इसे कल तक के लिए टाल दूँ?"* तो आप क्या फ़ैसला करते हैं, यह उन प्रोग्रामों पर निर्भर करता है, जो सबसे शक्तिशाली हैं।

अब हम इस बात की जाँच करते हैं कि आपके प्रोग्राम कहाँ "रहते हैं", और वे किस तरह यह तय करते हैं कि आप आगे क्या करेंगे।

"कल्पना करें, आप कितना कुछ कर
सकते हैं
अगर आपका हर प्रोग्राम पूरी तरह से
सही प्रोग्राम हो...

तब सफलता तक पहुँचना आपके लिए
बहुत आसान हो जाएगा।

और शायद आप बहुत कम समय में
ही वहाँ पहुँच जाएँगे।"

अध्याय - 6

आपकी सफलता के लिए मतदान कौन कर रहा है?

कल्पना करें कि हम जिन मानसिक प्रोग्रामों के बारे में बात कर रहे हैं, वे सभी आपके मस्तिष्क के एक बड़े स्टोरेज सेंटर में फ़ाइलिंग कैबिनेट में रखे हुए हैं। ज़ाहिर है, आपके प्रोग्राम आपके मस्तिष्क में सचमुच नहीं रखे होते हैं, लेकिन इससे आपको यह समझने में मदद मिलेगी कि ये किस तरह से काम करते हैं।

अब कल्पना करें कि आप अपने कंप्यूटर कंट्रोल सेंटर के बीच में खड़े हुए हैं और इसकी दीवारों में ऊपर से नीचे तक फ़ाइलिंग कैबिनेट लगे हुए हैं, जिनमें आपके सारे प्रोग्राम भरे हुए हैं।

तस्वीर देखें कि आप इनमें से एक फ़ाइलिंग कैबिनेट के पास जाकर एक फ़ाइल ड्राअर खोलते हैं। इन फ़ाइलों में विभिन्न खंड हैं और इनमें आपके जीवन का हर हिस्सा दर्ज है जिसकी आप कल्पना कर सकते हैं। इनमें आपके परिवार से लेकर आपकी शिक्षा, आपका आत्म-ग़ौरव, आपका करियर और आपके साथ अब तक जो भी हुआ है, वह सब दर्ज है। अगर आप इन्हें देखें, तो आपके हिसाब से आपको अपनी व्यक्तिगत फ़ाइलों में क्या मिलेगा?

इन फ़ाइलों में आपको अपने सपने मिलेंगे, अपनी आशाएँ, अपनी असफलताएँ, अपने डर मिलेंगे। इनमें आपको अपनी शक्तियाँ और झिझक, अपने लक्ष्य और अनिश्चितताएँ मिलेंगी। और आपको इस बात की पूरी तस्वीर मिलेगी कि आप आज किस स्थिति में हैं और यह भी कि आप कल किस स्थिति में *हो सकते* हैं।

और इन फ़ाइलों में आपको अपना हर विश्वास मिलेगा - और वह स्क्रिप्ट भी मिलेगी जो आपके भविष्य के लिए *इसी वक़्त* लिखी जा रही है, जो अभी आपके सामने मौजूद नहीं है।

और आप जो भी विचार सोचते हैं या जो भी काम करते हैं, उस पर आपके मस्तिष्क में मौजूद सभी प्रोग्राम फ़ाइलें *मतदान* करती हैं और इसी से यह तय होता है कि आप क्या करते हैं या क्या सोचते हैं। मतदान की यह प्रक्रिया किस तरह काम करती है, यह समझने के लिए हम असल जीवन से एक उदाहरण लेते हैं।

डेव डायमंड नहीं बन सका

मैं एक आदमी को जानता हूँ, जिसका नाम डेव है। उसने मुझे एक ऐसी घटना सुनाई, जिसने कुछ ही पलों में उसके पूरे जीवन को सचमुच बदल दिया। मैं डेव से एक सेमिनार में मिला, जो मैंने उसके शहर में दिया था। बाद में अनौपचारिक सत्र के दौरान जब मैं नेटवर्क मार्केटरों के समूह के साथ बातें कर रहा था, तो वह भी बातचीत में शामिल हो गया। उसने कहा, "कभी मैं भी नेटवर्क मार्केटिंग में था।"

डेव ने मुझे बाद में बताया कि वह प्लान पर सफलतापूर्वक चल रहा था और उसका नया व्यवसाय ठीक-ठाक तरीक़े से चल रहा था। उसके परिवार को भी यह विश्वास हो चला था कि वह इस क्षेत्र में सचमुच कुछ कर सकता है। यही नहीं, उसने और उसकी पत्नी ने तो यह चर्चा भी कर ली थी कि अगर वह सफल हो जाता है, तो वह अपने बीमे की नौकरी छोड़ देगा।

फिर वह सुबह आई, जब डेव की जॉर्ज के साथ ब्रेकफ़ास्ट मीटिंग थी, जिसमें उसे अपना प्लान दिखाना था। जॉर्ज उसके ऑफ़िस में उसी के साथ काम करता था। डेव जानता था कि नेटवर्क मार्केटिंग के क्षेत्र में काम करने वाला एक दूसरा व्यक्ति भी जॉर्ज को शामिल करने की अच्छी-ख़ासी कोशिश कर रहा था। उसे यह भी मालूम था कि उसका दोस्त जॉर्ज ज़िंदगी में उस मोड़ पर आ चुका था, जहाँ उसे बदलने की ज़रूरत महसूस हो रही थी। डेव जो बताने वाला था, वह सुनने के लिए जॉर्ज का सही समय आ चुका था।

डेव ने शनिवार की सुबह साढ़े सात बजे जॉर्ज और उसकी पत्नी बेट्टी से नाश्ते पर मुलाक़ात तय की थी। इसलिए शुक्रवार की रात को डेव ने सावधानी से साढ़े पाँच बजे का अलार्म भर दिया। वह जल्दी उठना चाहता था, ताकि वह न सिर्फ़ मीटिंग में समय पर पहुँच जाए, बल्कि इस बीच अपनी प्रस्तुति के बिंदुओं को दोहरा भी ले।

शनिवार सुबह साढ़े पाँच बजे अलार्म बजा। आधी नींद में डेव बिस्तर पर सरका और उसने पास नाइटस्टैंड पर रखी अलार्म घड़ी की तरह अपना हाथ बढ़ाया। उसका हाथ घड़ी के दो बटनों के ऊपर ठहर गया : बाएँ तरफ़ के बटन से रेडियो चालू हो जाता और उसका दिन समय पर शुरू हो जाता, जबकि दाएँ तरफ़ के बटन

से अलार्म बंद हो जाता और वह फिर से सो जाता।

देखिए कि दरअसल हो क्या रहा है

उस पल डेव ठहर जाता है। उसका हाथ हवा में स्थिर हो जाता है। वह तय नहीं कर पाता कि वह अलार्म को बंद करके अपनी सफलता की गाड़ी को पटरी पर से उतार दे या वह रेडियो चालू करके अपने भविष्य के राजमार्ग पर तेज़ रफ़्तार से आगे बढ़ जाए।

इस समय, डेव के कंप्यूटर कंट्रोल सेंटर में चलकर देखते हैं कि इस क्षण दरअसल उसके दिमाग़ में क्या हो रहा है। इसी पल, डेव के कंप्यूटर फ़ाइलिंग कैबिनेट बिजली की गति से खुलने लगते हैं। इसी समय, डेव के प्रोग्राम स्टोरेज सेंटर में मौजूद हर प्रोग्राम, जिसका इस बात से *ज़रा* भी सरोकार है कि वे इसके बाद क्या करेगा, मत देगा कि डेव को अगले पल में क्या करना है। इसी पल, ये सारे प्रोग्राम बाहर निकलेंगे - और उनमें से हर प्रोग्राम मत देगा - जिसमें ज़्यादा *शक्तिशाली* प्रोग्राम हमेशा *कमज़ोर* प्रोग्रामों को हरा देते हैं।

डेव के मस्तिष्क में जितने भी प्रोग्राम हैं, वे सभी प्रोग्राम मतदान करते हैं : व्यक्तिगत प्रेरणा, टालमटोल और काम पूरा करने के प्रोग्राम; उसने अतीत में कितना अच्छा काम किया है; ऐसे प्रोग्राम जो उसे बताते हैं कि क्या उसे नई सफलता हासिल करने का सच्चा विश्वास है या वह सचमुच इसके क़ाबिल है; ऐसे प्रोग्राम जो उसकी सुरक्षा और असुरक्षा का निर्माण करते हैं; स्थायित्व, कार्य और स्थायी आमदनी कमाने की उसकी ज़िम्मेदारी के प्रोग्राम; वे प्रोग्राम जो उसे बताते हैं कि वह लक्ष्य बनाने और उन तक पहुँचने में कितना निपुण है; बहुत पहले के प्रोग्राम और अभी हाल के प्रोग्राम; यह प्रोग्राम कि जब उसने प्लान दिखाया था तो उसे अतीत में किस तरह की प्रतिक्रिया मिली थी; स्वीकृति और अस्वीकृति के उसके प्रोग्राम; *आत्म-गौरव* के उसके प्रोग्राम - वह दरअसल कौन है, और उसे अपने बारे में किन चीज़ों पर भरोसा है - इसी क्षण में उसके ये सारे प्रोग्राम - और इसी तरह के हज़ारों दूसरे प्रोग्राम - *मतदान* करते हैं!

और *इसी एक क्षण में* मतों की गिनती होती है और परिणाम डेव के कंप्यूटर कंट्रोल सेंटर के विशालकाय कंप्यूटर स्क्रीन पर टाइप हो जाते हैं।

जो शब्द उस स्क्रीन पर टाइप होंगे, वही यह तय करेंगे कि डेव का अगला क़दम क्या होगा। हर प्रोग्राम ने उसके मस्तिष्क में रासायनिक रूप से, जैविक रूप से और *न्यूरोलॉजिकल रूप से* मत दिया है - और यह सब *एक पल* में ही हो गया!

इसी क्षण डेव के अंदरूनी कंट्रोल सेंटर के कंप्यूटर कंट्रोल स्क्रीन पर ये शब्द उभरे :

"सोना ही ठीक रहेगा।"

अब डेव का हवा में झूलता हाथ हरकत में आ जाता है। दिल की एक धड़कन में जितना समय लगता है, उससे भी कम समय में वह निर्णय ले लिया जाता है, जो डेव के भविष्य - और उसके परिवार के भविष्य - को बदल देगा। डेव का हाथ अलार्म बंद करने के बटन की तरफ़ बढ़ता है *और वह दोबारा सोने चला जाता है।*

यह सबको साफ़ नज़र आएगा कि डेव ने ग़लत निर्णय लिया है, उसने ग़लत विकल्प चुना है। इससे उसे नुक़सान होगा। वह जॉर्ज और बेट्टी से नहीं मिल पाया और सोमवार को जॉर्ज से मिलने पर उसे पता चला कि जॉर्ज को इसका बुरा नहीं लगा था, लेकिन वह जानता था कि उसने एक सुनहरा अवसर गँवा दिया है।

उसके कुछ ही समय बाद नेटवर्क मार्केटिंग में काम कर रहे किसी दूसरे व्यक्ति ने जॉर्ज और बेट्टी को स्पॉन्सर कर दिया - और जब मैं डेव से मिला, तो उसने मुझे बताया कि जॉर्ज ने उनकी बीमा कंपनी छोड़ दी थी और अब वह अपनी पूरी ऊर्जा तथा अद्भुत प्रतिभा खुद को और अपने स्पॉन्सर को डायमंड बनाने में लगा रहा था। डेव भी जॉर्ज को स्पॉन्सर कर सकता था। वह *बहुत करीब* पहुँच गया था। सफलता डेव के इतनी ज़्यादा क़रीब थी, जितनी वह कल्पना भी नहीं कर सकता था।

लेकिन उस खोए हुए अवसर के कुछ सप्ताह बाद ही डेव ने नेटवर्क मार्केटिंग पूरी तरह से छोड़ दी। ज़ाहिर है, इसमें दूसरे तत्वों का भी हाथ था, परंतु सोने का निर्णय लेना पहला क़दम था। और हालाँकि डेव पूरी ज़िम्मेदारी से सही निर्णय ले सकता था, परंतु उस महत्त्वपूर्ण क्षण में *कुछ और ही घटित हो रहा था।*

दरअसल डेव की तरफ़ से फ़ैसला किसने किया?

सच तो यह है कि डेव ने *सोच-समझकर कोई फ़ैसला नहीं किया था!* जिस समय डेव ने अलार्म बंद करने का फ़ैसला किया, उस समय तो *डेव पूरी तरह से जाग भी नहीं रहा था!* उसने रुककर इस बारे में नहीं सोचा था, न ही वह यह बात जानता था कि किसी तरह का मतदान हो रहा था। उसने जानते-बूझते हुए कोई चेतन निर्णय नहीं लिया था। उसे लेने की ज़रूरत भी नहीं थी। *डेव के अंदरूनी प्रोग्रामों ने उसकी तरफ़ से यह निर्णय ले लिया था।*

जब वह आधा सोया हुआ था, तब डेव के प्रोग्रामों ने मतदान किया, फ़ैसला किया और उसे ग़लत काम करने के लिए प्रेरित किया। ये प्रोग्राम चाहते थे कि डेव

इस क्षेत्र को छोड़ दे। उसके पुराने प्रोग्राम चाहते थे कि डेव कोशिश करना छोड़ दे और अपने *"सामान्य"* रूप में दोबारा लौट जाए और उन पुराने नियमों को मानकर उनके अनुसार चले, *जिस तरह से* ज़िंदगी को चलना चाहिए।

इसका इस बात से कोई लेना-देना नहीं था कि डेव क्या *चाहता था* - उसके प्रोग्राम इसी तरह के थे कि वे उससे यह काम करवा लें। चाहे वह कितनी ही बुरी तरह से सफल होना चाहता, चाहे उसे इसकी कितनी भी ज़रूरत होती, डेव की *प्रोग्रामिंग* इस तरह की थी कि उसे असफल होना ही था।

अगर डेव के प्रोग्राम अलग होते, तो क्या होता?

अगर डेव के प्रोग्राम अलग होते, तो क्या होता? अगर उसके पास सशक्त सकारात्मक आत्म-ग़ौरव के बेहतर प्रोग्राम होते... अगर उसके पास ऐसे प्रोग्राम होते, जो ऐमवे में रहने पर गर्व का अनुभव कराते... अगर उसके पास ऐसे प्रोग्राम होते, जो उसे हाल ही में हासिल की गई सफलता के क़ाबिल समझते... अगर उसके पास दृढ़ स्व-प्रेरणा और आत्मविश्वास के प्रोग्राम होते, जो उसे बताते कि उसके पास वह सब कुछ है जिससे वह कर्म की एक नई दिशा में तब तक जुटा रह सकता है, जब तक कि उसके और उसके परिवार के ज़िंदगी के बारे देखे गए सपने साकार न हो जाएँ, तो क्या होता।

अगर उसके पास *इस तरह* के प्रोग्राम होते, तो डेव के मतों का परिणाम पूरी तरह से अलग होता। निराशा के बजाय वह आज डायमंड बनने की राह पर चल रहा होता।

अगर किसी ने उसके पुराने प्रोग्रामों को बदलने में डेव की मदद की होती, तो क्या होता? अगर वह अपने प्रोग्रामों की बाधा को पार कर जाता और उसने उनकी जगह नए प्रोग्राम डाल लिए होते, जो उसके जीवन को वैसा बना सकते, जैसा वह सचमुच चाहता था, तो क्या होता?

अब खुद को डेव की जगह पर रखें, और उस फ़ैसले के बारे में सोचें, जो *आपके* प्रोग्रामों ने इसी स्थिति में आपसे करवाया होता। आप कौन-सा बटन दबाते?

हर छोटे फ़ैसले में, अपने जीवन के हर पल में, इस वक़्त आप कौन-सा बटन दबाने जा रहे हैं। यह एक महत्त्वपूर्ण सवाल है, क्योंकि यह हमारे लिए ठीक उसी तरह से काम करता है, जिस तरह इसने डेव के लिए किया है : *हमारे* प्रोग्राम ज़्यादातर समय हमारे लिए मतदान करते हैं।

हमारे प्रोग्राम हर उस काम में हमारे जीवन को दिशा देते हैं और उन्हें नियंत्रित करते हैं, जो हम करते हैं - या करने में *असफल* रहते हैं। और जब तक हम इन

पुराने प्रोग्रामों को बदलने के लिए कुछ नहीं करते, तब तक हम असफल ही होते रहेंगे। *पुराने प्रोग्राम हमारे ख़िलाफ़ लगातार मतदान करते रहेंगे।*

आपके लिए इस वक़्त इसका क्या अर्थ है?

क्या मानव मस्तिष्क पर हुए इस आधुनिक शोध से आपके जीवन और आपके व्यवसाय पर कोई प्रभाव पड़ सकता है, अभी हाल... आज?

हाँ, प्रभाव पड़ सकता है - इतना कि आप उसकी कल्पना भी नहीं कर सकते। इन समर्पित वैज्ञानिकों ने इस सवाल की कुंजी खोज ली है कि कुछ लोग सफल क्यों होते हैं, जबकि बाक़ी लोग सफल क्यों नहीं हो पाते।

संदेश स्पष्ट है : आपके नज़रिये, आपके विश्वास, आपके डर, आपके सपने, आपके फ़ैसले, आपके काम और आपकी अंतिम सफलता सीधे तौर पर उन प्रोग्रामों से बँधी हुई है, जो आपके मस्तिष्क में कहीं पर फ़ाइलिंग कैबिनेटों में रखे हैं।

इस बात से ज़रा भी फ़र्क़ नहीं पड़ता कि हम इस बात पर विश्वास करते हैं या नहीं। इस बात से कोई फ़र्क़ नहीं पड़ता कि हम इसे स्वीकार करते हैं या अस्वीकार। यह तो सीधा-सा चिकित्सकीय, जीव-वैज्ञानिक तथ्य है। प्रोग्राम वास्तविक होते हैं। और चाहे हम इस तथ्य को नज़रअंदाज़ करने या भूलने की कितनी ही कोशिश कर लें, हम इसे कभी नहीं बदल पाएँगे।

ऐसी स्थिति में समझदारी इसी में है कि यदि आपके मस्तिष्क में भरे प्रोग्राम आपकी राह में बाधा बन रहे हों, तो इन प्रोग्रामों को बदलने से आपको मिलने वाले परिणाम भी बदल जाएँगे। संक्षेप में कहें, तो शायद आपका पूरा भविष्य ही बदल जाएगा। कल्पना करें कि यह जानकारी (और इस दिशा में उठाए गए कुछ क़दम) ऐमवे डिस्ट्रिब्यूटर के रूप में आपके भविष्य के लिए कितना कुछ कर सकती है : मस्तिष्क के पुराने प्रोग्रामों को बदल देंगे, तो आप अपने जीवन को बदल देंगे।

कल्पना करें कि आप कितना कुछ कर सकते हैं, अगर आपके पास मौजूद हर प्रोग्राम पूरी तरह से *सही* प्रोग्राम होता - अगर आप इस समय के बाद खुद को जो मानसिक दिशा-निर्देश देते, वह हर निर्देश आपको ऊपर उठाने के लिए तैयार किया गया होता... आप क्या नहीं कर सकते, यह बताने के बजाय अगर हर प्रोग्राम आपको यह बताता कि आप क्या कर *सकते* हैं... और अगर यह आपके उठाए हर क़दम से आपको आगे की तरफ़ बढ़ाकर ले जाता। तब सफलता तक पहुँचना बहुत आसान हो जाता। तब आप निश्चित रूप से अपने संगठन में उस स्तर पर पहुँच जाते, जहाँ आप पहुँचना चाहते हैं और आपको वहाँ पहुँचने में शायद बहुत कम वक़्त लगता।

मिसाल के तौर पर, इन पुराने प्रोग्रामों से पीछा छुड़ाने से दरअसल डायमंड बनने की राह भी बदल सकती है - यह ज़्यादा *आसान*, ज़्यादा *सीधी* और ज़्यादा *सुगम* हो सकती है। कल्पना करें कि आज आपके सामने जो लक्ष्य हैं, उन्हें हासिल करने के बारे में आपको अपने पुराने प्रोग्रामों की तरफ़ से बाधा आने की कोई चिंता न रहे।

अगर आपका कोई दोस्त है जो किसी दूसरे दोस्त से ज़्यादा तरक्की कर रहा है, तो उन दोनों के प्रोग्रामों को ध्यान से देखें और खुद से पूछें कि उनमें से एक दूसरे से ज़्यादा तरक्की क्यों कर रहा है। जैसे ही आप यह सवाल पूछेंगे, उसी क्षण आपको उसका जवाब मिल जाएगा।

आपके प्रोग्राम कितना अविश्वसनीय फ़र्क़ ला सकते हैं

किसी ऐसे परिचित के बारे में सोचें, जो "सफल" है। सिर्फ़ आर्थिक क्षेत्र में ही नहीं, बल्कि अन्य क्षेत्रों में भी। किसी ऐसे व्यक्ति के बारे में सोचें, जो हर मायने में बेहतरीन जीवन जी रहा है - जो बड़ी चीज़ें हासिल कर रहा है और जिसे भविष्य में और भी बड़ी चीज़ें निश्चित रूप से हासिल होंगी। जब आप "सफलता" की महान तस्वीर के लिए व्यक्ति को चुन लें, तो इसके बाद अपने मस्तिष्क में उसकी स्पष्ट तस्वीर देखें। और फिर आप उस व्यक्ति को उस तस्वीर में बोलते हुए, काम करते हुए, अपने जीवन को नियंत्रित करते हुए देखें।

फिर खुद से यह सवाल पूछें : *इस व्यक्ति के पास किस तरह के प्रोग्राम हैं?*

अब किसी ऐसे परिचित के बारे में सोचें, जो दुखी और असफल है - एक ऐसा व्यक्ति, जो ग़रीबी में जी रहा है। हालाँकि उसका शारीरिक स्वास्थ्य तो ठीक होगा, लेकिन वह मानसिक रूप से कमज़ोर होगा। एक ऐसा आदमी जो सफल नहीं हो रहा है, जो सुखी नहीं है और जिसका अपने जीवन पर कोई नियंत्रण नज़र नहीं आ रहा है।

इस व्यक्ति के लक्ष्य क्या हैं? उसका आत्म-गौरव कैसा है? वह दूसरों से किस तरह बात करता है? उसके आत्मविश्वास का स्तर कैसा है? जब वह बोलता है, तो उसकी आवाज़ सुनकर कैसा लगता है? वह अपनी बात कहने के लिए किस तरह के शब्दों और वाक्यों का इस्तेमाल करता है? वह किस तरह सोचता है? वह किस तरह उठता-बैठता है, खड़ा होता है, चलता है? उसकी आँखों में किस तरह के भाव होते हैं?

उस व्यक्ति के पास किस तरह के प्रोग्राम हैं?

आपके सामने पहली चीज़ तो यह स्पष्ट होती है कि इन दोनों लोगों के बीच बहुत उल्लेखनीय, जीवन बदलने वाला अंतर है। और यह भी स्पष्ट है कि यह अंतर सिर्फ़ संयोग का परिणाम नहीं है। यह उससे ज़्यादा शक्तिशाली है। और ज़्यादा आसान भी। यह उनके प्रोग्रामों का अंतर है।

मैंने आपसे इन दोनों लोगों की तरफ़ देखने को कहा, उसके पीछे एक कारण था। (आप अपने हर जानने वाले का इसी तरह विश्लेषण कर सकते हैं और उनके व्यक्तिगत "प्रोग्रामिंग चार्ट" के हिसाब से उनकी रेटिंग कर सकते हैं - हालाँकि मैं इस बात की अनुशंसा करने की आवश्यकता महसूस नहीं करता!)

आप जिन लोगों को जानते हैं, उनके सोचने, विश्वास करने, फैसला करने, चलने, देखने और यहाँ तक कि दिखने के पीछे भी उनके मस्तिष्क में मौजूद प्रोग्राम ही ज़िम्मेदार होते हैं। यह भी सच है कि आप भी ऐसे ही हैं। आप भी जो सोचते हैं और करते हैं, वह आपके भीतर के प्रोग्रामों की एक जीती-जागती, ज़िंदा तस्वीर होती है।

सपनों को डायमंड में बदलना

एक पल के लिए ठहरें और इस सवाल का जवाब दें : इस वक़्त आपके पास जो प्रोग्राम हैं, क्या आप उनसे संतुष्ट हैं? क्या आपके पास कुछ ऐसे प्रोग्राम हैं, जिनसे आप पीछा छुड़ाना चाहते हैं? या, अगर आप ऐसा कर सकें, तो क्या आपके पास ऐसे प्रोग्राम हैं, जिन्हें आप बदलना चाहते हैं?

हमने यह जाना है कि अपने लक्ष्यों तक पहुँचने के लिए आप जो भी सोचते और करते हैं, लगभग हर चीज़ आपके भीतर उस वक़्त मौजूद प्रोग्रामों से प्रभावित तथा नियंत्रित होती है। ऐमवे डिस्ट्रिब्यूटर के अपने लक्ष्य तक पहुँचने के लिए आप आज, कल और उसके बाद आने वाले हर दिन क्या करते हैं, इस बात का फ़ैसला आपके यही प्रोग्राम करेंगे।

परंतु हमने यह भी सीखा है कि हमारे विरोध में काम करने वाले पुराने प्रोग्रामों के पार जाने का एक तरीक़ा है - और हमारे मस्तिष्क को इस तरह से बनाया गया है कि वह इस काम में हमारी मदद कर सके। और आख़िरकार हम यह भी जान चुके हैं कि ऐसा *कैसे* किया जाए।

आइए देखें कि शोध करने वालों ने *पुराने* प्रोग्रामों को नए प्रोग्रामों में बदलने - और *सपनों* को *डायमंड* में बदलने - के बारे में क्या सीखा।

"कई लोग अपने जीवन की गुणवत्ता में अद्‌भुत परिवर्तन करने के लिए सेल्फ़-टॉक (स्वयं से संवाद) का इस्तेमाल करते हैं।

आपको इन्हीं लोगों को ग़ौर से देखने की ज़रूरत है।

इन्हीं लोगों को सच्ची और स्थायी सफलता मिलती है, क्योंकि उन्होंने अपने प्रोग्रामों को बेहतर प्रोग्राम में बदलने का फ़ैसला किया।"

अध्याय - 7

दोबारा प्रोग्रामिंग में एक बड़ी खोज

कल्पना करें कि न्यूरोसाइंटिस्टों की एक समर्पित टीम ब्रेन केमिस्ट्री में वृहद खोज कर रही हो - *और अंत में इसे इतना बड़ा समाधान मिले जो अगले कुछ सालों में ऐमवे के आकार को दोगुना कर सकता हो।* मुझे नहीं लगता कि शोध करते समय इन शोधकर्ताओं को यह पता था कि वे दुनिया को बदलने में *कितनी ज़्यादा* मदद कर रहे हैं!

पुराने प्रोग्रामों से मुक्त होने का तरीक़ा

हम यह जान चुके हैं कि हमारे प्रोग्राम हमारे जीवन को हमारी उम्मीद से बहुत ज़्यादा नियंत्रित करते हैं। और इसीलिए यह महत्त्वपूर्ण हो जाता है कि हम अपने पुराने प्रोग्रामों को बेहतर प्रोग्रामों में बदल दें। परंतु कुछ समय पहले तक हम यह नहीं जानते थे कि हम अपने पुराने प्रोग्रामों को बदल *सकते* हैं; और सबसे अहम बात, हम यह नहीं जानते थे कि ऐसा *कैसे* किया जा सकता था।

अल्ज़ाइमर्स बीमारी के कारण और उपचार का अध्ययन करते वक़्त न्यूरोसाइंटिस्टों ने अनायास ही वह खोज लिया, जिसने पुराने प्रोग्रामों से पीछा छुड़ाने के मामले में दुनिया ही बदल दी। उन्होंने *उम्मीद* खोज ली।

शोधकर्ताओं की खोज से इस बात की पुष्टि हुई कि हमारे प्रोग्राम मस्तिष्क की शारीरिक संरचनाएँ या मार्ग हैं। उन्होंने यह सिद्ध किया कि हम इनके बारे में कुछ कर सकते हैं। उन्होंने पता लगाया कि अगर कोई व्यक्ति थोड़े लंबे समय तक पुराने प्रोग्राम का *इस्तेमाल छोड़* दे, तो पुराना प्रोग्राम दरअसल रासायनिक रूप से विखंडित हो जाएगा - और यह *स्वतः* हो जाएगा। और यह मस्तिष्क में होने वाला *दैहिक व रासायनिक* परिवर्तन होगा, जिसे अत्याधुनिक मेडिकल इमेजिंग कंप्यूटरों की मदद से नापा जा सकता है।

मस्तिष्क में बदलते मार्ग

हम सभी ने यह सुना है, "किसी आदत को बदलने में 21 दिन लगते हैं।" यह कोई संयोग नहीं है कि इन शोधकर्ताओं ने भी यह पाया कि हमारे मस्तिष्क के पुराने प्रोग्रामों को, जो दरअसल रासायनिक मार्ग हैं, टूटने में भी *बिलकुल* इतना ही समय - लगभग तीन सप्ताह - लगता है। हम जिन्हें *आदत* कहते हैं, हमारे मानसिक कंप्यूटर के लिए वे भी दरअसल *प्रोग्राम* ही हैं।

परंतु हम इतने लंबे समय तक किसी पुराने प्रोग्राम का इस्तेमाल कैसे बंद करें, ताकि यह अपने आप विखंडित हो जाए? अगर आप अपने घर या ऑफ़िस में कंप्यूटर की डिस्क बाहर निकाल लें, तो कंप्यूटर बैठ जाएगा; यह काम करना बंद कर देगा। अगर आप चाहते हैं कि कंप्यूटर बिना पुराने प्रोग्रामों का इस्तेमाल किए काम करता रहे, तो आपको इन पुराने प्रोग्रामों *की जगह* पर कुछ और डालना होगा - और मस्तिष्क भी इसी तरह से काम करता है।

अगर हम पुराने प्रोग्रामों को निकालना चाहते हैं, तो हमें उनकी *जगह* पर नए प्रोग्राम डालने होंगे। और यहीं पर सेल्फ़-टॉक महत्त्वपूर्ण बन जाती है।

सेल्फ़-टॉक की अद्‌भुत खोज

हम जिसे "सेल्फ़-टॉक" कहते हैं, वह एक बड़ी खोज है। यह पुराने मानसिक प्रोग्रामों की जगह पर नए, सकारात्मक प्रोग्राम डालने का तरीक़ा है। स्कूलों, अस्पतालों, चर्चों, वज़न कम करने वाले क्लीनिकों, कंपनियों और हज़ारों सेल्समैनों तथा नेटवर्क मार्केटरों द्वारा पूरे अमेरिका में बहुत-सी सेल्फ़-टॉक तकनीकों का इस्तेमाल किया जाता है। सेल्फ़-टॉक आत्म-स्वाभिमान, परामर्श, रिश्तों और व्यक्तिगत तथा व्यावसायिक सफलता जैसे मामलों को सुलझाने में स्कूली बच्चों से लेकर मेडिकल प्रोफ़ेशनलों तक हर एक की मदद कर रही हैं।

अपने जीवन की गुणवत्ता में असाधारण बदलाव लाने के लिए अब लाखों लोग सेल्फ़-टॉक के लोकप्रिय तरीक़ों का इस्तेमाल कर रहे हैं। और जिन लोगों ने सेल्फ़-टॉक के गुणों और लाभों को सबसे पहले पहचाना, वे नेटवर्क मार्केटिंग से जुड़े लोग थे, यानि देश भर में फैले ऐमवे के सदस्य थे।

आपको इन्हीं लोगों को क़रीब से देखने की ज़रूरत है। ऐसे ही लोगों को वास्तविक और स्थायी सफलता मिलती है, क्योंकि उन्होंने अपने प्रोग्रामों को बेहतर प्रोग्राम में बदलने का फ़ैसला किया। परिणाम स्पष्ट हैं : *सेल्फ़-टॉक लोगों के जीवन में काम करती है, क्योंकि सेल्फ़-टॉक प्रोग्राम बदल देती है।*

यदि आप अपने *ख़ुद के* जीवन में सेल्फ़-टॉक तकनीकों का इस्तेमाल करना चाहते हैं और पुराने प्रोग्रामों की जगह पर नए प्रोग्रामों को भरने की प्रक्रिया शुरू करना चाहते हैं, ताकि आपके प्रोग्राम आपके विरोध में नहीं, बल्कि आपके हित में काम करें, तो हमें शुरुआत यह जानने से करनी चाहिए कि आपके कुछ *वर्तमान प्रोग्राम* कैसे दिखते हैं।

अपनी सेल्फ़-टॉक की निगरानी करें :
परिवर्तन का पहला क़दम

पहले क़दम को "निगरानी" कहा गया है और इसका यही अर्थ है। यह इस तरह काम करता है :

❑ *अगले कुछ दिनों तक आप ग़ौर से हर वह बात सुनें, जो आप ज़ोर से बोलते हैं।*

अपने मुँह से निकला हर शब्द सुनें। आप जो कह रहे हैं, उसे बदलने या बेहतर बनाने की कोशिश न करें; सिर्फ़ सुनें। अगर कोई टेपरिकॉर्डर लेकर आपका पीछा करे, तो आपको क्या लगता है कि तीन आम दिनों में आपके शब्द किस प्रकार के होंगे?

❑ *अपने बारे में बोले गए सेल्फ़-टॉक के कथन सुनें।*

अपने बारे में कहे गए वाक्यों पर विशेष ध्यान दें – ऐसी टिप्पणियाँ, जिनमें आपका या आपकी भावनाओं का वर्णन हो। कुछ कथनों की निगरानी करने पर आप पहली ही नज़र में आसानी से समझ जाएँगे कि ज़्यादातर बातें तो आप बिना सोचे ही बोल देते हैं।

यह हम सबके बारे में सही है। और हम जिस अचेतन सेल्फ़-टॉक का इस्तेमाल हर दिन करते हैं, वह दरअसल आइसबर्ग की ऊपरी नोक है। यह उन लाखों बड़े प्रोग्रामों की सिर्फ़ एक झलक है, जो हमारे भीतर बहुत गहराई में स्थित हैं और काम कर रहे हैं।

सौभाग्य से, आपको अपने प्रोग्राम बदलने के लिए उन सभी के बारे में पूरी तरह जानना ज़रूरी नहीं है। लेकिन आप जो कह और सोच रहे हैं, उसकी निगरानी करने से आपको यह पता चल जाएगा कि आपके कुछ प्रोग्राम अभी किस हालत में हैं और आपको क्या बताते हैं।

❑ *अपने आस-पास के लोगों की सेल्फ़-टॉक की निगरानी करें।*

अपनी सेल्फ़-टॉक सुनने के साथ-साथ अपने आस-पास के लोगों की सेल्फ़-टॉक भी ग़ौर से सुनें। किसी व्यक्ति की बातों को ध्यान से सुनना उसकी सेल्फ़-टॉक की शक्ति को पहचानने का सबसे अच्छा तरीक़ा है। इसके बाद उनकी सेल्फ़-टॉक का विश्लेषण करके देखें कि यह अच्छी थी या बुरी, फिर इसकी इस बात से तुलना करें कि वे वर्तमान में कैसा जीवन जी रहे हैं - या वे कितने सुखी और "सफल" हैं।

अवलोकन करना तो ज़रूरी है, लेकिन यह ज़रूरी नहीं है कि आप लोगों को उनकी सेल्फ़-टॉक के बारे में सलाह दें। सिर्फ़ अच्छे दर्शक और श्रोता बनें। अपने प्रोग्रामों को जानने की प्रक्रिया में आपको अपने आस-पास के लोगों के प्रोग्रामों के बारे में जानने में बहुत मज़ा आएगा।

अगले तीन दिनों तक अपनी सेल्फ़-टॉक की निगरानी करें और उसे लिख लें

आपके वर्तमान प्रोग्राम कैसे हैं, यह जानने के लिए सर्वाधिक महत्त्वपूर्ण क़दमों में से एक यह है कि आप उन शब्दों को *लिख लें*, जो आप ख़ुद को बोलते हुए सुनें।

मैं आपको सुझाव देना चाहूँगा कि अगले तीन दिनों तक आप अपने साथ एक पॉकेट नोटबुक रखें। (वैसे फ्रैंकलिन प्लानर का नोट्स सेक्शन भी इस काम के लिए उपयुक्त है।) अपनी नोटबुक अपने पास रखें और जब आप रोज़मर्रा की गतिविधियों में संलग्न हों, तब अपने द्वारा कहे गए सेल्फ़-टॉक कथन लिख लें।

सेल्फ-टॉक के इस मॉनीटर लॉग से आपको अगले तीन दिनों में अपने द्वारा कहे गए *हर शब्द* को सचेतन रूप से *सुनने* में बड़ी मदद मिलेगी। एक सूची बनाएँ, भले ही इसमें आपकी हर दिन की सेल्फ-टॉक के कुछ ही नमूने क्यों न शामिल हों।

हो सकता है कि आपके सेल्फ़-टॉक मॉनीटर लॉग में एक दर्जन या सिर्फ़ दो ही वाक्य हों। यह बहुत कम हैं, जबकि आप जानते हैं कि आपने दो-तीन दिन में सैकड़ों वाक्य बोले होंगे। बहरहाल, एक छोटी सूची से भी आपको समझ में आ जाएगा।

❑ *अपने परिवार या अपने मित्रों से अपनी सूची में मदद करने को कहें।*

इस मामले में अपने क़रीबी लोगों की मदद लें। वे लोग अक्सर आपको ऐसी बातें कहते सुनते हैं, जिनके बारे में आपको यह पता ही नहीं होता कि आपने उन्हें कहा

है। अगर आप अपने नए सेल्फ़-टॉक प्रोजेक्ट को गोपनीय ढंग से कर रहे हैं, तो आप इस क़दम को छोड़ सकते हैं। अन्यथा बाहरी परामर्श अवश्य माँगें।

❑ *अपनी सूची को सावधानी से पढ़ें और खुद से पूछें कि इससे आपको क्या पता चलता है।*

तीन दिन तक मॉनीटर लॉग रखने के बाद इसे खुद को सुनाते हुए कई बार पढ़ें। अपनी सूची के परिणामों का खुद ही विश्लेषण करना आपके लिए कठिन नहीं होगा। इन सवालों से आपको मदद मिलेगी :

1. आपके सेल्फ़-टॉक कथनों की सूची आपको क्या बताती है?

2. क्या आपकी सेल्फ़-टॉक आमतौर पर आपको उभारती है या आपको दबाती है? यानि क्या आपकी ज़्यादातर सेल्फ़-टॉक आपको ऊँचा उठाती है, नीचे गिराती है या फिर उसी स्तर पर बनाए रखती है?

3. क्या यह सेल्फ़-टॉक ऐसी है, जिसकी प्रोग्रामिंग आप अपने कंप्यूटर में करना चाहेंगे? क्या आप अपने अंदरूनी कंप्यूटर के कीबोर्ड पर इन्हीं वक्तव्यों को जीवन भर के मार्गदर्शक सिद्धांतों के रूप में टाइप करना चाहेंगे?

4. आपकी सूची के सबसे शक्तिशाली प्रोग्राम कौन से हैं?

5. नेटवर्क मार्केटिंग के बारे में, और ख़ासतौर पर ऐमवे के बारे में, आपके प्रोग्राम किस तरह के हैं?

6. क्या कोई ऐसा प्रोग्राम है, जो एक से ज़्यादा बार आया हो?

7. क्या आपको कोई ऐसे प्रोग्राम मिले, जिन्हें आप बदलना चाहेंगे?

हम यहाँ पर बहुत गहराई से विश्लेषण की तलाश नहीं कर रहे हैं – हमें इसकी ज़रूरत भी नहीं है। यह एक शुरुआती अभ्यास है। इसे इसलिए तैयार किया गया है, ताकि आप जल्दी ही खुद के और अपने आस-पास के लोगों के सेल्फ़-टॉक प्रोग्रामों के बारे में जागरूक हो जाएँ।

पहली तकनीक आपके प्रोग्रामों में दूरगामी परिवर्तन करने के लिए तैयार नहीं की गई है। बहरहाल, यह सही दिशा में एक महत्त्वपूर्ण पहला क़दम है – और अगला क़दम शायद इससे भी ज़्यादा महत्त्वपूर्ण है।

अगला क़दम : अपनी सेल्फ़-टॉक का *संपादन* करना

अगली तकनीक से आपको अपनी सेल्फ़-टॉक बदलने में मदद मिलेगी। यह आसान नज़र आती है, परंतु अगर आप इसे कर लें, तो इससे तत्काल आपके उन प्रोग्रामों में बहुत बड़ा परिवर्तन हो सकता है, जो आपकी दिशा को नियंत्रित करते हैं।

❑ *जब आप बोल रहे हों, तो बोलते-बोलते अपनी सेल्फ़-टॉक को संपादित कर दें।*

जब भी आप पुराने तरीक़े से कोई बात बोलने को हों, तो तुरंत उस कथन को बदलकर उन नए प्रोग्रामों के अनुरूप बना लें, जिन्हें आप स्थापित करना चाहते हों। आप जो भी कहते हैं, उसका उसी समय संपादन करने के लिए आपको सेल्फ़-टॉक के अनुवाद में विशेषज्ञ बनने की ज़रूरत नहीं है। थोड़े अभ्यास के बाद आप पाएँगे कि यह न सिर्फ़ ज़्यादा आसान हो जाता है, बल्कि कुछ ही समय में आप स्वचालित रूप से और बहुत ही स्वाभाविक तरीक़े से अपनी सेल्फ़-टॉक का संपादन करने लगेंगे।

मिसाल के तौर पर, अगर आपकी पुरानी सेल्फ़-टॉक वाला कथन यह है, *"मैं आज काम पर जाने के बारे में सोचना भी नहीं चाहता। काश मैं दोबारा सोने जा सकता,"* तो जिस पल आप इसे कहते हैं या इसके बारे में सोचना भी शुरू करते हैं, उसी पल इसे अपनी नई सेल्फ़-टॉक में बदल लें, जो इस तरह की होती है :

"मैं जागृत और प्रफुल्लित हूँ, ऊर्जा तथा जीवन से भरपूर हूँ – और आज इसे साबित करने के लिए बेहतरीन दिन है!"

जब आप यह करते हैं, तो न सिर्फ़ उस पल आपको एक ज़्यादा स्वस्थ प्रोग्राम मिलता है, बल्कि आप अपने अवचेतन मन को एक प्रबल संदेश भी देते हैं। आप खुद से शब्दशः कह रहे हैं, *"मैं यहाँ से यही बनने का चुनाव करता हूँ; मैं खुद के लिए इसी तरह का प्रोग्राम बनाना चाहता हूँ।"*

इसे करते वक़्त अगर *आपको* लगता है कि आप खुद को निर्देश दे रहे हैं, तो आपको सही लगता है। शुरुआत में यह आपको अजीब लग सकता है, लेकिन आपके आंतरिक स्वरूप को इस तरह के शक्तिशाली, स्पष्ट, व्यावहारिक संदेश उन सबसे महत्त्वपूर्ण क़दमों में से एक हैं, जो आप उन प्रोग्रामों को बदलने के लिए उठा सकते हैं, जो आपके आड़े आ रहे हैं।

बोलते वक़्त अपनी सेल्फ़-टॉक का संपादन करना आसान है। इसमें दरअसल

ज़रा भी समय नहीं लगता है। और जब आप अपनी सेल्फ़-टॉक के संपादन का अभ्यास करने लगते हैं, तो कुछ समय बाद आपको इसकी आदत पड़ जाती है। समय के साथ आप सकारात्मक आदत को बलवान करने वाले प्रोग्राम बना लेते हैं - इसलिए आप इसे जितना ज़्यादा करते हैं, आप उसे उतना ही ज़्यादा कर सकते हैं।

एक और महत्त्वपूर्ण लाभ

जब आप बोल या सोच रहे हों, तो अपनी सेल्फ़-टॉक का संपादन करना पुराने प्रोग्रामों को बदलने की दिशा में एक महत्त्वपूर्ण क़दम है। लेकिन संपादन करने का एक और, ज़्यादा त्वरित लाभ भी होता है। इसे बोलने, इसकी घोषणा करने और इसे सुनने तथा अपने नए आत्म-निर्देशों पर इसी समय काम करने का प्रभाव यह होता है कि इससे अंततः वे चयन बदल जाते हैं, जो आपके पुराने प्रोग्राम आपके जाने बिना ही चुन लेते।

जब आप अपनी सेल्फ़-टॉक के संपादन का अभ्यास करते हैं, तो आप लगभग तुरंत ही ख़ुद को बेहतर विकल्प चुनते पाएँगे। आप अधिक नियंत्रण का इस्तेमाल करने लगेंगे।

आपकी नई सेल्फ़-टॉक कैसी होनी चाहिए, इसके उदाहरणों के लिए अध्याय आठ, तेरह और सोलह में दी गई स्क्रिप्टों को देखें। आप इन स्क्रिप्टों को जितना ज़्यादा पढ़ते हैं या उन्हें टेप पर जितना ज़्यादा सुनते हैं, आपको उतनी ही अच्छी तरह समझ आएगा कि आप अपने शब्दों को कैसे बदल सकते हैं, ताकि वे आपके दिन को दिशा से दूर न भटका पाएँ।

अगर यह कुछ ज़्यादा ही आदर्श लगता हो, तो क्या हो?

पुरानी नकारात्मक सेल्फ़-टॉक को नई, ज़्यादा "सकारात्मक" सेल्फ़-टॉक में बदलने के साथ समस्या यह है कि पहले तो नया संस्करण कुछ ज़्यादा ही... *आदर्श* लग सकता है - जैसे आप ख़ुद को इस तरह बोलने या सोचने पर मजबूर कर रहे हों, जिस पर *कोई भी* खरा *नहीं* उतर सकता। जब आप पहले-पहल इन कथनों को सुनते हैं, तो आसानी से अपना सिर अविश्वास में हिला सकते हैं, मानो आप ख़ुद को बहला रहे हों।

कल्पना करें कि आप नीचे दिए सेल्फ़-टॉक कथन ख़ुद के सामने पढ़ रहे हैं या हर सुबह टेप पर उन्हें सुन रहे हैं :

"मैं हर चीज़ करता हूँ, जो मेरे व्यवसाय को सफल बनाने के लिए मुझे करनी चाहिए - ख़ासतौर पर आज!"

"आज प्लान दिखाने के लिए बेहतरीन दिन है और मैं आज यही करने की योजना बना रहा हूँ।"

"मुझे ऐमवे में रहने पर गर्व है - और यह दिखता है!"

आपके कई पुराने प्रोग्राम, उसी तरह के प्रोग्राम जिनसे आप मुक्ति पाना चाहेंगे, इस नई तरह की सेल्फ़-टॉक पर कसमसाएँगे और इसकी मूर्खता का लगभग मज़ाक उड़ाएँगे। पुराने प्रोग्राम आपसे कहेंगे, *"आप ख़ुद को बहला रहे हैं। कोई भी इस तरह बात नहीं करता है - ख़ासतौर पर आप तो नहीं।"*

लेकिन यह त्वरित सबूत है कि आपको नई सेल्फ़-टॉक को *बहुत* गंभीरता से लेना चाहिए। आख़िर, अगर आपके पुराने नकारात्मक प्रोग्राम आपको नई सेल्फ़-टॉक पर *अविश्वास कराने* की कोशिश करते हैं, तो इससे आपको क्या पता चलता है? यही कि अगर मौक़ा दिया जाए, तो पुराने प्रोग्राम यह पसंद करेंगे कि वे आपको *इसी समय* रोक दें, इससे पहले कि आप नए, *सकारात्मक* प्रोग्रामों को अपने जीवन में आने का अवसर दें।

आपकी नई सेल्फ़-टॉक जितनी ज़्यादा असामान्य, अलग और *जीवंत* लगती है, आपको इसे उतनी ही *ज़्यादा गंभीरता* से लेना चाहिए।

आप जब अपनी कही बातों को बदल देते हैं, तो आप पूरे दिन को बदल देते हैं

अगर कोई आपको बताए कि आप केवल दस सेकेंड में ही अपने दिन के नियंत्रण में आ सकते हैं, तो क्या होगा? क्या आपको इस पर यक़ीन होगा?

यह पूरी तरह सच है कि अपनी सेल्फ़-टॉक का "तुरंत" संपादन करने की प्रक्रिया में लगभग दस सेकेंड की ज़रूरत होती है। लेकिन उस परिवर्तन के प्रभाव आपके - और प्रायः आपके आस-पास के हर व्यक्ति के भी - दिन का कायाकल्प कर सकते हैं। जैसा पता चलता है, सकारात्मक सेल्फ़-टॉक संक्रामक होती है!

❑ *अपनी सेल्फ़-टॉक का कायाकल्प करके इसे एक प्रेरक साधन बना लें, ताकि आपको हर दिन अपने नज़रिये को नियंत्रित करने में मदद मिले।*

यह तकनीक सीखने का एक बेहद महत्त्वपूर्ण कारण यह है कि यह अंततः

बेहद प्रेरक बन जाती है - आप अंततः ज़्यादा अच्छे स्व-प्रेरक बन जाते हैं। और जब-जब आप अपनी सेल्फ़-टॉक का कायाकल्प करते हैं, आप हर बार इसमें बेहतर बनते जाते हैं।

इस तकनीक का एक और लाभ यह है कि आपको त्वरित परिणाम मिलते हैं। दूसरे लोग आप पर ज़्यादा सकारात्मक ध्यान देते हैं। जब भी आप स्पष्टता और विश्वास से कोई नया सेल्फ़-टॉक कथन बनाते हैं, तो आपको हर बार बेहतर *महसूस* होता है।

ऐसा इसलिए है, क्योंकि जब आप ख़ुद से और दूसरों से बात करने के तरीक़े से सकारात्मक उत्साह बनाते हैं, तो आप अपने मस्तिष्क के रसायनों को भी बदल देते हैं, जो आपको बेहतर महसूस कराते हैं। और यह न सिर्फ़ आपकी मानसिक अवस्था के लिए अच्छा होता है - बल्कि यह आपकी सफलता की दर के लिए भी अच्छा होता है।

अपनी पुरानी सेल्फ़-टॉक का कायाकल्प कर लें। इसे बदल दें। इसे नए शब्दों में ढालें। इसे रूपांतरित करें और इसके द्वारा बनाई जाने वाली तस्वीरों को देखें - अपने जीवन में इन तस्वीरों के *साकार* होने के बारे में विचार भी करें।

सेल्फ़-टॉक की इस संपादन तकनीक के इस्तेमाल में कुछ सेकेंड से ज़्यादा समय नहीं लगता है। इसे आज़माने वाले बहुत से लोगों की तरह ही आप भी जल्दी ही पहचान जाएँगे कि सफल डिस्ट्रिब्यूटर के रूप में काम करना उतना बड़ा युद्ध नहीं है, जितना कि नज़र आता है। इसमें बहुत सारे *छोटे-छोटे* पल होते हैं, इच्छाशक्ति और आत्म-नियंत्रण के छोटे-छोटे संघर्ष होते हैं। अगर आप सफल होना चाहते हैं, तो आप हो जाएँगे।

अपनी सेल्फ़-टॉक की *निगरानी* करने से आपकी अपने प्रोग्रामों के बारे में जागरूकता काफ़ी बढ़ जाती है। *संपादन* करने से उन प्रोग्रामों को बदलने में मदद मिलती है, जिनसे आप छुटकारा पाना चाहते हैं। अगर आप ऐमवे में और बाक़ी जीवन में भी सफल होना चाहते हैं, तो मौक़ा मिलते ही अपने प्रोग्रामों को बदलना शुरू कर दें - यह काम दिन में उतनी बार करें, *जितनी भी बार* सफल होने के लिए ज़रूरी हो।

अगले अध्याय में हम सेल्फ़-टॉक के विशिष्ट उदाहरण देखेंगे, जो नए प्रोग्राम बनाने में - और ऐमवे डिस्ट्रिब्यूटर के रूप में आपका व्यवसाय बढ़ाने में भी - आपकी मदद करेंगे।

"अगर आप सही प्रोग्रामों से अपने लिए काम करवाते हैं, तो आपके पास प्रेरित होने और प्रेरित बने रहने का अच्छा अवसर होता है।

आख़िर, सफलता बहुत बड़ी प्रेरक होती है!"

अध्याय - 8

प्रेरित होना और प्रेरित बने रहना

अगर आप ऐमवे में कुछ समय से भी हैं, तो आपने शायद उन *अद्भुत* ऐमवे वीकएंड का अनुभव किया होगा। इन कार्यक्रमों में आप दोबारा प्रेरित होते हैं, स्फूर्ति पाते हैं, समर्पित होते हैं, आपका नवीनीकरण होता है और आपको चेताया जाता है।

लेकिन अंततः, और बहुत जल्दी ही, वीकएंड ख़त्म हो जाता है और दोबारा रोज़मर्रा के जीवन में लौटने का वक़्त आ जाता है।

जब अविश्वसनीय रूप से लाभप्रद वह वीकएंड ख़त्म होता है, प्रेरणा और प्रेरक शब्द चले जाते हैं और आप दोबारा घर लौट आते हैं और अपने ख़ुद के दम पर आ जाते हैं, तब क्या होता है? आपकी ख़ुद की, आपकी *आंतरिक* प्रेरणा कितने लंबे समय तक चलती है? दो सप्ताह? दो दिन? कुछ घंटे?

दरअसल यह *आपकी* प्रेरणा थी ही नहीं। यह तो किसी दूसरे से उधार पर मिली प्रेरणा थी। इसे आपने उन लोगों से उधार लिया था, जिनके पास देने के लिए पर्याप्त से ज़्यादा प्रेरणा थी और वे इतने परवाह करने वाले थे कि उन्होंने कुछ समय तक आपको प्रेरणा दी।

और फिर आप अपने जीवन, अपने कामकाज, अपनी दिनचर्या और अपने *पुराने प्रोग्रामों* की ओर लौट जाते हैं।

इसका मतलब यह कहना नहीं है कि वे अविश्वसनीय वीकएंड उन सर्वश्रेष्ठ अनुभवों में से नहीं हैं, जिनमें आप कभी शामिल हो सकते हैं। अगर आप ऐमवे व्यवसाय में सचमुच सफल होना चाहते हैं, तो वे वीकएंड *अनिवार्य* हैं। और मैं आपको कुछ औज़ार बताने जा रहा हूँ, जो ऐसे नए प्रोग्राम बनाने में आपकी मदद करेंगे, जिनसे वह प्रेरणा *स्थायी* बन जाएगी - और आप कभी-कभार नहीं, बल्कि हर दिन अपने लिए निरंतर प्रेरणा उत्पन्न कर सकेंगे।

अपने हर दिन को ऐमवे दिवस बनाना

प्रेरणा एक मानसिक अवस्था है। और अगर वह प्रेरणा आपके पास किसी दूसरे से आती है, तो यह एक *अस्थायी* मानसिक अवस्था है। यह जब तक रहती है, तब तक बेहतरीन महसूस होता है, लेकिन यह जान लें कि यह अंततः दूर चली जाएगी।

ऐसा इसलिए है, क्योंकि आप जो बेहतरीन, उल्लासमय भावना महसूस करते हैं, वह आपके *मस्तिष्क में नैसर्गिक रासायनिक परिवर्तनों* से उत्पन्न होती है, जो आपके प्रेरित होने पर ही होते हैं। बाद में, ये रासायनिक परिवर्तन अपनी सामान्य अवस्था में लौट जाते हैं और उल्लास की भावना चली जाती है।

यह एक नैसर्गिक, स्वचालित रासायनिक प्रक्रिया है। इसीलिए बाहरी, *क्षणिक* प्रेरणा कभी क़ायम नहीं रहती। यह रह ही नहीं सकती।

यह जानते हुए यह हमेशा मेरा लक्ष्य रहा है कि मैं लोगों को सिखाऊँ कि वे उसी प्रेरणा को अपने भीतर कैसे बना सकते हैं। जहाँ तक संभव हो, हर मीटिंग, रैली, कार्यक्रम और समारोह में जाएँ। ज़्यादा सीखने का एक भी अवसर न गँवाएँ। सही क़िस्म के लोगों के साथ जुड़ें - और प्रेरित हों।

लेकिन साथ ही, अगर आप यह जानते हैं कि अपने *खुद के* सर्वश्रेष्ठ प्रेरणास्त्रोत कैसे बनना है, तो आपको कभी इस बात की चिंता नहीं रहेगी कि प्रेरक व्यक्ति अपने घर चला गया है - आप खुद अपने प्रेरक बन चुके *हैं!* और आप उस रोमांच तथा उत्साह को किसी भी कारण से, किसी भी समय दोबारा उत्पन्न कर लेते हैं।

कल्पना करें कि आप अगले रोमांचक वीकएंड ऐमवे कार्यक्रम में जा रहे हैं, नए विचार सीख रहे हैं, अपने लक्ष्यों के प्रति दोबारा समर्पण कर रहे हैं, अविरत उत्साह और संकल्प के साथ प्रेरित हो रहे हैं - और फिर वहाँ से निकलते वक़्त इस सबको अपने साथ ले जा रहे हैं - और घर पहुँचने के *बाद भी* प्रेरित *बने रहने* में कामयाब हो रहे हैं!

जो लोग यह सीख लेते हैं कि स्व-प्रेरणा कैसे उत्पन्न की जाए, वे उन सबसे सफल लोगों में हैं, जिनसे आप कभी मिलेंगे :

- वे ज़्यादा सकारात्मक अंदाज़ में समस्याओं का सामना करते हैं। वे ज़्यादा तेज़ी और आसानी से बाधाओं के पार निकलते हैं।
- उनमें ज़्यादा ऊर्जा होती है, वे ज़्यादा चीज़ें करा लेते हैं, इसलिए उनके पास ज़्यादा समय रहता है।

- वे प्रॉस्पेक्टिंग करने और योजना दिखाने में बेहतर होते हैं, क्योंकि उनकी सकारात्मक प्रेरणा प्लान देखने वाले लोगों के लिए प्रेरक होती है।
- वे दूसरे सकारात्मक, समान मानसिकता वाले लोगों को आकर्षित करते हैं, इसलिए वे ऐसे लोगों से घिरे रहते हैं, जो सफलता के ज़्यादा ऊँचे स्तर तक पहुँचने में उनकी मदद कर सकते हैं।
- चूँकि वे लगातार अपने लक्ष्यों तक पहुँच रहे हैं, इसलिए उनका आत्म-ग़ौरव स्वस्थ और शक्तिशाली होता है।

और वे इस सबमें उत्कृष्ट इसलिए होते हैं, क्योंकि उन्होंने *स्व-प्रेरणा* सीख ली है।

ऐमवे डिस्ट्रिब्यूटरों के लिए विशेष सेल्फ़-टॉक

पिछले बरसों में मैंने सैकड़ों गहन सेल्फ़-टॉक स्क्रिप्टें लिखी हैं, प्रकाशित की हैं और रिकॉर्ड की हैं। इन स्क्रिप्टों में बच्चों के लिए, अभिभावकों के लिए, प्रेरणा, आत्म-ग़ौरव, आध्यात्मिक शक्ति और बहुत सारे अन्य महत्त्वपूर्ण सेल्फ़-टॉक प्रोग्रामों के लिए विशेष सेल्फ़-टॉक हैं, जिन्हें लोग अपने जीवन में शामिल करना चाहते हैं। समय के साथ इन सेल्फ़-टॉक प्रोग्रामों में से कई - ये आंतरिक संदेश - कई लोगों की सफलता का एक सकारात्मक, सक्रिय हिस्सा बन गए हैं।

लेकिन कुछ समय पहले तक मैंने कभी भी ऐसी सेल्फ़-टॉक स्क्रिप्टें नहीं लिखी थीं या रिकॉर्ड नहीं की थीं, जिन्हें ख़ासतौर पर ऐमवे डिस्ट्रिब्यूटरों के लिए तैयार किया गया हो।

लेकिन अब, चूँकि आप उस संगठन के एक सदस्य हैं (या जल्द ही बनने जा रहे हैं), और चूँकि मैं प्रबलता से उसमें यक़ीन करता हूँ, जो आप कर रहे हैं, इसलिए मैं पहली बार सेल्फ़-टॉक की "ऐमवे" स्क्रिप्टों की विशेष श्रृंखला दे रहा हूँ - सिर्फ़ आपके लिए।

यह सेल्फ़-टॉक है - इसके सबसे स्पष्ट, सबसे सीधे रूप में। यह चयनों की सूची जैसी है - आपके *द्वारा* और आपके *लिए,* यह उम्मीद करते हुए कि आप अपने सर्वश्रेष्ठ स्तर पर जिएँगे और साथ ही, आपको सटीकता से यह दिखाते हुए कि आपको आगे क्या करने की ज़रूरत है।

इन स्क्रिप्टों को पढ़ते समय मुझे आपको एक चेतावनी दे देनी चाहिए। आप इन स्क्रिप्टों में जो पढ़ेंगे, वह आपको बहुत ही सरल लगेगा। शब्द अपने आप में ऐसे नहीं दिखेंगे, मानो उनसे आपकी ज़िंदगी बदल सकती हो।

लेकिन नए "प्रोग्रामों" को सुनें और इन शब्दों द्वारा अपने मन में उत्पन्न होने वाली नई तस्वीरों को देखें। और फिर इन्हीं, नए सेल्फ़-टॉक प्रोग्रामों को अगले सप्ताहों, महीनों या बरसों तक अपने जीवन का हिस्सा बनाने की कल्पना करें।

हाल-फ़िलहाल, ये शब्द पढ़ते वक़्त बस यह कल्पना करें कि ये प्रोग्राम आपके अस्तित्व का हिस्सा बन रहे हैं और आप अपने ऐमवे करियर के हर भावी दिन में जो करते हैं, उसका भी हिस्सा बन रहे हैं।

प्रेरित बने रहने के लिए सेल्फ़-टॉक

किस तरह की सेल्फ़-टॉक उन दिनों से गुज़रने में आपकी मदद कर सकती है, जब कोई चीज़ कारगर होती नहीं दिखती? उन पलों या उन दिनों के बारे में क्या, जब आप पर्याप्त "सफल" नज़र नहीं आते - जब चीज़ें हमेशा सही तरीक़े से नहीं होती हैं या जब बहुत सारे लोग एक क़तार में आपसे नहीं कहते हैं (या यह कि वे इस बारे में *सोचेंगे*) ?

मैं जानता हूँ कि उन दिनों अगर मैं वहाँ सशरीर आपके साथ रहूँ, तो मैं संभवतः आपको बहुत सीधी दिल-से-दिल तक की बातें बताऊँगा कि आप *दरअसल* कितने अच्छे हैं, कि आप क्या कर *सकते* हैं और आप कितने सफल होने वाले हैं। मैं आपको आपके खुद के बारे में *सच्चाई* का विश्वास दिला दूँगा।

लेकिन अगर मैं आपके साथ सशरीर नहीं रह सकता, तो सेल्फ़-टॉक की यह पहली स्क्रिप्ट मदद कर सकती है। इसे *"प्रेरित होना और प्रेरित बने रहना"* कहा जाता है और यह आपके लिए लिखी गई है, उस दौर के लिए लिखी गई है, जब आप संसार के शिखर पर रहना चाहते हैं - लेकिन ऐसा महसूस होता है, जैसे संसार आपके शिखर यानि सिर पर है।

विशेष ऐमवे डिस्ट्रिब्यूटर सेल्फ़-टॉक स्क्रिप्ट #1

"प्रेरित होना और प्रेरित बने रहना"

मैं प्रेरित हूँ! मैं गति में रहने का चुनाव करता हूँ, इसी समय!

मेरे पास लक्ष्य हैं। मेरे पास स्वप्न हैं। मेरे पास योजनाएँ हैं। मेरे पास करने के लिए एक काम है। और कोई भी चीज़ मुझे अपने लक्ष्य तक पहुँचने, अपने सपने के अनुसार जीने, अपनी योजना का अनुसरण करने और अपना काम कराने से नहीं रोक सकती।

मैं हर वह चीज़ करता हूँ, जो मुझे करने की ज़रूरत है, जब मुझे यह करने की ज़रूरत है। मैं हर चीज़ पूरी कर लेता हूँ। ख़ासतौर पर आज!

मैं अच्छा महसूस करता हूँ। मेरी सोच स्पष्ट और तीक्ष्ण है। मेरे पास इस बात का सटीक चित्र है कि मुझे क्या करना है और मैं क़दम उठाने, काम पूरा कराने तथा मिलने वाले पुरस्कारों का आनंद लेने के लिए संकल्पित हूँ।

मैं ख़ुद को गति में लाता हूँ। मुझमें उत्साह है। मैं बेहतरीन महसूस करता हूँ! मेरा नज़रिया शानदार है। मेरा साहस संक्रामक है। मेरे आस-पास का हर व्यक्ति जानता है कि "आज निश्चित रूप से मेरा दिन है।"

मैं ख़ुद को प्रेरित करता हूँ और मैं दूसरों को प्रेरित करता हूँ। मैं ख़ुद में विश्वास करता हूँ और मैं उन लोगों में विश्वास करता हूँ, जिन्हें मैं अपनी ऐमवे टीम में जोड़ता हूँ।

यह मेरा पल है! आज मेरा दिन है। मैं क़दम उठाता हूँ और मैं काम पूरे कराता हूँ!

मैं ऐमवे में जो कर रहा हूँ, उस काम से रोमांचित होने में मुझे सचमुच आनंद आता है। इससे मेरे जीवन में जो सकारात्मक ऊर्जा बनती है, उसे मैं ख़ासतौर पर पसंद करता हूँ।

मैं दूसरों को प्रेरित करके ख़ुद को प्रेरित रखता हूँ। मैं जितनी ज़्यादा ऊर्जा उत्पन्न करने में उनकी सहायता करता हूँ, ख़ुद के लिए भी उतनी ही ज़्यादा प्रेरणा उत्पन्न करता हूँ!

मेरे सटीक वर्णन में ये शब्द शामिल होंगे : ऊर्जावान, सकारात्मक, जीवित होने में रोमांचित, उत्साह से भरा, सफल होने के लिए संकल्पित, प्रसन्नचित्त और बहुत प्रेरित!

मेरा नज़रिया सचमुच बेहतरीन है। मैं अपने बारे में अच्छा महसूस करता हूँ; मैं योजना पर काम करना पसंद करता हूँ; मैं सफल होने में सचमुच आनंदित होता हूँ और मेरी प्रेरणा इससे बेहतर कभी नहीं रही है!

मैं यह सुनिश्चित करके हर दिन शुरू करता हूँ कि मैं प्रेरित हूँ। मैं अपनी जाँचसूची की समीक्षा करता हूँ, मैं अपने सपने की स्पष्ट तस्वीर देखता हूँ और मैं इसकी दिशा में चल पड़ता हूँ!

मैं बेहतरीन महसूस करने, शिखर पर पहुँचने और जुटे रहने का चुनाव करता हूँ!

इसी समय, इसी पल, मैं ख़ुद में विश्वास करने और अपनी सफलता उत्पन्न करने के हर पल का आनंद लेने का विकल्प चुनता हूँ!

मैं प्रेरित हूँ!

जब आप जागें, तो हर सुबह दिन शुरू करते वक़्त इस एक सेल्फ़-टॉक स्क्रिप्ट को सुनने - या पढ़ने - की कल्पना करें!

आप जो हैं और आप जो कर रहे हैं, जब उस पर आपको गर्व होता है, तो आपका उत्साह नज़र आता है। अगली बार जब आप किसी नए व्यक्ति से मिलते हैं या कोई प्रस्तुति देते हैं, तो ऐमवे में इस तरह का विश्वास होने की कल्पना करें। अगर आप चाहते हैं कि दूसरे लोग विश्वास करें, तो आपको भी उसी विश्वास से खुद *सराबोर* होना होता है! जब आप इस तरह की सेल्फ़-टॉक को अपने अस्तित्व का स्थायी हिस्सा बना लेते हैं, तो आप अपने भीतर उस आस्था को सचमुच *उत्पन्न* कर लेते हैं।

आप ग़ौर करेंगे कि सभी सही तरीक़े से स्क्रिप्ट की गई सेल्फ़-टॉक *हमेशा वर्तमान काल में* होती हैं। यह वह सेल्फ़-टॉक है, जो आपके आंतरिक कंप्यूटर से कहती है, "मैं ऐसा होने का *चुनाव करता* हूँ... अब आइए इस पर काम करते हैं।" तो आप खुद को *पूरी* तस्वीर दे रहे हैं कि आप भविष्य में कैसा होने का चुनाव करते हैं।

जब इसका सही तरीक़े से इस्तेमाल किया जाता है, तो सेल्फ़-टॉक शब्दों से बहुत ज़्यादा होती है। यह उसका हिस्सा बन जाती हैं, जो आप हैं। मिसाल के तौर पर, इस अगली ऐमवे सेल्फ़-टॉक स्क्रिप्ट के साथ आप खुद को उस तरह के प्रोग्राम दे सकते हैं, जो प्रस्तुति देने के बारे में आपके दृष्टिकोण को बदल देते हैं।

प्लान दिखाने के लिए सेल्फ़-टॉक

क्या आप कभी हिचकते हैं? क्या आप हमेशा उतने प्रभावी रहते हैं, जितने कि आप रहना चाहेंगे? क्या आपका विश्वास और उत्साह उतनी ही प्रबलता से नज़र आते हैं, जितना कि उन्हें नज़र आना चाहिए? क्या आप मौक़ा मिलते ही हर बार प्लान दिखाने के लिए बेक़रार रहते हैं?

सेल्फ़-टॉक प्रोग्रामों की इस अगली स्क्रिप्ट को अपनी आंतरिक प्रोग्रामिंग का हिस्सा बनाना शुरू करें और देखें कि आप जो प्रस्तुति देते हैं, हर उस प्रस्तुति के साथ क्या होता है।

विशेष ऐमवे डिस्ट्रिब्यूटर
सेल्फ़-टॉक स्क्रिप्ट #2

"प्लान दिखाना"

मुझे ऐमवे अवसर की प्रस्तुति देना सचमुच पसंद है – हर अवसर पर, जो मुझे मिलता है। मैं ऐमवे में यक़ीन करता हूँ और मैं इस प्लान में यक़ीन करता हूँ।

मैं लोगों का जीवन बदलने में उनकी मदद कर रहा हूँ। मैं उन्हें एक बेहतर तरीक़ा दिखा रहा हूँ। मैं उनके असीमित भविष्य का द्वार खोल रहा हूँ।

मैं जिन लोगों से बात कर रहा हूँ, मैं उनकी परवाह करता हूँ और यह नज़र आता है।

मुझे लोगों के सामने खड़े होना पसंद है। मैं ख़ुद को अच्छी तरह व्यक्त करता हूँ। और मैं जो कहता हूँ, लोग उसे पसंद करते हैं।

मैं जो भी प्रस्तुति देता हूँ, उसमें बेहतर बनने का अभ्यास करता हूँ। हर बार जब मैं प्लान दिखाता हूँ, तो यह मेरे लिए बेहतर बनने का अवसर होता है।

मेरा ख़ुद में विश्वास है। मेरा अपने सपनों में विश्वास है। मैं अपने द्वारा बताए जाने वाले अविश्वसनीय अवसर में विश्वास करता हूँ। और यह मेरे बोले गए हर शब्द में दिखता है।

मैं जो भी ऐमवे प्रस्तुति देता हूँ, उसमें से प्रत्येक में मैं अपने विश्वास के उत्साह के साथ अभिवादन करता हूँ, बताने के अवसर की क़द्र करता हूँ और अपनी सफलता की निश्चितता पर विश्वास करता हूँ।

मैं लोगों को पसंद करता हूँ। मैं हर मिलने वाले व्यक्ति को ऐसा व्यक्ति मानता हूँ, जिसका जीवन मेरी वजह से बेहतर बन जाएगा।

मैं एक ऐसे तरीक़े से लोगों की मदद करने के अवसर के लिए कृतज्ञ हूँ, जो अच्छा, सच्चा और मूल्यवान है। मैं जो प्लान दिखाता हूँ, उसमें उनके जीवन के लिए सकारात्मक अवसर भरे हैं।

हर बार जब मैं प्लान दिखाता हूँ, मैं लोगों को जीवन में ज़्यादा मूल्य और अर्थ जोड़ने का एक तरीक़ा प्रदान कर रहा हूँ।

मैं कभी प्लान दिखाने से कतराता नहीं हूँ। मैं अपना लक्ष्य तय कर लेता हूँ, क़दमों का अनुसरण करता हूँ, मीटिंग तय करता हूँ, और अपनी सफलता का निर्माण करता हूँ।

प्लान दिखाना और सपना बताना मेरे लिए जीवनशैली है।

हर सुबह जब मैं जागता हूँ, तो मैं उन लोगों के बारे में सोचता हूँ, जिनके जीवन में मैं इस दिन मदद करूँगा। ऐमवे के कारण और मेरे प्लान दिखाने के कारण मेरे पास कृतज्ञ होने के लिए बहुत कुछ है।

मैं अपने जीवन से रोमांचित हूँ! मैं दोबारा प्लान दिखाने के लिए बेक़रार हूँ। मैं प्लान दिखाता हूँ... और मैं सफल होता हूँ!

इन शक्तिशाली प्रोग्रामों को अपने जीवन का हिस्सा बनाने भर से इस बारे में सच्चा फ़र्क़ पड़ सकता है कि आप प्लान कितनी अच्छी तरह - और कितनी बार दिखाते हैं! यदि आप खुद प्लान का अनुसरण करते हैं, तो आप सफल होने जा रहे हैं। और अगर सही प्रोग्राम आपके लिए काम कर रहे हैं, तो आपके पास प्रेरित रहने और इसके साथ बने रहने - तभी प्लान पर काम करने का अच्छा अवसर होता है। जब आप ऐसा करते हैं, तो आपकी प्रेरणा ऊपर चली जाती है। आख़िर, सफलता बहुत बड़ी प्रेरक होती है।

अभी कर्म करने के लिए सेल्फ़-टॉक

जीवन में खुद को आगे बढ़ाने के लिए आप जो क़दम उठा रहे हैं, उन क़दमों और अपने बारे में आप जब भी अच्छा महसूस करना चाहें, आपको इस अगली स्क्रिप्ट को पढ़ना या सुनना चाहिए। इसे पढ़ते वक़्त कल्पना करें कि आपका आंतरिक कोच आपसे बात कर रहा है, आपके साहस को बढ़ा रहा है, आपके उत्साह में वृद्धि कर

रहा है, आपको गति में लाने के लिए आपको धका रहा है, प्रोत्साहित कर रहा है, प्रेरित कर रहा है।

सही योजना के साथ "गति में" रहना ही वह चीज़ है, जो सच्ची प्रेरणा देती है। चूँकि आप ऐमवे में काम कर रहे हैं, इसलिए आपके पास सही योजना पहले से ही है। अब आइए देखें कि क्या हम आगे की ओर की इस गति की शक्ति को बढ़ा सकते हैं - और देखें कि उस योजना के साथ क्या होता है। अगर आप नीचे दी गई सेल्फ़-टॉक का अभ्यास करते हैं और अपने प्रोग्रामों को सही करने के लिए सक्रियता से काम करते हैं, तो आपका दिन - और आपके *परिणाम* - बदल जाएँगे।

विशेष ऐमवे डिस्ट्रिब्यूटर
सेल्फ़-टॉक स्क्रिप्ट # 3

"मैं क़दम उठाता हूँ, अभी!"

मैं अभी क़दम उठाता हूँ!

मैं ऐमवे के साथ जीतने का चुनाव करता हूँ। इसलिए मैं लक्ष्य तय करता हूँ, अपने समय का प्रबंधन करता हूँ और चीज़ों को पूरा करता हूँ।

मेरे मन में इस बात की स्पष्ट तस्वीर है कि मैं क्या हासिल करना चाहता हूँ। मैं प्राथमिकताएँ तय करता हूँ, मैं अपने दिन की योजना बनाता हूँ और मैं अपनी योजना पर चलता हूँ।

मैं हर दिन अपनी सफलता का चित्र देखता हूँ। इसी समय, इसी पल, मैं ख़ुद को वे चीज़ें करते देखता हूँ, जो मेरे व्यवसाय को बेहतर बनाती हैं और मुझे सफलता दिलाती हैं।

मैं चीज़ों को पूरा करता हूँ, समय पर और सही तरीक़े से।

मैं किसी तरह के नकारात्मक नज़रियों को अपनी राह में आड़े नहीं आने देता हूँ। मैं सकारात्मक हूँ, उत्साही हूँ और मैं प्लान पर सक्रियता से काम करता हूँ।

मैं समस्याओं को अपनी सफलता की सीढ़ियों से ज़्यादा कुछ नहीं मानता हूँ। जब भी मैं कोई समस्या देखता हूँ, तो उसका अध्ययन करता हूँ, समाधान तय करता हूँ, अपने लक्ष्य की स्पष्ट तस्वीर देखता हूँ और कर्म में जुट जाता हूँ!

मैं जानता हूँ कि मैं जो भी लक्ष्य तय कर लूँ, उसे हासिल कर सकता हूँ।

मैं शक्तिशाली, कृतसंकल्प, प्रेरित हूँ और मुझमें अपनी सफलता के प्रति पक्का विश्वास है।

काम को सही तरीक़े से पूरा करने के लिए मुझे जिस मदद की ज़रूरत होती है, वह मुझे हमेशा मिल जाती है।

मैं अपने लिए उपलब्ध हर ऐमवे कार्यक्रम और मीटिंग में जाता हूँ! मुझे जो औज़ार, विचार और समर्थन मिलता है, मैं उस सबका इस्तेमाल करता हूँ – और मैं अपनी सफलता सुनिश्चित करता हूँ!

मैं अपने जीवन के हर दिन, किसी न किसी तरह ख़ुद को बेहतर बनाता हूँ। मैं पढ़ता हूँ, मैं सुनता हूँ, मैं सीखता हूँ और मैं जीतता हूँ!

मैं दूसरे लोगों के साथ जुड़ता हूँ, जो जानते हैं कि चीज़ों को कैसे किया जाता है। मैं सकारात्मक, प्रेरित, सफल लोगों के साथ अपना समय बिताता हूँ – जो मेरे ही जैसे होते हैं!

हर दिन, मैं कर्म करने की सफलता की आदत डालता हूँ। मैं जीतने का विकल्प चुनता हूँ... इसलिए मैं कर्म करता हूँ – अभी!

मैं जानता हूँ कि क्या करना है और मैं जानता हूँ कि इसे कैसे करना है। आज ही वह दिन है, जब मैं चीज़ों को पूरा करता हूँ!

मैं आज जो भी काम करता हूँ, उसके लिए व्यक्तिगत और सकारात्मक ज़िम्मेदारी लेता हूँ। मैं आज को महत्त्वपूर्ण बनाने का चुनाव करता हूँ।

मैं ऐमवे के साथ विजेता हूँ। मैं आज के दिन को ऐमवे दिवस बनाने का चुनाव करता हूँ – और मैं क़दम उठाता हूँ, अभी!

इन शब्दों को पढ़ने से ही मस्तिष्क में वास्तविक *रासायनिक* परिवर्तन होने लगते हैं। आपको दरअसल उनके होने का *एहसास* भी हो सकता है। इन शब्दों को *हर दिन जीने* की कल्पना करें। इससे आप वाक़ई प्रेरित हो जाते हैं और इसकी दिशा में बढ़ने लगते हैं!

अब इन्हीं नए प्रोग्रामों को *स्थायी* बनाने की कल्पना करें। जीवन के लिए नए सेल्फ़-टॉक प्रोग्राम बनाना किसी नई भाषा सीखने जैसा ही होता है। लेकिन इस बार, यह एक ऐसी भाषा है, जो आपके कारोबार को बना सकती है और आपके जीवन को बदल सकती है।

"आप किसी भी औज़ार का इस्तेमाल करने की कोशिश करें, अगर वह बहुत ज़्यादा मुश्किल है, तो वह हमेशा काम करना बंद कर देगा।

अगर वह सरल नहीं है, तो वह काम नहीं करेगा।"

अध्याय - 9

सेल्फ़-टॉक को सुनना

यह अगली तकनीक महत्त्वपूर्ण है, अगर आप दीर्घकालीन परिवर्तन में रुचि रखते हैं - अगर आप अभी हाल कोई ऐसी चीज़ करना चाहते हैं, जो इस समय भी आपकी मदद करे और आपके पुराने प्रोग्रामों को *स्थायी रूप से* बदलने में भी मदद करे। प्रेरणा, नज़रियों और कार्यों को बहुत बेहतर बनाने के लिए हमें आज तक जो भी तकनीकें मिली हैं, यह उन सर्वश्रेष्ठ तकनीकों में से एक है!

अपने प्रोग्रामों को बदलना

जैसा हमने बताया था, चिकित्सकीय शोधकर्ताओं ने पता लगाया है कि पुराने प्रोग्रामों - मस्तिष्क के पुराने न्यूरॉन मार्गों - को बदलने या उनसे छुटकारा पाने के लिए आपको उनकी जगह पर कोई दूसरी चीज़ रखनी होती है। जब आप किसी पुराने प्रोग्राम की *जगह* पर सही नए प्रोग्राम को *पर्याप्त बार* चलाते हैं, तो पुराना प्रोग्राम आपके मस्तिष्क में शारीरिक और रासायनिक रूप से विखंडित हो जाता है तथा अपना नियंत्रण खो देता है। तब नया प्रोग्राम कमान सँभाल सकता है।

आपके पुराने प्रोग्राम मस्तिष्क में *हाईवे* की तरह होते हैं। जब आप पुराने प्रोग्राम का पर्याप्त लंबे समय तक इस्तेमाल करना छोड़ देते हैं, तो यह उस हाईवे जैसा होता है, जिस पर लंबे समय से कुछ नहीं चलाया गया है, जिसमें दरारें और खरपतवार उगने लगती हैं और यह टूट जाता है - क्योंकि अब इसकी *देखभाल* नहीं की जा रही है।

पुराने हाईवे - पुराने प्रोग्राम के मार्गों - से हमेशा के लिए दूर जाने की कल्पना करें। समय के साथ *न्यूरॉन मार्ग विखंडित होने लगते हैं।* रहस्य यह है कि आपको नए हाईवे बनाने होते हैं, पुराने प्रोग्राम की जगह लेने के लिए *नए प्रोग्राम* बनाने होते हैं।

सेल्फ़-टॉक को सुनने से ठीक यही होता है। सेल्फ़-टॉक का अगर *बार-बार*

इस्तेमाल किया जाए, तो यह मस्तिष्क में बिलकुल नए न्यूरॉन मार्ग - प्रोग्राम हाईवे - उत्पन्न कर देती है। और *इस* बार, आपके प्रोग्राम *सही* प्रोग्राम होते हैं।

एक व्यावहारिक समाधान, जो मदद कर सकता है

सेल्फ़-टॉक (स्वयं से संवाद) सीखने के लिए लोग लंबे समय से कैसेट टेप सुनने की तकनीक का इस्तेमाल कर रहे हैं। एक दशक से भी ज़्यादा समय से सेल्फ़-टॉक टेप सुनने के बाद हममें से कुछ लोगों के लिए वह समय याद करना मुश्किल है, जब यह साधन मौजूद नहीं था।

यह सेल्फ़-टॉक तकनीक लगभग संयोग से शुरू हुई, लेकिन इसने पंद्रह साल से ज़्यादा समय से मेरे जीवन में एक अहम भूमिका निभाई है। हालाँकि आजकल सेल्फ़-टॉक टेप का इस्तेमाल स्व-सहायता के हर क्षेत्र के लिए किया जाता है, लेकिन मैंने सबसे पहले वज़न कम करने के क्षेत्र में इस तकनीक का इस्तेमाल शुरू किया था, क्योंकि मैंने कई साल तक वज़न की मुश्किल समस्या झेली थी। मैं वज़न घटा तो लेता था, लेकिन यह दोबारा बढ़ जाता था। मैंने हर चीज़ आज़माकर देख ली, लेकिन कुछ भी कारगर नहीं रहा।

उस वक़्त सेल्फ़-टॉक शैशव काल में थी। मैं इस विषय पर अपनी पहली पुस्तक लिखने के कई साल पहले से सेल्फ़-टॉक में मौलिक पथप्रदर्शक काम कर रहा था और मैं तब जो खोज रहा था, उससे प्रभावित था।

उन दिनों, सेल्फ़-टॉक का इस्तेमाल केवल तीन समूहों द्वारा किया जा रहा था - ओलंपिक खिलाड़ियों द्वारा, वाणिज्यिक एयरलाइन पायलटों द्वारा और नासा के अंतरिक्ष यात्रियों द्वारा। मैंने वज़न कम करने के लिए सेल्फ़-टॉक को आज़माने का निर्णय लिया। मैंने सोचा कि अगर सेल्फ़-टॉक लोगों का वज़न कम करने में कामयाब रहती है, तो यह इतनी शक्तिशाली है कि यह कोई दूसरी चीज़ करने में *भी* उनकी मदद कर सकती है, जो वे करना चाहते थे।

उस वक़्त किसी ने भी कभी यह नहीं सोचा था कि एक दिन लोग अपने वैवाहिक जीवन को बेहतर बनाने या ज़्यादा आमदनी कमाने या आत्म-ग़ौरव बढ़ाने के लिए सेल्फ़-टॉक का इस्तेमाल करने लगेंगे या उन कई क्षेत्रों में करेंगे, जिनमें आज सेल्फ़-टॉक का इस्तेमाल किया जा रहा है। हम उस वक़्त यह नहीं जानते थे कि एक ऐसा दिन भी आएगा, जब हर जगह हज़ारों ऐमवे डिस्ट्रिब्यूटर अपने मानसिक प्रोग्राम बदलने और अपने कारोबारी तथा निजी जीवन के हर क्षेत्र को बेहतर बनाने के लिए सेल्फ़-टॉक टेपों का इस्तेमाल कर रहे होंगे।

लेकिन मैंने सेल्फ़-टॉक के विषय और प्रेरक मनोविज्ञान के बढ़ते क्षेत्र का

जितना ज़्यादा अध्ययन किया, मेरे सामने यह उतना ही ज़्यादा स्पष्ट हो गया कि सेल्फ़-टॉक सिर्फ़ अंतरिक्ष यात्रियों को चंद्रमा पर भेजने या ओलंपिक में स्वर्ण पदक जीतने में ही मदद नहीं करती है। यह इससे कहीं ज़्यादा कर सकती है।

मैंने सोचा, *"हम बाक़ी लोगों के बारे में क्या?* अगर हम इसका सही तरीक़े से इस्तेमाल करना सीखने का समय निकालें, तो सेल्फ़-टॉक हमारे लिए क्या कर सकती है?"

मैं पहले ही कई साल तक सेल्फ़-टॉक की नैसर्गिक प्रोग्रामिंग प्रक्रिया के अध्ययन में कई साल का समय लगा चुका था और यह सीखने पर कि सेल्फ़-टॉक की ख़ास "स्क्रिप्टिंग" को शब्दों में कैसे लिखा जाए।

मैं जानता था कि अगर नए सेल्फ़-टॉक प्रोग्राम पर्याप्त स्पष्ट और पर्याप्त शक्तिशाली हों, अगर वे बार-बार दोहराए जाएँ, किसी लक्ष्य से बँधे हों और पर्याप्त लंबी समयावधि तक दोहराए जाएँ, तो नए प्रोग्राम स्थायी बन जाएँगे - सेल्फ़-टॉक की प्रोग्रामिंग हमारे अंदर हो जाएगी और यह अंदर ही बनी रहेगी।

मैं यह भी जानता था कि अगर कोई नया प्रोग्राम, जिसमें लापरवाही से शब्द रखे जाएँ या ग़लत तरीक़े से बनाया जाए, सेल्फ़-टॉक के रूप में पेश किया जाता है, तो वह नया - *ग़लत* - प्रोग्राम *भी* स्थायी हो जाएगा।

सेल्फ़-टॉक का अभ्यास में इस्तेमाल करना

तो मुझे एक विचार आया।

हालाँकि यह ऐसा नहीं निकला, लेकिन उस वक़्त मैंने यही सोचा था कि यह एक बहुत बुद्धिमत्तापूर्ण विचार है। मैंने 3 x 5 के ढेर सारे कार्डों पर सही क़िस्म की सेल्फ़-टॉक लिखने का फ़ैसला किया। मैंने उन्हें साफ़-सुथरी क़तारों में टेप से अपने आईने के आस-पास चिपका लिया, जहाँ मैं हर सुबह दाढ़ी बनाता था। इसके बाद मेरे आईने में बस एक छोटी-सी जगह बची, जिसमें देखकर मुझे दाढ़ी बनानी होती थी। मेरा ड्रेसिंग मिरर बड़ा था और मैंने उसे भी *दर्जनों* सेल्फ़-टॉक कार्डों से ढँक दिया।

बरसों के अध्ययन के बाद मैं जानता था कि नए सेल्फ़-टॉक वाक्यांशों को बिलकुल सटीकता से कैसे लिखना है। मैं यह भी जानता था कि हर सुबह आईने के सामने ठीक वही प्रोग्राम होंगे, जिनकी ज़रूरत मुझे अपना लक्ष्य हासिल करने के लिए होगी।

और इस तरह मैंने काम शुरू कर दिया। मैंने पचास पौंड वज़न कम करने का लक्ष्य तय किया, हर सप्ताह लगभग दो-तीन पौंड। इसके साथ ही मैंने एक और लक्ष्य भी तय किया : अगले पाँच-छह महीनों तक हर सुबह और हर रात अपने सभी नए सेल्फ़-टॉक कार्डों को निष्ठापूर्वक पढ़ना।

पहली सुबह मैं उठा, आईने के सामने खड़ा हुआ और दाढ़ी बनाते वक़्त शानदार नए सेल्फ़-टॉक प्रोग्रामों को ज़ोर-ज़ोर से पढ़ने लगा, हर सावधानीपूर्वक गढ़े गए वाक्यांश को सही तरीक़े से कहना और बार-बार कहना। शब्द बोलते वक़्त मैंने अपने दिमाग़ में हर विचार का चित्र देखा। मैंने कवित्तपूर्ण लय के साथ वाक्यांश को प्रोजेक्ट किया और हर विचार को संकल्प व भावना से भरा।

और निश्चित रूप से कोई चीज़ हुई; *मुझे ऑफ़िस पहुँचने में देर हो गई।* लेकिन मैंने लक्ष्य तय कर लिया था, इसलिए अगली सुबह मैं दोबारा खड़ा हुआ और इसे दोबारा करने की कोशिश की। मैंने अपनी योजना पर अमल करने की कोशिश की, सावधानी से सेल्फ़-टॉक के हर ख़ासतौर पर लिखे वाक्यांश को पढ़ा, इसे बार-बार, बार-बार सही तरीक़े से दोहराया - और एक बार फिर देर से ऑफ़िस पहुँचा!

अगर यह बहुत ज़्यादा मुश्किल है, तो यह कारगर नहीं होगा

मैंने उस पहले सेल्फ़-टॉक लक्ष्य के साथ रुके रहने की पुरज़ोर कोशिश की। लेकिन फिर, जैसा आप अंदाज़ा लगा सकते हैं, मेरे पुराने प्रोग्राम ने इसे बंद करा दिया। यह बहुत ज़्यादा मुश्किल था, इसमें बहुत समय लगता था, यह *साधारण से इतना परे* था कि लंबे समय तक काम नहीं कर सकता था।

जिस भी चीज़ को करना ज़रूरत से ज़्यादा मुश्किल होता है, वह हमारे पुराने प्रोग्रामों को लौटकर आने और हमें *रोकने* का अवसर देती है। इसी वजह से हम अपने प्रोग्रामों को दीर्घकालीन रूप से बदलने के लिए जो भी कर रहे हैं, उसे पर्याप्त *आसान* होना चाहिए, ताकि पुराने प्रोग्राम हमें शुरू करने से पहले ही न रोक पाएँ।

प्रोग्रामों को बदलने के लिए आप जिस भी साधन का इस्तेमाल करने की कोशिश कर रहे हों, अगर यह बहुत ज़्यादा मुश्किल हुआ, तो यह कभी कारगर नहीं होगा। अगर यह *सरल* नहीं है, तो यह काम नहीं करेगा।

इसीलिए मेरे "सुंदर विचार" ने काम नहीं किया।

ज़ाहिर है, मैं निराश था, लेकिन मैंने ठान लिया था कि मैं हार नहीं मानूँगा। मुझे *विश्वास* था कि अपनी सेल्फ़-टॉक की प्रोग्रामिंग करने का कोई न कोई तरीक़ा तो होगा, जिससे मुझे सुबह की मुश्किल दिनचर्या से निजात मिल जाए, जिसका अनुसरण करना असंभव था।

मैंने इस बारे में भी विचार किया कि कोई दूसरा मुझे सेल्फ़-टॉक पढ़कर सुनाए। कुछ उसी तरह, जैसे हर सुबह मुझे प्रेरित करने वाला कोई व्यक्तिगत प्रशिक्षक हो।

लेकिन मेरी पत्नी भी मुझ जितनी ही व्यस्त थी और उसके पास वहाँ खड़े होकर हर सुबह पंद्रह-बीस मिनट तक ज़ोर-ज़ोर से सेल्फ़-टॉक पढ़ने का वक़्त नहीं था।

फिर मैंने सेल्फ़-टॉक को याद करने की कोशिश की और सोचा कि एक बार जब मैं शब्दों और वाक्यांशों को कंठस्थ कर लेता हूँ, तो मैं सुबह-सुबह सेल्फ़-टॉक के स्वगत कथन कह सकता हूँ। मैंने सोचा कि इस तरह यह सेल्फ़-टॉक निश्चित रूप से मेरे अवचेतन मन में पहुँच जाएगी और मुझे मेरी पीड़ा से हमेशा के लिए मुक्ति दिला देगी। लेकिन यह भी पढ़ने वाली दिनचर्या से बेहतर साबित नहीं हुआ; सेल्फ़-टॉक को याद करने की कोशिश तो और भी ज़्यादा मुश्किल थी।

कोई न कोई आसान रास्ता तो होगा

मेरे सामने जितनी मुश्किलें आईं, उनकी वजह से मैंने आख़िरकार सोचा कि कोई न कोई आसान रास्ता तो होना चाहिए। मेरा मानना था कि अगर कोई आसान रास्ता नहीं था, तो हो सकता है कि मुझे वह समाधान कभी न मिल पाए, जिसकी मुझे तलाश थी। और ज़्यादा आसान तरीक़े की तलाश करते-करते एक दिन मेरे मन में सेल्फ़-टॉक को टेप करने का विचार आया।

"मैं अपने लक्ष्य तक पहुँचने के तमाम मुश्किल तरीक़ों की कोशिश कर चुका हूँ और उनमें से कामयाब नहीं हुआ," मैंने सोचा। "शायद मुझे, शायद हम *सभी* को किसी *आसान* तरीक़े की ज़रूरत है।"

टेप के बारे में मेरा तर्क बहुत सीधा था : हम पहले से ही जानते थे कि सेल्फ़-टॉक कारगर थी। इसे होना ही था, क्योंकि यह उसी तरह से काम करती थी, जिस तरह से मस्तिष्क को प्रोग्रामिंग करने के लिए बनाया गया है : बार-बार दोहराए गए प्रोग्रामों को सुनकर। लेकिन प्रक्रिया इतनी सरल होनी चाहिए कि कोई भी इसे कर सके।

मैंने यह दलील भी दी कि नई सेल्फ़-टॉक को मेहनत किए बिना सीखा जाना चाहिए, नैसर्गिक रूप से, जिस तरह हमने अपने पुराने प्रोग्राम सीखे हैं।

हालाँकि यह कई साल पहले की बात थी और उस वक़्त कोई भी सेल्फ़-टॉक जैसी किसी चीज़ के लिए कैसेट का इस्तेमाल नहीं कर रहा था, लेकिन यह मेरे सामने स्पष्ट हो गया कि टेप पर सही सेल्फ़-टॉक रिकॉर्ड करना समस्या का आदर्श समाधान होगा। और जैसा बाद में पता चला, मैंने सही सोचा था।

मैंने सबसे पहले सेल्फ़-टॉक को अपनी आवाज़ में रिकॉर्ड करने की कोशिश की, लेकिन अंततः मैं सारी सेल्फ़-टॉक को एक प्रोफ़ेशनल रिकॉर्डिंग स्टूडियो में ले गया और इसे मेरी आवाज़ में नहीं, बल्कि एक पेशेवर आवाज़ में रिकॉर्ड कराया।

तब मुझे एक संदेह हो रहा था, जो बाद में मुझे पता चला कि सच था। इस बात का पता चलने से पहले मैंने यह लिखा था और दूसरों को सिखाने की कोशिश की थी कि खुद के लिए सेल्फ़-टॉक रिकॉर्ड कैसे की जाए। समय के साथ हमने पाया कि यह प्रक्रिया शायद ही कभी काम करती थी। वास्तव में, आगामी वर्षों में जब मैंने सेल्फ़-टॉक के साथ काम जारी रखा और इसे दूसरों को सिखाया, तो हमने एक महत्त्वपूर्ण नया नियम सीखा :

कभी भी सेल्फ़-टॉक को-टेप पर-अपनी खुद की आवाज़ में न सुनें।

इसके दो महत्त्वपूर्ण कारण हैं :

- पहला यह कि आप अपनी खुद के आवाज़ से पहले दूसरों की राय और सत्ता की बाहरी आवाज़ों को सुनकर बड़े होते हैं।
- दूसरा कारण और भी ज़्यादा महत्त्वपूर्ण है। हर बार जब आप किसी टेप पर सेल्फ़-टॉक में अपनी आवाज़ सुनते हैं, तो *आप दरअसल उन्हीं पुराने प्रोग्राम की फ़ाइलों को खोल रहे हैं, जिन्हें आप बंद करने और जिनसे छुटकारा पाने की कोशिश कर रहे हैं!*

जब आप टेप पर अपनी खुद की आवाज़ सुनते हैं, तो आपमें खुद-ब-खुद इस बारे में *आलोचनात्मक* होने की प्रवृत्ति होती है कि आपकी आवाज़ कैसी है। (इससे आपको अपने पुराने प्रोग्रामों के बारे में क्या पता *चलता* है?) टेप पर आपकी आवाज़ ऐसी नहीं लगती, जैसी कि आपके हिसाब से होनी *चाहिए*।

सही नए सेल्फ़-टॉक संदेशों को सुनने के बजाय आप अपने खुद के रिकॉर्ड किए शब्दों में अपूर्णताओं पर ध्यान केंद्रित करने लगते हैं। आप जो बोल रहे हैं, उसे सुनना, आपकी *रिकॉर्ड की हुई* आवाज़ सुनने से अलग होता है।

हम आमतौर पर यह कहते हैं, *"यह तो मेरे जैसी आवाज़ नहीं लगती!"* और यह टेप पर आपकी आवाज़ की "बाहरी" मशीनी ध्वनि होती है, जो आपके ख़िलाफ़ काम करती है।

एक नए क़िस्म का लक्ष्य बनाना

मेरे मामले में, मैं पेशेवर आवाज़ में रिकॉर्ड किए हुए टेप लाया और शुरू करने का एक दिन तय किया। इस बार मैंने एक नए क़िस्म का लक्ष्य तय किया। मैं अपने साथ बस इस बात पर सहमत हुआ कि मैं हर दिन टेप चलाऊँगा और सुनूँगा। इसके अलावा जो कुछ भी होना था, वह टेपों पर निर्भर था।

अगली सुबह मैं एक बार फिर सेल्फ़-टॉक के साथ दिन शुरू करने के लक्ष्य के साथ उठा। लेकिन इस बार, किसी मुश्किल दिनचर्या की कोशिश के बजाय मैंने टेप को अपने बाथरूम में रखे एक छोटे कैसेट प्लेयर में लगाया और "प्ले" बटन दबा दिया।

उस दिन मुझे ऑफ़िस के लिए देर नहीं हुई - न ही उसके बाद वाली सुबहों को हुई। मैं दाढ़ी बनाता था, तैयार होता था और अपने दिन के काम निबटाता रहता था। मैं कोई अतिरिक्त समय ख़र्च नहीं करता था या सेल्फ़-टॉक सुनने के काम को मुश्किल नहीं बनाता था। मैं बस सुनता था। मैं हर सुबह नए सेल्फ़-टॉक टेप चला देता था। मैं रात को सोने जाने से ठीक पहले उन्हें सुनता था और दिन के दौरान जब भी सुन सकता था, सुनता था। ज़्यादातर मामलों में मैं टेप्स को पृष्ठभूमि में बजने देता था। कुछ समय बाद तो उन पर ध्यान केंद्रित करना तो छोड़िए, मैं ध्यान देना भी भूल गया। वे बस वहाँ थे, चुपचाप बजते रहते थे, जब मैं दिन के लिए तैयार होता था या अपने जीवन में आगे बढ़ता था।

इस दौरान, उनमें शामिल सेल्फ़-टॉक मेरे जीवन का हिस्सा बनने लगी। पहले तो यह मेरी सोच का हिस्सा बनी और फिर मेरी *कही बातों* का हिस्सा बनी और फिर मुझे पता ही नहीं चला कि कब *नई सेल्फ़-टॉक मेरे कार्यों का हिस्सा भी बन गई।*

मैंने ग़ौर किया कि यह सटीकता से वैसा ही हो रहा था, जैसा बचपन में पहली बार कोई नई भाषा सीखते समय होता है। हमने अपनी भाषा सबसे पहले तो बिना कुछ सोचे सुनकर सीखी थी; फिर हमने इसे बोलकर सीखा था, जब तक कि समय के साथ सीखने की कोशिश किए बिना ही सुने हुए शब्द हमारे जीवन का स्थायी हिस्सा बन गए।

मेरी नई सेल्फ़-टॉक से मुझे मनचाहे परिणाम मिले... और उससे भी ज़्यादा मिले। अगले साढ़े दस सप्ताह में मैंने *अट्ठावन पौंड* वज़न कम कर लिया - दाढ़ी बनाकर - और टेपों पर सेल्फ़-टॉक को सुनकर। सेल्फ़-टॉक सुनने से मेरे लिए एक बिलकुल नया संसार खुल गया। मैंने अपने प्रोग्रामों को बदल लिया था; *यह सफल था!*

ज़ाहिर है, मैं अपने परिणामों से प्रभावित था। लेकिन *दरअसल* मैं इस बात से ज़्यादा प्रभावित हुआ कि उन साढ़े दस सप्ताहों में जब मैं हर सुबह टेप सुनता था, तब मेरी पत्नी उसी आईने के दूसरे छोर पर अपना मेकअप करती रहती थी। और उन्हीं साढ़े दस सप्ताहों में *छुपकर सुनने से उसका वज़न भी 25 पौंड कम हो गया।* मेरे प्रोग्रामों के साथ-साथ उसके पुराने प्रोग्राम भी "चले गए"!

मेरे साथ जो हुआ, उससे मैंने यह सीखा कि सही सेल्फ़-टॉक का सही तरीक़े से इस्तेमाल करके मैंने सचमुच अपने प्रोग्रामों को बदल दिया था - *स्थायी तौर पर।*

यह पंद्रह साल पहले की बात थी। मेरा वज़न तब जितना था, आज उससे भी कम है। और उसके बाद से मैं कभी डाइट पर नहीं रहा हूँ।

यह सब मेरे वज़न संबंधी प्रोग्राम बदलने के लक्ष्य से शुरू हुआ - और अब, हर जगह लोग अपने जीवन के हर *अन्य* क्षेत्र में वही सकारात्मक परिणाम पा रहे हैं!

सेल्फ़-टॉक सुनना एक ऐसी चीज़ है, जिसे आपको खुद आज़माना चाहिए

हर व्यक्ति टेप पर सेल्फ़-टॉक सुनने का चुनाव नहीं करेगा। कुछ लोग कभी यह कर ही नहीं पाते हैं। बाक़ी को तो यह विश्वास ही नहीं होता कि कोई चीज़ पुराने प्रोग्रामों से उन्हें कभी मुक्ति दिला सकती है। मैं यह बात समझता हूँ। मैं खुद संदेहवादी रहा हूँ और मैं भी तब तक सतर्क था, जब तक कि मैंने अपने खुद के जीवन में परिणाम नहीं देखे।

इसके अलावा, पिछले कुछ सालों में स्व-सुधार टेप सुनने का विचार एक लोकप्रिय मन-बहलाव बन गया है और हमसे बहुत से वादे किए गए हैं। और बहुत सारे टेप एक दूसरे के इतने समान लगते हैं कि ऐसा नज़र आता है कि अगर हमने एक को सुन लिया है, तो हमने उन सबको सुन लिया है। टेपों पर सेल्फ़-टॉक भिन्न कैसे हो सकती है?

लेकिन टेप पर सेल्फ़-टॉक भिन्न होती *है।* आप सेल्फ़-टॉक के टेप पर जो सुनते हैं, वह उस तरह की चीज़ नहीं है, जिसे हम आम प्रेरक टेप पर सुनते हैं। सेल्फ़-टॉक टेप एक *नई भाषा* के शब्द-दर-शब्द वाक्यांश होते हैं - फ़र्क़ यह होता है कि "नई" भाषा दरअसल सेल्फ़-टॉक का नया प्रोग्राम है। यानि आप जो सुनते हैं, वे इस तरह के सटीक प्रोग्राम होते हैं, जिन्हें आपके भीतर होना *चाहिए* - जैसे कि दोबारा शुरुआत करना, लेकिन इस बार सही तरीक़े से करना।

अगर आप इसी समय अपने अवचेतन मन में बिलकुल नए प्रोग्राम टाइप कर सकें, तो इस बार आप वे वे प्रोग्राम बनाएँगे, जो आपके आत्म-गौरव को बढ़ाएँ और *आपको* दृढ़ता से नियंत्रण में रखें। टेपों पर सेल्फ़-टॉक ठीक वैसी ही होती है, जैसी कि आपके नए प्रोग्राम होंगे। इस बार, *आपको* यह चुनने का मौक़ा मिलता है कि क्या टाइप किया जाता है!

वास्तव में, सिर्फ़ नई सेल्फ़-टॉक सुनकर उसे सीखना एक अच्छा विचार ही नहीं है। यह तो वह *सबसे अच्छा* औज़ार है, जो हमने सेल्फ़-टॉक को जीवन में उतारने के लिए पाया है - आसानी से भी और तेज़ी से भी। और यहीं पर समस्या थी।

मैं सेल्फ़-टॉक हर एक के लिए उपलब्ध कराना चाहता था

लंबे समय तक मुझे यह *उचित* नहीं लगा कि जिस समाधान को हम सबसे अच्छा समाधान मानते थे, वह टेपों पर सेल्फ़-टॉक को सुनना था। देखिए, उस ज़माने में टेप हर एक के पास तुरंत उपलब्ध नहीं होते थे।

इसलिए सेल्फ़-टॉक सुनकर हमारे प्रोग्राम बदलने की यह उल्लेखनीय रूप से *प्रभावी* तकनीक, हालाँकि इसमें बहुत समझदारी नज़र आती थी, मुझे कुछ समय तक उलझन में डालती रही। मैं जानता था कि मुझे वह जवाब मिल गया था, जिसकी मैं तलाश कर रहा था, लेकिन मैं यह जवाब मेरे जैसे दूसरे लोगों के हाथों में कैसे पहुँचा सकता हूँ, जिन्हें इसकी सबसे ज़्यादा ज़रूरत थी? मैं चाहता था कि समाधान कोई ऐसी चीज़ हो, जो *हर एक* के लिए आसानी से उपलब्ध हो।

मैं ऐसी सेल्फ़-टॉक तकनीकों की सलाह देने से भी बचना चाहता था, जिनमें कुछ ख़र्च आए - भले ही यह थोड़ा-सा ही क्यों न हो। मैं जानता था कि इससे कुछ लोगों को इससे बचने का बहाना मिल जाएगा - चाहे वह विचार *कितना ही* अच्छा क्यों न हो।

और मुझे यह भारी चिंता भी थी कि लोग कहीं सेल्फ़-टॉक को सिर्फ़ पैसा कमाने वाला विचार न मान लें। पहले ही बहुत सारे विचार संसार में घूम रहे थे, जिनका संबंध परिणामों से कम, आर्थिक मुनाफ़े से ज़्यादा नज़र आता था। मेरे मन में दौलत के ख़िलाफ़ कुछ नहीं था - मैं इसमें विश्वास करता था। लेकिन मैं हमेशा महसूस करता था कि सेल्फ़-टॉक किसी तरह इस सबके परे जाती थी। मेरे सोचने का नज़रिया यह था कि सेल्फ़-टॉक बहुत सारे लोगों की मदद कर सकती थी - बशर्ते मैं *उन तक* पहुँचने का तरीक़ा खोज सकूँ।

सेल्फ़-टॉक उन लोगों तक पहुँचाना, जो इसका इस्तेमाल करना चाहते थे

आख़िर मैं इस नतीजे पर पहुँचा कि मैं अपने पाए समाधान एक ऑडियो कैसेट प्रकाशक के सामने पेश कर दूँ। इस तरह जो लोग सेल्फ़-टॉक टेप सुनना चाहते थे, वे ऐसा कर सकते थे। यदि प्रकाशक टेप जारी करने के लिए तैयार हो जाएगा, तो वे कम से कम हर व्यक्ति के लिए उपलब्ध हो जाएँगे, जिन्हें उनकी ज़रूरत थी। प्रकाशक ने हाँ कह दिया और पहले पेशेवर ढंग से रिकॉर्ड किए हुए सेल्फ़-टॉक कैसेट आख़िरकार जनता के बीच आ गए।

अब बरसों बाद और लगभग दस लाख सेल्फ़-टॉक टेप श्रोताओं के *बाद* मैं *अब भी* टेप पर सेल्फ़-टॉक सुन रहा हूँ। ज़ाहिर है, अब मुझे वज़न कम करने की सेल्फ़-टॉक सुनने की ज़रूरत नहीं है। वज़न की मेरी समस्या तो काफ़ी समय पहले जा चुकी है। अब मैं ऐसी सेल्फ़-टॉक सुनता हूँ, जो *दूसरे* लक्ष्य हासिल करने में मेरी मदद करे - जैसे दिन में ज़्यादा समय होना - और अपनी पुस्तक समय पर लिखना।

कुछ महत्त्वपूर्ण सुझाव

1. आपके प्रोग्राम आपकी सफलता के लिए बहुत महत्त्वपूर्ण होने वाले हैं। सुनिश्चित करें कि वे सही हों।

यदि आप टेप पर सेल्फ़-टॉक सुनने का चुनाव करते हैं, तो अपने खुद के टेप रिकॉर्ड न करें। आवाज़ बदलने की ख़ातिर किसी मित्र से भी उन्हें रिकॉर्ड कराने की कोशिश न करें। सेल्फ़-टॉक को सुनना आसान है, लेकिन नए प्रोग्रामों को *बिलकुल सही* रखना एक गंभीर मसला है। घरेलू संस्करण आपके पक्ष में काम करने के बजाय प्रायः आपके ख़िलाफ़ काम करते हैं। ज़्यादातर लोगों को सही सेल्फ़-टॉक की प्रोग्रामिंग का आवश्यक अनुभव नहीं होता है। यह तो वैसा ही होगा, जैसे आप स्पैनिश भाषा के सीखने वाले टेप खुद रिकॉर्ड करने की कोशिश करें, जबकि आपको स्पैनिश बोलना नहीं आता है।

यदि आपको सुनना ही है, तो पेशेवर ढंग से रिकॉर्ड किए हुए कैसेट सुनें। इससे कम कोई भी चीज़ आपको वे परिणाम हासिल करने से रोक देगी, जिनके आप हक़दार हैं। पेशेवर ढंग से बने टेप हासिल करना पर्याप्त आसान है और वे आपके लिए जो कर सकते हैं, उसकी तुलना में उनकी लागत काफ़ी कम है।

यदि आप निर्णय लेते हैं कि आप टेप का इस्तेमाल करना पसंद करेंगे, तो कुछ सुनने के सुझाव हैं, जो तुरंत आपकी मदद करेंगे। पिछले दस या इससे ज़्यादा वर्षों में, इतने हज़ारों सेल्फ़-टॉक टेप श्रोताओं के साथ, हमने इस बारे में बहुत कुछ सीखा है कि टेपों का इस्तेमाल कैसे करना है। हालाँकि टेप के प्रकाशक कैसेट के साथ बहुत सटीक श्रोता मार्गदर्शिका प्रदान करते हैं, लेकिन नीचे दिए गए निर्देश शुरुआत करने में आपकी मदद करेंगे :

2. हमेशा टेपों को पृष्ठभूमि में धीरे-धीरे बजाएँ और उस समय कोई दूसरी चीज़ करें।

सेल्फ़-टॉक सबलिमिनल या अचेतन संदेशों जैसी *नहीं* है, जिन्हें सुना नहीं जा सकता या आपके मस्तिष्क द्वारा समझा नहीं जा सकता। (न ही सेल्फ़-टॉक सम्मोहन या

"नए युग" जैसी है (वास्तव में, यह *विपरीत* है)। जो शब्द आप किसी सेल्फ़-टॉक टेप पर सुनते हैं, वे ठोस चिकित्सकीय और न्यूरोलॉजिकल शोध पर आधारित होते हैं और आपको हर शब्द अच्छी तरह सुनाई देता है, इसलिए आप *सटीकता* से जान जाते हैं कि आप अपने मानसिक कंप्यूटर पर क्या टाइप कर रहे हैं।

टेपों पर ध्यान केंद्रित न करें। सेल्फ़-टॉक को बस इतना तेज़ बजाया जाना चाहिए कि यह सुनाई दे जाए, लेकिन सामान्य गतिविधियाँ करते वक़्त इन्हें धीमे बजाना चाहिए।

टेप पर सेल्फ-टॉक सुनने में आपको दिन का एक भी मिनट ख़र्च नहीं करना चाहिए। वास्तव में, अधिकतर लोग पाते हैं कि इससे उनका समय बढ़ जाता है, क्योंकि इससे आपकी प्रेरणा और आपकी प्रभावकारिता *बढ़* जाती है। याद रखें, आप इसे जितना ज़्यादा आसान रखते हैं, यह उतनी ही ज़्यादा अच्छी तरह काम करता है।

3. सेल्फ-टॉक टेपों के तीन ख़ास "समूह" होते हैं : "सुबह," "दिन में," और "रात में" सुने जाने वाले टेप।

सुबह के टेप उठते ही जल्दी से जल्दी सुनें। वे आपका दिन सचमुच बदल सकते हैं। वे नए प्रोग्राम उत्पन्न करके मदद करते हैं, लेकिन वे उस दिन आपकी मानसिक "केमिस्ट्री" को भी प्रभावित करते हैं।

रात के समय के टेप तब सुनें, जब आप सोने वाले हों या सोने से ठीक पहले। इसके फलस्वरूप ज़्यादातर लोगों को ज़्यादा अच्छी नींद आती है और अगली सुबह वे ज़्यादा तरोताज़ा होते हैं। यह सेल्फ़-टॉक का मुख्य उद्देश्य नहीं है, लेकिन यह एक अच्छा अतिरिक्त लाभ है।

दिन के समय के टेपों को दिन में कभी भी सुना जा सकता है, लेकिन कई लोगों ने पाया है कि कार चलाते समय इन्हें सुनना ख़ासतौर पर अच्छा रहता है।

4. अपने ऐमवे टेप सुनना सिर्फ़ इसलिए न छोड़ें, क्योंकि आप सेल्फ़-टॉक का इस्तेमाल शुरू कर रहे हैं।

आपको टेपों से जो सेल्फ़-टॉक मिलती है, वह ऐमवे टेप में बताई बातों की *पूरक* है, उनकी *प्रतिस्पर्धी* नहीं। आपके संगठन द्वारा आपको दिए गए टेप सुनते रहें और सेल्फ़-टॉक को भी शामिल कर लें। आप देखेंगे कि जब आपके पुराने नकारात्मक प्रोग्राम दूर जाने लगते हैं, तो आपके दूसरे आपके लिए *बेहतर* काम करने लगेंगे।

5. टेप पर सेल्फ़-टॉक सुनने का बुनियादी उद्देश्य *आपके प्रोग्रामों को बदलना* है।

हो सकता है कि आप सेल्फ़-टॉक टेप सुनना सिर्फ़ इसलिए शुरू करें, क्योंकि वे आपको *प्रेरित* करते हैं और अपने बारे में बेहतर महसूस कराते हैं - भले ही आपको पुराने प्रोग्राम बदलने की परवाह न हो।

वैसे याद रखें कि यहाँ लक्ष्य *स्थायी परिवर्तन* उत्पन्न करना है। मेरी सलाह है कि अगर आप सुनने का चुनाव करते हैं, तो आप एक बहुत सरल लेकिन निरंतर सुनने की योजना पर चलें। आपके नए प्रोग्रामों का *दोहराव* ही उन्हें अंततः आपके पुराने नकारात्मक प्रोग्रामों की जगह पर स्थापित करता है और *आपको* दोबारा नियंत्रण में ले आता है। और आप जितना ज़्यादा सुनते हैं, यह उतना ही बेहतर काम करता है।

जब आप अपने पुराने प्रोग्राम बदलने पर काम कर रहे हों, तो इस पुस्तक में दी गई विशेष सेल्फ़-टॉक स्क्रिप्टों से काफ़ी मदद मिलेगी, चाहे आप उन्हें हर दिन पढ़ने या टेप पर सुनने का चुनाव करें। (अगर आप इस पुस्तक में दी गई छह ऐमवे स्क्रिप्टों की पेशेवर कैसेट रिकॉर्डिंग पाना चाहें, तो मैंने आपकी सुविधा के लिए पुस्तक के पीछे कैसेट प्रकाशक का नाम और पता दे रखा है।)

अगर आप सुनने का चुनाव *करते* हैं, तो उन मार्गनिर्देशों का अनुसरण करना सुनिश्चित करें, जो मैंने इस अध्याय में आपको दिए हैं, ताकि आपको अपने टेपों से प्रोग्रामिंग संबंधी ज़्यादा लाभ मिल सके।

सेल्फ़-टॉक टेप जादू नहीं हैं, और उन्हें रातोरात चमत्कार उत्पन्न करने के लिए तैयार नहीं किया गया है। कोई भी "वास्तविक" और स्थायी चीज़ ऐसा नहीं कर सकती। लेकिन अगर आप इन टेपों का इस्तेमाल निर्देशों के अनुरूप करते हैं, तो वे कुछ बहुत महत्त्वपूर्ण परिवर्तन करने में सहायक हो सकते हैं, जिससे आप ऐमवे *और* अपने बाक़ी जीवन में ज़्यादा सफल हो सकते हैं।

अगर आप अपने खुद के प्रोग्रामों का स्थायी नियंत्रण हासिल करना चाहते हैं, तो अपनी नई सेल्फ़-टॉक का अभ्यास करने का सबसे प्रभावी तरीका इसे *सुनना* है।

खण्ड - III

इसकी ओर बढ़ना

"अगर आप इसी वक़्त भविष्य
में क़दम बढ़ाते और अगर आप
बैठकर उस भविष्य में अपना एक
फ़ोटोग्राफ़ ऐल्बम देखते...

तो आप अपने भविष्य की कैसी
तस्वीरें देखेंगे?"

अध्याय - 10

नेटवर्क मार्केटरों के 10 चित्र

हमारा मुख्य उद्देश्य ऐसे प्रोग्राम खोजना और *बदलना* है, जो आपके *ख़िलाफ़* काम करते हैं। और हमारा उद्देश्य आपके *पक्ष में* काम करने वाले प्रोग्रामों का पता लगाना और उन्हें *ज़्यादा संख्या में* बनाना है, ताकि आप ऐमवे में सफलता के उस स्तर तक पहुँच सकें, जहाँ आप पहुँचना चाहते हैं।

यह करने के लिए आपके सामने इस बात की ज़्यादा स्पष्ट तस्वीर होनी चाहिए कि आप आज कहाँ हैं। आपके पुराने प्रोग्राम आपको अब तक कहाँ लाए हैं। अगर आप यह बात जान लेते हैं, तो आप बेहतर सोच सकते हैं कि आगे क्या करना है।

जो व्यक्ति काम में टालमटोल करता है, वह उन प्रोग्रामों को बदलकर शुरुआत कर सकता है, जिनकी वजह से वह टालमटोल करता है। जो व्यक्ति कड़ी मेहनत करता है, लेकिन अकेंद्रित दिशाओं में हमेशा भागता रहता है, वह इस बारे में ज़्यादा स्पष्टता पा सकता है कि किस एक दिशा में जाना है। जो व्यक्ति ऐमवे में अपने भविष्य पर यक़ीन करने के बजाय शंका करता है, वह अब उन *प्रोग्रामों को बदल सकता है*, जिनकी वजह से शंका उत्पन्न होती है!

आपके भविष्य का एक चित्र

अगर आप इसी वक़्त भविष्य में क़दम बढ़ाते और अगर आप बैठकर *अपने* भविष्य में अपना एक फ़ोटोग्राफ़ ऐल्बम देखते?

क्या आप अपना समय उस तरह बिता रहे होंगे, जिस तरह कि आप भविष्य में अपना समय बिताना चाहेंगे?

क्या आप दूसरों की मदद कर रहे होंगे और उन्हें उनके लक्ष्य हासिल करते देख रहे होंगे, साथ ही अपने लक्ष्य भी हासिल कर रहे होंगे?

क्या आप अपनी तक़दीर ख़ुद नियंत्रित कर रहे होंगे - ख़ुद के लिए काम कर रहे होंगे और यह निर्णय ले रहे होंगे कि आप कब, क्या करना चाहते हैं?

क्या आपके पास बैंक में इतना पैसा होगा कि आपकी ज़रूरतों से हमेशा ज़्यादा हो? आप जिन लोगों की परवाह करते हैं, क्या वे आर्थिक दृष्टि से सुरक्षित होंगे?

क्या आप ख़ुद को जागते हुए और हर दिन का इस तरह अभिवादन करते देखेंगे, मानो यह आपके जीवन का सबसे महत्त्वपूर्ण दिन हो - और यह करते वक़्त ख़ुद को उन लोगों से घिरा देखेंगे, जिनसे आप प्रेम करते हैं?

क्या आप ख़ुद को ख़ाली समय निकालने में समर्थ देखेंगे - उस ख़ास प्रोजेक्ट पर काम करने के लिए, जिसके लिए आप हमेशा समय निकालना चाहते थे?

क्या आप अपने बच्चों को जान पाएँगे, जबकि वे आपको अब भी अपने अभिभावक के रूप में जानते हैं?

क्या आप ख़ुद को यात्रा करते, नई जगहों पर जाते और नए ज्ञान व अनुभव से अपने जीवन को समृद्ध बनाते हुए देखेंगे?

क्या आप वैसा जीवन जी रहे होंगे, जैसा आप सचमुच जीना चाहते हैं?

अगर आप इसी समय अपने भविष्य में ख़ुद को देखें, तो आप क्या देखने का चुनाव करेंगे?

नेटवर्क मार्केटरों के 10 चित्र

आप इस वक़्त कहाँ हैं, इसकी तस्वीर देखने के लिए आइए कुछ चित्रों पर नज़र डालते हैं - आपके आस-पास के लोगों के सटीक चित्र, जो इस समय नेटवर्क मार्केटिंग में शामिल हैं। हम जिन लोगों के बारे में बता रहे हैं, उनमें से ज़्यादातर को शायद आप पहचानते होंगे। आपकी जान-पहचान के कुछ लोग एक से ज़्यादा श्रेणी में आते होंगे। और इस सूची में कहीं पर, दो-तीन जगहों पर, आपको अपनी कुछ तस्वीरें भी दिख सकती हैं।

आइए सिर्फ़ 10 सरल चित्रों पर नज़र डालते हैं - नेटवर्क मार्केटिंग में लोगों के 10 चित्रों पर - और हम सफलता की उनकी संभावनाओं, उनके प्रोग्रामों पर विचार करते हैं और इस पर भी कि जहाँ वे पहुँचना चाहते हैं, वहाँ पहुँचने के लिए वे क्या कर सकते हैं।

चित्र # 1 : "गोपनीय डिस्ट्रिब्यूटर"

बुनियादी कार्य शैली : *अदृश्य*

अगर आप गोपनीय डिस्ट्रिब्यूटर से मिलें, तो आपको शायद यह पता भी नहीं चलेगा। ये लोग इस तरह के नेटवर्कर होते हैं, *"मैं सदस्य तो हूँ, लेकिन मैं दरअसल इस बात को स्वीकार नहीं करूँगा।"*

इस स्तर पर शुरुआत करना किसी के लिए असाधारण नहीं होता। समस्या तब खड़ी होती है, जब आप वहीं अटके रह जाते हैं।

कुछ समय पहले मैं एक रेडियो कॉल-इन टॉक शो में था, जब एक व्यक्ति ने फ़ोन किया। वह मुझे काफ़ी "प्रेरित" क़िस्म का इंसान लगा। बातचीत के दौरान मैंने उस आदमी से श्रोताओं के सामने ही पूछा कि क्या वह नेटवर्क मार्केटिंग में है। उसका जवाब था, *"हाँ, एक तरह से..."* फिर मैंने उससे उसका नाम पूछा। उसने कहा कि वह रेडियो के श्रोताओं के सामने अपना नाम नहीं बताएगा।

इस आदमी ने कितना बड़ा अवसर गँवा दिया! *पच्चीस हज़ार से ज़्यादा लोग* उस प्रसारण को सुन रहे थे - और वे सभी उसी आदमी के शहर के थे। अगर वह बस मेरे सवाल का जवाब दे देता, तो मैं रेडियो पर उसका फ़ोन नंबर दे देता और नेटवर्क मार्केटिंग संसाधन के रूप में उसका हवाला अपने सारे श्रोताओं को दे देता। अगर वह गोपनीय डिस्ट्रिब्यूटरों की ख़ामोश सेना का सदस्य नहीं होता, तो वह उस रेडियो शो के *एक फ़ोन* से ही अपने कारोबार को बहुत बड़ा बना सकता था।

गोपनीय डिस्ट्रिब्यूटर अपने सपनों की छाया में रहते हैं - वे सचमुच समर्पण करने के लिए कभी पर्याप्त इच्छुक नहीं होते, वे अपने भविष्य के लिए अंतिम क़दम उठाने के लिए कभी इच्छुक नहीं होते।

ऐमवे के साथ अपने जुड़ाव के बारे में गर्व से बोलने के समय होते हैं, और कई बार ख़ामोश रहने के समय भी होते हैं - प्रॉस्पेक्टिंग करने या प्लान दिखाने के लिए उचित समय का इंतज़ार करने का विकल्प चुनना। लेकिन कुछ लोग हमेशा ख़ामोश रहते हैं, किसी बेहतर अवसर का इंतज़ार करते रहते हैं, जो कभी नहीं आएगा।

सफलता के अवसर

यदि संकोच या अनिश्चितता आपको पीछे रोके रखती है, तो वह अनिश्चितता आपको कोई फ़ायदा नहीं पहुँचाएगी। उल्टे, यह आपको भविष्य में सटीक लक्ष्यों तक पहुँचने से रोक सकती है, जिन तक आप बहुत बुरी तरह पहुँचना चाहते हैं।

जो भी आज रूबी या एमेराल्ड या डायमंड है, उनमें से एक भी ऐसा नहीं है, जो अपनी स्वतः प्रेरित ख़ामोशी के पुराने प्रोग्रामों को सक्रिय करके अपनी प्रगति थमने देगा। अगर आप खड़े होने से डरते हैं और जिसमें आप यक़ीन करते हैं, उस पर गर्व करने से घबराते हैं, तो आप सफल नहीं हो सकते।

अनुशंसाएँ

अपने हर पुराने प्रोग्राम से छुटकारा पाएँ, जो आपकी सफलता पर सवाल करता हो। इसी समय मौक़ा मिलते ही नए प्रोग्रामों का अभ्यास शुरू कर दें।

और जोख़िम लें। यह एक सुरक्षित जोख़िम है। प्लान का पूरी तरह अनुसरण करें। लोगों से बातचीत करना और सपना बताना सीखें। हर क़दम का अनुसरण करें। विश्वास करें और इस काम को कर दें।

आपको वाकपटु सेल्सपर्सन, अनुभवी प्रस्तुतकर्ता या फ़िल्मस्टार होने की ज़रूरत नहीं है। इसका विपरीत है। आपको तो बस प्लान का अनुसरण करना है। और आपको जब मौक़ा मिले, अपनी नई सेल्फ़-टॉक (स्वयं से संवाद) के साथ अपने *भीतर* ऐसे नए आंतरिक प्रोग्राम बनाने लगें, जो आपके आत्मविश्वास को बढ़ाते हों। यह योजना आपको नाकाम नहीं होने देगी। जब आपके पास ज़्यादा सही प्रोग्राम होंगे, तो आप भी ऐसा नहीं होने देंगे।

चित्र #2 : "शंका करने वाला"

बुनियादी कार्य शैली : *मैं इस पर यक़ीन करना चाहूँगा, लेकिन...*

"शंका" शब्द का अर्थ अनिश्चितता और डर के मिश्रण से अधिक नहीं होता।

अगर आप ऐमवे डिस्ट्रिब्यूटर हैं, तो केवल दो तरह की शंकाएँ हैं, जो आपको पीछे रोक सकती हैं। पहली शंका कहती है, *"क्या यह कारगर हो सकता है?"* इसका जवाब स्पष्ट है : *"हाँ, यह हो सकता है।"* यह हर दिन कारगर हो रहा है। और यह ऐसे बहुत से लोगों के लिए कारगर हो रहा है, जिनके पास आपकी तुलना में बहुत कम संसाधन हो सकते हैं।

दूसरी शंका कहती है, "क्या मैं इसे कर सकता हूँ?"

इस सवाल का जवाब आपके पुराने प्रोग्रामों पर और इस बात पर निर्भर करता है कि आप इस वक़्त क्या करने का निर्णय लेते हैं। असल जवाब है, *"हाँ, बिना किसी शक के, आप इसे कर सकते हैं!"*

शंकालु लोग वे हैं, जो इसे कारगर बनाना चाहते हैं, लेकिन वे अपनी खुद की असुरक्षाओं को राह में आड़े आने देते हैं। वे ऐसे लोग होते हैं, जो खाई के दूसरे हिस्से पर पहुँचना चाहते हैं, लेकिन वे छोटी छलाँग से ज़्यादा कूदने से घबराते हैं।

सफलता के अवसर

मैं एक भी डायमंड से नहीं मिला, जो शंकालु हो। न ही मैं किसी भी रूबी या एमेराल्ड से मिला हूँ, जो शंका को अपनी सफलता में कोई भूमिका निभाने देता हो। अनुसरण करने के लिए एक आसान नियम यह है : *डायमंड कभी शंका नहीं करते।*

अनुशंसाएँ

विश्वास रखने का विकल्प चुनें। अगर आप प्रोग्राम पर शक करते हैं, तो अपने स्पॉन्सर और अपने ऊपर तथा आस-पास के हर सफल व्यक्ति की बात सुनें। सच्चाई यह है कि आप ऐमवे के बारे में जितना ज़्यादा जानते हैं और आप प्लान का जितना ज़्यादा अभ्यास करते हैं, आपमें उतना ही ज़्यादा विश्वास होगा।

अगर आप *खुद पर* शक करते हैं, तो अपने उन प्रोग्रामों को बदलने पर काम करें, जिनकी वजह से आपमें वे शंकाएँ आई हैं। अगर मैं आपके प्रोग्राम बदल सकता, तो मैं आपको ध्यान केंद्रित करने के लिए सही नई सेल्फ़-टॉक देकर आपके मन की हर शंका को दूर कर देता, जिसने आपको पीछे रोककर रखा था। आप भी ऐसा ही कर सकते हैं।

चित्र #3 : "टालमटोल करने वाला"

बुनियादी कार्य शैली : *मैं बाद में शुरू करूँगा।*

हम सभी उनसे मिल चुके हैं। हम सभी के साथ यह हो चुका है। हाल ही में मैं एक नेटवर्क मार्केटर से मिला, जिसने मुझसे कहा, "मैं सचमुच यह काम करना चाहता हूँ। मैं इसे जल्दी ही किसी समय शुरू करूँगा।"

क्या आपने कभी सोचा है कि आप इस साल - या पिछले *पाँच* सालों में - कितनी सारी चीज़ें करने का इरादा रखते थे, लेकिन जिन्हें आप नहीं कर पाए?

जब मैं किसी नेटवर्क मार्केटर से मिलता हूँ - और मैं उनमें से बहुत से लोगों से मिलता हूँ - तो मैं यह सवाल अक्सर पूछता हूँ, *"क्या आप इसे कर रहे हैं?"* मुझे अब भी उन लोगों की संख्या पर आश्चर्यचकित होता हूँ, जिनकी प्रतिक्रिया लगभग वही रहती है : *"मैं अब तक दरअसल शुरू नहीं कर पाया हूँ... लेकिन मैं जल्दी ही*

शुरू करने वाला हूँ।"

टालमटोल करने वाला व्यक्ति काम को "बाद में करने वाला" है। वे सफल होने के विचार को पसंद करते हैं, लेकिन वहाँ पहुँचने में उन्हें एक समस्या होती है। आमतौर पर ऐसा इसलिए होता है, क्योंकि उन्हें खुद पर इतना भरोसा नहीं होता है कि वे इसे शुरू कर दें। इससे परे, लगभग हमेशा मामला बस यह होता है कि अविश्वास या उदासीनता के उनके पुराने प्रोग्राम उन्हें नीचे खींचते रहते हैं - इसलिए वे रोज़मर्रा के कारोबारी क़दम उठाने में असफल रहते हैं, जिन्हें उठाना सफलता के लिए ज़रूरी होता है।

टालमटोल हमेशा नकारात्मक प्रोग्रामिंग के सबसे स्पष्ट संकेतों में से एक है। ये ऐसे प्रोग्राम होते हैं, जो हार मानने या हौसला छोड़ने के किसी न किसी रूप की ओर ले जाते हैं। अगर आप टालमटोल कर रहे हैं, अगर आप वह नहीं कर रहे हैं जो आप जानते हैं कि आप कर सकते हैं - तो आपके पास इस समय ऐसे कौन से प्रोग्राम हैं, जो आपको रोक रहे हैं?

सफलता के अवसर

टालमटोल करनेवाला कभी सफल नहीं हो सकता। अगर आप चीज़ों को बाद के लिए टालते रहते हैं, तो आप अपनी सफलता को भी बाद तक के लिए टाल रहे हैं।

अनुशंसाएँ

जिन प्रोग्रामों की वजह से आप टालमटोल करते हैं, उन्हें खोजें और बदल दें। आमतौर पर आत्मविश्वास के अभाव, शंका या डर की वजह से टालमटोल उत्पन्न होती है। टालमटोल की चिंता न करें। प्रोग्रामों पर काम करें। अध्याय आठ में उस सेल्फ़-टॉक स्क्रिप्ट पर ख़ास ध्यान दें, जिसका शीर्षक है, ***"मैं अभी क़दम उठाता हूँ!"*** *फिर यह काम कर दें।*

चित्र # 4 : "दिशाहीन शक्तिपुंज"

बुनियादी कार्य शैली : *बहुत ज़्यादा महत्त्वाकांक्षा - बहुत कम एकाग्रता।*

ज़रूरी नहीं है कि ये डिस्ट्रिब्यूटर सफलता की ओर छलाँगें लगा रहे हों। देखिए... हाल-फ़िलहाल वे लगा रहे हैं। लेकिन कल वे नहीं लगा रहे होंगे। और अगले दिन... वे एक बार फिर लगा रहे होंगे!

यह उन नेटवर्क मार्केटरों का चित्र है, जिन्हें यह पक्का पता नहीं होता कि वे

कहाँ जा रहे हैं। एक दिन वे अंदर होते हैं। अगले दिन वे नहीं होते। और कल या उसके अगले सप्ताह... देखिए, कौन जानता है?

उनमें भारी संभावना होती है, लेकिन उन्हें पक्का पता नहीं होता कि वे कहाँ जा रहे हैं। उनके इरादे बेहतरीन होते हैं। लेकिन उनके *प्रोग्राम* उनके ख़िलाफ़ काम कर रहे हैं।

वे इस क़िस्म के डिस्ट्रिब्यूटर हैं, जिनमें हमेशा बहुत ऊर्जा और उत्साह नज़र आता है, लेकिन अक्सर वे दरअसल कभी कहीं नहीं पहुँच पाते हैं।

उनमें से ज़्यादातर देर-सबेर, समय के साथ छोड़ देते हैं – इसलिए नहीं, क्योंकि उनमें साहस का अभाव था। इसका कारण तो यह था कि वे कभी यह नहीं सीख पाए कि वह दिशा कैसे चुनें, जो उन्हें किसी बहुत बड़े लक्ष्य तक पहुँचा दे। वे इतने एकाग्रचित्त नहीं होते कि अपने आसमान में एक तारे पर निशाना लगाएँ। वे सारे तारे चाहते हैं और अंततः वे उनमें से किसी को भी हासिल नहीं कर पाते।

अगर आप ऐसे लोगों को जानते हों, तो उन पर बहुत कठोर न हों। हममें से कोई भी अनिश्चित या एकाग्रता से रहित होने की कोशिश नहीं करता है। यह तो बस हमारे पुराने प्रोग्राम होते हैं, जो हमें फँसा देते हैं और हमें एक लक्ष्य से दूसरे लक्ष्य तक, एक दिशा से दूसरी दिशा तक भटकाते रहते हैं।

दिशाहीन जोशीले व्यक्ति शक्तिहीन लोग नहीं होते। उनमें उस साहस की कोई कमी नहीं होती, जिसकी ज़रूरत उन्हें अपने विश्वासों के समर्थन के लिए होती है। उनमें सारी आवश्यक व्यक्तिगत शक्ति होती है; उन्हें तो बस यह यक़ीन नहीं होता कि उनके विश्वास क्या *हैं*। उनके जीवन में ज़बर्दस्त सूर्योदय का वादा होता है – बस कोई सूर्य ही नहीं होता।

वे कुछ पल तक ऐमवे के बारे उत्साही होते हैं, लेकिन वे सामने आने वाले अगले नए विचार पर अमल करने के लिए भी उतने ही मजबूर महसूस करते हैं। वे पहले एक दिशा में जाते हैं और फिर अगली दिशा में, क्योंकि उनमें वह *स्व*-निर्देशन नहीं होता, जिसकी ज़रूरत उन्हें अपने जीवन को स्पष्ट लक्ष्य देने के लिए होती है।

ये बुद्धिमान, लक्ष्य खोजी मिसाइलें हैं। वे शक्तिशाली और प्रभावी हो सकते हैं। लेकिन वे अपने जीवन का निशाना भविष्य में – अंधाधुंध – अज्ञात लक्ष्यों के एक अदृश्य नक़्शे पर साध रहे हैं और इस बात पर हैरान हो रहे हैं कि उनका निशाना लग क्यों नहीं रहा है।

सफलता के अवसर

अगर आप अपनी एकाग्रता नहीं खोज पाते हैं, तो आप हार जाते हैं। लेकिन आपमें

वह सारी ऊर्जा है, जिसकी ज़रूरत आपको सफल होने के लिए है। अगर आप *सही* एकाग्रता पा लेते हैं – तो आप जीत जाते हैं।

अनुशंसाएँ

एकाग्रता। हर दिन एकाग्र होने के लिए सेल्फ़-टॉक का इस्तेमाल करें – बहुत सारी। प्लान का अनुसरण करें। सपने का एक चित्र खोजें। और फिर ख़ुद को दोबारा एकाग्र करें। इस बारे में अपने स्पॉन्सर से बात करें और पीछे न रुके रहें। अपने लक्ष्य क़ागज़ पर लिख लें और उन्हें सरल, हासिल होने योग्य व सीधा रखें। और फिर दोबारा ध्यान एकाग्र करें। सेना और नौसेना यही करती हैं। अच्छे कॉलेज और युनिवर्सिटी भी यही करती हैं। फ़ॉर्च्यून 500 कंपनियाँ भी यही करती हैं। चर्च भी यही करते हैं। डायमंड भी यही करते हैं। सभी सचमुच सफल लोग यही करते हैं।

ऐमवे में किसी को भी संयोगवश सफलता नहीं मिलती है। अगर आप वहाँ पहुँचना चाहते हैं, तो आपको ख़ुद को एकाग्र करना होता है।

चित्र #5 : "रातोंरात सफलता"

बुनियादी कार्य शैली : *मुझे प्लान का अनुसरण करने की ज़रूरत नहीं है।*

ऐमवे में ऐसे डायमंड हैं, जो तेज़ी से शिखर तक पहुँचे हैं। लेकिन उनमें से किसी ने भी यह काम रातोंरात नहीं किया है। जब आप इस जैसी कोई महत्त्वपूर्ण चीज़ करते हैं और नियमों का अनुसरण करते हैं, तो इसे सही करने में समय लगता है। इसीलिए यह स्थायी रहती है।

आप कभी-कभार बरसों की जगह यह काम महीनों में कर सकते हैं, लेकिन हर डायमंड आपको बता देगी, "फटाफट अमीर बनने की उम्मीद मत करो।" अमीर बनने, और बने रहने में, थोड़ा ज़्यादा समय लगता है।

ज़्यादा लंबा समय नहीं हुआ, जब रेडियो पर साक्षात्कार लेने वाले एक व्यक्ति ने मुझसे पूछा कि मुझे अपनी पिछली पुस्तक लिखने में कितना समय लगा। मेरा जवाब था, "बावन साल और साढ़े तीन महीने।"

ऐमवे में अपनी अगली बड़ी सफलता पाने के लिए आपको पचास साल या इससे ज़्यादा इंतज़ार नहीं करना होगा। लेकिन धैर्य, यहाँ तक कि थोड़ा धैर्य, एक सद्गुण से अधिक है – प्लान का अनुसरण करने में ही समझदारी है, चाहे इसमें कितना ही समय लगे – और धैर्य ही इसे *कारगर* बनाता है।

इसके साथ एक निष्कर्ष है : *फटाफट अमीर बनने* जैसी कोई चीज़ नहीं है।

कोई जादुई रातोंरात सफलता नहीं मिलती है। जीवन इसी तरह काम करता है। हम यह बात जानते हैं।

अगर आप किसी ऐसे व्यक्ति से मिलते हैं, जिसे आज अपनी कार की क़िस्तें चुकाने में दिक्क़त आ रही है, लेकिन वह कल ही मिलियनेअर बनने की उम्मीद करता है, तो ठीक है। उसे अपने प्रोग्रामों के साथ जीने का हक़ है। आप बस अपने प्रोग्रामों की परवाह करें।

अगर आप मिलियनेअर बनना चाहते हैं, या कोई इतनी ही बड़ी चीज़ करना चाहते हैं, तो इसे अर्जित करें। अगर आप इसे अर्जित करना चाहते हैं, तो प्लान का अनुसरण करें।

हो सकता है कि आप यह काम रातोंरात न कर पाएँ। लेकिन एक दिन, और हो सकता है कि वह दिन आज से बहुत दूर न हो, आप उस पल को याद करेंगे, जब आपने इसे गंभीरता से लेने, प्लान का अनुसरण करने और उस पर काम करने का निर्णय लिया था। जब आप वहाँ पहुँचते हैं, तो ऐसा लग सकता है मानो आपने इसे रातोंरात किया हो। हाल-फ़िलहाल प्लान का अनुसरण करें।

सफलता की संभावनाएँ

कोई जादू नहीं है। ऐमवे न तो आज, न ही पहले कभी फटाफट अमीर बनने का तरीक़ा रहा है। लेकिन यह सही तरीक़े से दौलतमंद बनने का काफी स्थिर और विश्वसनीय तरीक़ा है। (और यह सिर्फ़ वित्तीय सफलता से बहुत ज़्यादा मायने रखता है।)

अनुशंसाएँ

अगर आप रातोंरात सफल होने में यक़ीन करते हैं, तो ऐसे सेल्फ़-टॉक प्रोग्राम पाएँ और उनका इस्तेमाल करें, जो आत्म-ग़ौरव बढ़ाते हों, एकाग्र बनाते हों और लक्ष्य तय करने में आपकी मदद करते हों। दौलत मानसिक अवस्था का परिणाम है। उस मानसिक अवस्था को बनाने से आपको असली चीज़ पाने - और जीवन भर उसे कायम रखने - में मदद मिलेगी।

चित्र #6 : "ख़ामोश साथी"

बुनियादी कार्य शैली : टीम का "ख़ामोश व्यक्ति।"

मैं मानता हूँ कि अधिकतर "ख़ामोश साथी" हमारी मदद करते हैं। वह साथी पत्नी, पति या हमारे बहुत क़रीब का दूसरा व्यक्ति हो सकता है। इनमें से कुछ लोग ऐमवे

से आपको दूर खींचने की कोशिश कर सकते हैं, लेकिन ख़ामोश व्यक्ति आमतौर पर इंतज़ार करके पहले यह देखेगा कि आप क्या करते हैं।

जो लोग ख़ामोश रहते हैं, वे आमतौर पर दूसरों से ज़्यादा विश्लेषणात्मक होते हैं। उनमें तर्क, व्यावहारिक आदर्शों और सहज बोध के प्रति रुझान होता है। ऐसे बहुत से शांत लोग हैं, जो बहुत सफल ऐमवे डिस्ट्रिब्यूटर हैं।

हमारे बीच कई लोग हैं, जो वहाँ हैं - शक्तिशाली, शांत, बुद्धिमान और अवलोकन करने वाले - लेकिन वे सिंहासन के पीछे ज़्यादा हैं, हमारे सपनों के प्रवक्ता कम हैं।

सफलता की संभावनाएँ

सफलता की उत्कृष्ट संभावनाएँ। जो लोग हमेशा सबसे ज़्यादा मुखर होते हैं, वे हमेशा सबसे ज़्यादा सफल नहीं होते हैं। शांत लोगों की बात सुनें। जब बाक़ी संसार बोलता है, तो वे सुनते हैं।

अनुशंसाएँ

अगर आप ख़ामोश प्रकृति के हैं और ज़्यादा बहिर्मुखी बनना चाहते हैं, तो सही सेल्फ़-टॉक सीखने से मदद मिल सकती है। इस दौरान अपने पति, पत्नी या पार्टनर को यह बताने की पूरी कोशिश करें कि आप क्या सोचते हैं और कैसा महसूस करते हैं। यदि आप नहीं बताते हैं, तो हो सकता है कि सामने वाला व्यक्ति उसे जान ही न पाए।

अब उस जानकारी के विवरण देखें, जो आपको अपने संगठन के लोगों से मिलती है। प्लान के तर्क को देखें। सतर्क रहना ठीक है, लेकिन जीवन में ख़ुद को पीछे रोके रखकर न जिएँ।

आप बुद्धिमान हैं। अगर आप किसी नए आईपीओ में निवेश करने वाले हों, तो आप निवेश के संबंध में शोध करेंगे, सारी जानकारी हासिल करेंगे जो आपको मिल सकती है, संभावनाओं तथा जोखिमों पर विचार करेंगे और इसके बाद ही अपना निवेश करेंगे। ऐमवे को भी किसी प्रमुख निवेश जितनी ही गंभीरता से लें। लेकिन एक बार जब आप इसे करने का निर्णय ले लें, तो फिर अपने हाथ पीछे न खींचें। इसके पीछे जाएँ और इस काम को कर दें।

चित्र # 7 : "टीम का खिलाड़ी"

बुनियादी कार्य शैली : *वह डिस्ट्रिब्यूटर, जिसका हर स्पॉन्सर सपना देखता है।*

टीम खिलाड़ियों की तलाश करें। खुद को ऐसे लोगों से घेरें, जो टीम को कारगर बनाने में उत्कृष्ट हों। इन लोगों को ऐमवे में स्पॉन्सर करें। वे आपको धन्यवाद देंगे - और आप उन्हें धन्यवाद देंगे। टीम खिलाड़ी नियमों का अनुसरण करते हैं, प्लान पर काम करते हैं, टीमों में शामिल होते हैं तथा टीम बनाते हैं, टीम के हर दूसरे खिलाड़ी को समर्थन व प्रोत्साहन देते हैं और मौजूद सबसे बड़े तथा सबसे अच्छे पुरस्कार जीतना चाहते हैं।

टीम खिलाड़ी की मनोवैज्ञानिक अवस्था आपकी सफलता बनाने के लिए आदर्श है। ऐमवे प्लान को भी गुणों की उस सूची में जोड़ दें, तो आप जीत/जीत संबंध शुरू कर देते हैं।

सफलता की संभावनाएँ

इसके साथ काम करें। आप हार नहीं सकते। जब भी आपको उसकी ज़रूरत होगी, यह व्यक्ति वहाँ होगा। वह सुनेगा, सीखेगा, क़दमों का अनुसरण करेगा, इसे कारगर बनाएगा और आपका आजीवन मित्र रहेगा।

यदि आप खुद सच्चे टीम खिलाड़ी हैं, तो आप पहले ही जानते हैं कि क्या करना है। लेकिन आप इस क्षेत्र में सबसे महत्त्वपूर्ण टीम का हिस्सा हैं। टीम में बने रहें। इसे बनाएँ। और जीतने की उम्मीद करें।

अनुशंसाएँ

टीम खिलाड़ी को जिस सेल्फ़-टॉक की सबसे ज़्यादा ज़रूरत होती है, वह है मान्यता तथा पुरस्कार की सेल्फ़-टॉक। अगर आप खुद इन श्रेष्ठ खिलाड़ियों में से एक हैं, तो आपको दो चीज़ें करनी चाहिए। सबसे पहले, अपनी टीम के हर व्यक्ति को पुरस्कार दें। उन्होंने चीज़ों को सफल बनाने के लिए आपके साथ मेहनत की। वे उस टीम का हिस्सा हैं, जिस पर आप भरोसा करते हैं और आपको यह बात उन्हें बता देनी चाहिए। फिर खुद को पुरस्कार दें।

चित्र #8 "प्लान का अनुयायी"

बुनियादी कार्य शैली : *इसे सही करता है; हार नहीं सकता...*

यह चरम ऐमवे डिस्ट्रिब्यूटर है। यही है, जो इसे पूरा करता है। आप खुद को इस अध्याय में नेटवर्क मार्केटरों के दूसरे किसी भी चित्र में पा सकते हैं, लेकिन जब तक आप खुद को यहाँ न पाएँ, तो हो सकता है कि आप खुद को कभी वहाँ न पाएँ - आसमान में या मंच पर - डायमंडों के बीच।

मैं यह बात समझता हूँ कि ऐमवे डिस्ट्रिब्यूटर के रूप में आपसे प्लान के अनुरूप काम करने को कहा जाता है। यह सरल है। यह सफल है। और जो भी प्लान का अनुसरण करने के लिए तैयार होता है, वह सफल हो सकता है।

यह एक ऐसा संदेश है, जो आपने कई बार सुना होगा। प्रेरक मनोविज्ञान के मेरे बाहरी दृष्टिकोण से भी, ऐमवे की अवधारणा और उनका दिया प्लान समझदारी भरा लगता है।

लेकिन यह पता लगाना रोचक था कि यह अवधारणा व्यवहार में कितनी सच थी। मैंने जिस भी डायमंड का इंटरव्यू लिया, हर एक ने किसी न किसी तरह एक ही बात कही। उन्होंने बाक़ी जो किया, उससे बढ़कर वे *प्लान का अनुसरण करके* डायमंड बने थे।

सफलता की संभावनाएँ

यह सरल है। अगर आप इसे नहीं करते हैं, तो आप "वहाँ नहीं पहुँच पाएँगे।" अगर आप प्लान का अनुसरण करते हैं और करते रहते हैं, तो आप पहुँच जाएँगे।

अनुशंसाएँ

प्लान पर अमल करें।

अगर आपको यही संदेश दिन में सौ बार बताया जाए, तब भी यह ज़्यादा नहीं होगा। अगर आपमें सच्ची सफलता पाने की संभावना नहीं होती, तो आप ये शब्द पढ़ ही नहीं रहे होते।

यह संदेश आपके लिए है। प्लान के अनुरूप काम करें।

आज रात, आप जो आख़िरी विचार सोचें, वह यही होना चाहिए कि आप प्लान के अनुरूप काम करेंगे। इसे जिएँ, इसका सपना देखें, इसमें यक़ीन करें और इसे कर दें। आगे बढ़ें। इसी समय। बस खुद से कहें, "मैं प्लान के मुताबिक़ काम

करता हूँ।" अगर आप इसे बार-बार कहते हैं, तो आपको इस पर यक़ीन हो जाएगा, फिर आप इसे कारगर बना लेंगे।

चित्र #9 : "सकारात्मक स्वप्नदर्शी"

बुनियादी कार्य शैली : *अविश्वनीय "कर सकता हूँ" डिस्ट्रिब्यूटर।*

हममें से कुछ लोग हासिल करने के लिए प्रेरित होते हैं। मैं उस दिन को कभी नहीं भूलूँगा, जब मेरी पत्नी और मैं एक रविवार की सुबह एक सुंदर हाईवे पर कार से जा रहे थे। चूँकि हम यात्रा कर रहे थे और आराधना में शामिल नहीं हो सकते थे, इसलिए पत्नी ने हमारी वैन के डिस्क प्लेयर में "ड्रीमर" सीडी लगा दी।

मैंने हाल ही में एक दूसरे शहर में एक ऐमवे समारोह में व्याख्यान दिया था और वहाँ हमें अपनी पहली ड्रीमर सीडी मिली। जब हमने इसे सुना, तो हम "प्रेरित" होने से अधिक हो गए। संगीत और संदेश ने हम दोनों को ही एक असाधारण तरीक़े से प्रभावित किया - इतना ज़्यादा कि मैंने कुछ दिनों बाद उस व्यक्ति को फ़ोन किया, जिसने उस संगीत को संभव बनाया था। मैं उसे धन्यवाद देना चाहता था।

मार्क स्मिथ ने संगीत बनाना और समूह के साथ गाना शुरू कर दिया था। वह जिस समूह में गाता था, समय के साथ उसने अपना नाम "ड्रीमर" रख लिया और लगभग उसी समय ड्रीमर पूरे देश के प्रमुख ऐमवे समारोहों में लोकप्रिय संगीत समूह बन गया। (यदि आप ड्रीमर को अपनी आँखों से देख सकते हों, तो आपको देखना चाहिए। अगर आप ऐसा न कर सकते हों, तो आपको उनकी सीडी लाकर उन्हें ज़ोर से बजाना चाहिए। वे आपको प्रेरित कर देंगे।)

व्यक्तिगत रूप से उस समूह के सदस्यों से मिलने के बाद यह स्पष्ट है कि उनमें से प्रत्येक अपने अंदाज़ में सपने को जीता था - और अब जहाँ भी मौक़ा मिलता है, वे अपना सपना हर जगह दूसरे ऐमवे सदस्यों को बताते हैं।

जैसा इस प्रेरक गायन समूह के नाम से पता चलता है, सफल होने के लिए आपको सपना देखना होता है। और यही मुद्दे की बात है। पहाड़ खिसकाने के लिए *आपके पास एक सपना होना चाहिए।*

सकारात्मक स्वप्नदर्शी वह डिस्ट्रिब्यूटर है, जो चित्र को इतनी स्पष्टता से देख लेता है कि वह कभी हार नहीं मानता। यह वह नेटवर्क मार्केटर है, जो उसे रोकने की कोशिश करने वाले पुराने प्रोग्रामों को सुनने से इंकार कर देता है : वह *नए* प्रोग्राम बनाने और सुनने में बहुत ज़्यादा व्यस्त रहता है, जो सफल होने में उसकी मदद करते हैं।

सफलता की संभावनाएँ

अगर आप इसे अपने जीवन में देखना चाहते हैं, तो आपको इसे अपने मन में देखना होगा। इसे सपना देखना कहा जाता है और यह किसी भी चीज़ को अच्छी तरह करने के लिए अनिवार्य है। अगर आप सपना देखना सीख लेते हैं और हर दिन सकारात्मक कर्म करते हैं, तो आपकी सफलता की बेहतरीन संभावनाएँ हैं।

अनुशंसाएँ

आगे बढ़ें। सपने में यक़ीन करें। आप इससे कम कोई चीज़ क्यों करना चाहेंगे? ज़ाहिर है, आपको प्लान पर मेहनत करनी होगी। लेकिन जो लोग अपने मन में भविष्य का सपना देखते हैं, वे हमेशा उन लोगों से ज़्यादा सफल होते हैं, जो सपना देखने में पूरी तरह असफल रहते हैं।

आपका सपना विश्वास प्रदान करता है, जो आपके किए हर काम को प्रेरित करेगा।

आपका सपना मिट्टी को उपजाऊ बनाता है, जिसमें आप बीज बोते हैं। जो भी उगता है, वह आपके स्वप्न का परिणाम होगा।

आपका सपना एकाग्रता उत्पन्न करता है और आपको अपने असीमित भविष्य का चित्र प्रदान करता है।

आपका सपना उस मार्ग को उत्पन्न करता है, जिस पर आप चलते हैं - और आपको उस राह पर चलने की वजह देता है।

आपका सपना आपको हर सुबह जागने का एक कारण देता है और एक ऐसा जीवन जीने का, जिसके अधिकतर लोग केवल सपने देख सकते हैं।

आपका सपना वह भविष्य है, जिसे आप खुद के लिए इसी समय बना रहे हैं।

जिन लोगों के पास सपने का स्पष्ट चित्र होता है, उनके इसे साकार करने की बहुत अच्छी संभावना होती है। यदि आप सफल होना चाहते हैं, तो आपको सपना देखना होता है। अगर आप सपना देखना चाहते हैं, तो आपको खुद पर विश्वास करना होता है। यदि आप खुद में ज़्यादा विश्वास करना चाहते हैं, तो अपने प्रोग्रामों को बदल दें। यहाँ कुंजी हर दिन स्व-विश्वास पर काम करना है। इसके बाद सपने खुद-ब-खुद आ जाएँगे।

चित्र # 10 : "सितारों की ओर अग्रसर" डिस्ट्रिब्यूटर

बुनियादी कार्य शैली : हर चीज़ को कारगर बनाता है।

यह व्यक्ति *हर एक* के जीवन के लिए बेहतरीन तोहफ़ा है!

सितारों की ओर अग्रसर डिस्ट्रिब्यूटर वह व्यक्ति है, जिसके जैसा हम सबसे ज़्यादा बनना चाहेंगे। यह ऐमवे डिस्ट्रिब्यूटर डायमंड बनने की प्रक्रिया में है। चाहे आप इस समय शुरू कर रहे हों या लगभग वहाँ हो, यह पर्ल है, रूबी है, एमेराल्ड है, *रत्न* है।

यही वह व्यक्ति है, जिसे आपको खोजना है, समर्थन करना है, डुप्लीकेट करना है और अनुकरण करना है - यही वह है, जिसे दोबारा बनाना है।

अगर आप, आप खुद सितारों की ओर अग्रसर व्यक्ति हैं - अगर आप अपनी राह पर हैं - तो मैं आपकी प्रशंसा करता हूँ और प्रोत्साहित करता हूँ। आप इस समय जो कर रहे हैं, वह किसी भी दूसरी चीज़ से ज़्यादा महत्त्वपूर्ण है, जो आप भविष्य में कभी कर सकते हैं।

सफलता की संभावनाएँ

अधिकतर लोगों के लिए, यही सफलता *है!* इन विजेताओं में से किसी का अनुसरण करना सीखें और आप जो भविष्य बना रहे हैं, वह आपको निराश नहीं करेगा।

अनुशंसाएँ

अगर आप पहले से ही इन ख़ास लोगों में से एक हैं, तो चाहे आप जो भी कर रहे हों, उसे करते रहें। अगर आप अब तक "सितारों की ओर अग्रसर" डिस्ट्रिब्यूटर नहीं हैं, तो ऐसे व्यक्ति को खोजें, उसका अनुसरण करें और जो भी सीख सकते हों, हर चीज़ सीखें। अगर आप पहले से ही डायमंड बनने के लिए स्पष्टता से परिभाषित, लिखे हुए लक्ष्यों वाली योजना का अनुसरण नहीं कर रहे हों, तो इसी समय उसे करने पर विचार करें।

आपका अंतिम उद्देश्य अपने हर काम में उत्कृष्ट बनना होना चाहिए। सितारों की ओर अग्रसर व्यक्ति यही करता है। इसी से लोग सफल होते हैं, डायरेक्ट डिस्ट्रिब्यूटर बनते हैं और पल, रूबी, एमेराल्ड और डायमंड भी बनते हैं।

और अगर आप कुछ बहुत आसान क़दमों का अनुसरण करते हैं, तो *आप* भी ठीक यही कर सकते हैं।

"जो सबसे बड़ी चीज़ आपको कभी रोकने की कोशिश करेगी, वह है डर।

डर के बिना भविष्य की कल्पना करें।

अगर आप डर के पार निकल जाते हैं, तो आपके सामने जो इकलौती चीज़ बचेगी, वह है आपका उज्ज्वल भविष्य।"

अध्याय - 11

सबसे बड़ी समस्या से उबरना

जब मैंने नेटवर्क मार्केटिंग में सफल व्यक्तियों के नज़रिये पर शोध किया, तो एक सवाल दूसरे किसी सवाल से ज़्यादा बड़ा था, जिसका जवाब सबसे ज़्यादा ज़रूरी था। वह सवाल यह था : जब लोग सफलता की ओर पहुँचने की कोशिश कर रहे होते हैं, तो उनके साथ सबसे बड़ी समस्या क्या होती है? *दूसरी किसी भी समस्या से ज़्यादा वह कौन-सी एक समस्या होती है, जो लोगों को धीमा कर देती है या उन्हें पूरी तरह रोक देती है?*

कोई हैरानी नहीं कि मुझे एक ही जवाब बार-बार मिला। जवाब एक शाश्वत सत्य है। जो चीज़ें नेटवर्क मार्केटिंग में लोगों को अपना सर्वश्रेष्ठ करने से रोकती हैं, उनकी सूची में सबसे ऊपर ठीक वही समस्या है, जो लोगों को *किसी भी* क्षेत्र में सफल होने से रोकती है।

जो सबसे बड़ी चीज़ आपको कभी कोशिश करने से रोकेगी, वह है डर।

यह डर है, जो आपको नेटवर्क मार्केटिंग के अवसर पर *"हाँ!"* कहने से रोक सकता था। यह डर है, जो आपको अगला फ़ोन करने या अगला अपॉइंटमेंट तय करने से रोक सकता है। यह डर है, जो आपको सबसे संभावनाशील नए प्रॉस्पेक्ट को भी प्लान दिखाने से रोक सकता है। यह डर है, जो उस अगले व्यक्ति को आपकी दिखाई प्रस्तुति पर "हाँ" कहने से रोक सकता है और ऐसा करके जीवन में एक बार मिलने वाले अवसर को चूक सकता है। यह डर है, जिसकी वजह से आप सोचते हैं कि यह आपके लिए लाभदायक नहीं होगा... आदि।

अगर आप डर के पार निकल जाते हैं, तो आप कुछ भी कर सकते हैं

जैसा एक डायमंड ने मुझे बताया, "अगर हम अपने डिस्ट्रिब्यूटरों को बस यह सिखा सकें कि डर से कैसे उबरना है, तो इस संसार में कोई भी चीज़ हमें अपने हर लक्ष्य

तक पहुँचने से नहीं रोक सकती।"

डर के बिना भविष्य की कल्पना करें। यदि आप डर के पार निकल जाते हैं, तो आपके सामने जो इकलौती चीज़ बचेगी, वह है आपका उज्ज्वल भविष्य।

डर की वजह से हममें झिझक उत्पन्न होती है, हम मामले को सफल निष्कर्ष तक ले जाने से कतराते हैं, हम समाधान के बजाय समस्या को देखते हैं या सर्वश्रेष्ठ की आशा करने के बजाय सबसे बुरे में विश्वास करने लगते हैं।

हममें से ज़्यादातर लोगों को जो सलाह मिली है, वह इस पुरानी कहावत को दोहराने की है, "...डर के अलावा किसी चीज़ से डरने की ज़रूरत नहीं है।"

यह सच हो सकती है, लेकिन इससे ज़्यादा मदद नहीं मिलती है, जब आपको लगातार आठवीं बार "नहीं" सुनने को मिलता है और आपका सबसे अच्छा मित्र सोचता है कि आपका दिमाग़ घूम गया है, जो आप अपना समय बर्बाद कर रहे हैं और यह एक लंबा सप्ताह रहा है और आप थके हुए हैं और टेलीफ़ोन बस बैठकर आपको ताकता रहता है और आपको चुनौती देता है कि आप एक और फ़ोन करें और दोबारा ठुकराए जाएँ। उस पल हम कभी चेतन रूप से यह नहीं सोचते हैं, "मैं सोचता हूँ कि मैं रुक जाऊँ, क्योंकि मैं आगे बढ़ने से डर रहा हूँ," लेकिन यह डर ही है, जो अपने सबसे चतुराई से छिपे वेश में आपसे आपका सिर हिलवाएगा, रोशनी गुल कराएगा और हम खुद से कहेंगे कि हम उस काम को फिर कभी कर लेंगे।

हमें अक्सर बताया गया है कि सफलता का अकेला सबसे महत्त्वपूर्ण गुण है निरंतर लगन - रुकने से इंकार करना, चाहे जो हो जाए। आप इन दो विरोधी शक्तियों को एक साथ कैसे मिलाते हैं? *संकल्प और झिझक* अच्छे साथी नहीं बनते हैं!

डर स्वस्थ प्रकार का भी होता है - जो हमें मुश्किल से दूर रखता है, हमारी रक्षा करता है और हमें जीवित रखता है। लेकिन यहाँ हम उस तरह के डर की बात नहीं कर रहे हैं।

डर के हमारे प्रोग्राम कैसे लगते हैं

उस क़िस्म का डर, जो हमें सफल होने से - या शुरू करने से भी - रोकता है, पुराने मानसिक प्रोग्रामों द्वारा उत्पन्न होता है। ये प्रोग्राम हमें बताते हैं :

हम क्या नहीं कर सकते।

यह कितना मुश्किल होने वाला है।

हम पर्याप्त अच्छे नहीं हैं।

हमें पता नहीं होगा कि हम कैसे काम करें या क्या कहें।

अगर हमारी "क़िस्मत अच्छी" हुई और हम सफल हो गए – तो कोई बुरी चीज़ हो जाएगी और हम यह सब गँवा देंगे।

हम इतने सफल होने के हक़दार नहीं हैं।

दूसरे लोग क्या सोचेंगे?

दूसरे लोगों के पास मुझसे बेहतर संभावना है... आदि, आदि।

या हज़ार अन्य अचेतन प्रोग्राम जिनसे हम खुद पर *विश्वास करने* के बजाय खुद पर *शंका करने* में ज़्यादा समय बिताते रहे हैं।

मैं जानता हूँ कि ऐसे समय होते हैं, जब आप अपने बारे में ज़्यादा भरोसा नहीं करते हैं। मैं जानता हूँ कि ऐसे तमाम तरह के कारण हो सकते हैं, जिनसे आप यह सोचने लगें कि आपके पास कभी वे दौलतें, खुशियाँ और स्वतंत्रता नहीं होगी, जो कुछ लोग हासिल कर लेते हैं। लेकिन अगर इनमें से कोई कारण सच न हो, तो क्या हो? क्या हो, अगर आपके बारे में असली सच्चाई आपकी कल्पना से बेहतर हो?

मैं आपको आपके बारे में असली सच्चाई बताने जा रहा हूँ।

आपके बारे में असली सच्चाई

- आप यह कर सकते हैं। आपको इंतज़ार करने की ज़रूरत नहीं है। आपको झिझकने की ज़रूरत नहीं है। आपको किसी चीज़ में टालमटोल करने की ज़रूरत नहीं है। आपके लिए कर्म करने और आगे बढ़ने के लिए इससे बेहतर समय कभी नहीं रहा।

- अगर पहले कभी आपके मन में कोई डर रहा हो, तो यह उसे पीछे छोड़ने का अच्छा समय है। आपको किसी चीज़ को यह अनुमति नहीं देनी है कि वह आपको रोक सके। आप उससे बेहतर हैं! इसके अलावा, आप उससे बेहतर के हक़दार हैं।

- आपके और किसी दूसरे सफल व्यक्ति के बीच एकमात्र फ़र्क़, जो पहले ही वहाँ पहुँच चुका है, बस उस समय का है, जो इसे करने में लगता है। तो समय क्यों न लगाएँ? इस दिशा में जाएँ! आपको कोई चीज़ नहीं रोक रही है। आपको तो बस खुद पर विश्वास भर करना है, अभी, आज ही... और कभी भी, खुद पर विश्वास करना न छोड़ें।

- जब भी कोई पुराना डर लौटकर आने की कोशिश करे, तो उसे बता दें कि उसका समय ख़त्म हो चुका है। अब आप नियंत्रण में हैं। आप अधिकार का इस्तेमाल कर रहे हैं। आप अपने भविष्य को खुद चुन रहे हैं और आप इसके बारे में कुछ कर रहे हैं।
- आप जानते हैं कि डर और झिझक कुछ नहीं हैं, सिर्फ़ यह भूलना है कि आप दरअसल कौन हैं, आप दरअसल क्या कर सकते हैं। इसलिए आगे बढ़ जाएँ। आप डर के पार निकल सकते हैं, बशर्ते आप खुद को सच्चाई याद दिला दें।
- अगर आप अपने जीवन में स्वतंत्रता पाना चाहें, तो आप कर लेंगे।
- अगर आप आर्थिक दृष्टि से स्वतंत्र और सुरक्षित होना चाहें, तो आप हो सकते हैं।
- अगर आप आत्मनिर्भरता पाना चाहते हों, अपने अधिकार का इस्तेमाल करना चाहते हों और अपने लिए चुनाव करने की स्वतंत्रता चाहते हों, तो आपको यह मिल सकती है।
- अगर आप संसार में सबसे अच्छे, सबसे दयालु, सबसे परवाह करने वाले और सबसे प्रेमपूर्ण पति या पत्नी बनना चाहते हों, तो आप बन सकते हैं।
- अगर आप उस तरह के अभिभावक बनना चाहते हैं, जो विकसित करता है, शिक्षा देता है, प्रेरित करता है, और नेतृत्व करता है और मेरे पास परिवार में यह सब करने का समय रहता है, तो आप कर सकते हैं।
- अगर आप अपने विश्वास को मज़बूत बनाना चाहते हैं, अपने आदर्शों के अनुरूप जीना चाहते हैं और अपने विश्वास तथा आदर्श दूसरों को बताना चाहते हैं, तो आप ऐसा कर लेंगे।
- अगर आप सीखना, विस्तार करना, अपने क्षितिजों को व्यापक करना, अपने ज्ञान को बढ़ाना और अपने मस्तिष्क, अपने जीवन तथा अपने भविष्य को बेहतर बनाना चाहते हैं, तो आपको तो बस चुनाव करना है।
- अगर आप एक ऐसा जीवन जीना चाहते हैं, जो महत्त्व और सार्थकता से भरा हो, तो आप निश्चित रूप से ऐसा कर सकते हैं।
- आपको तो बस अपने असली स्वरूप में रहना है। आपमें वह हर चीज़ है, जिसकी ज़रूरत है।
- आपके पास इच्छा, प्रेरणा, महत्त्वाकांक्षा और स्वप्न है।

- आपके पास इसे घटित करने के लिए अवसर, औज़ार और समय है।
- आपको जो भी जानने की ज़रूरत है, वह हर चीज़ जानने की बुद्धिमत्ता आपके पास है और जो आप जानते हैं, उसे कर्म में बदलने की भी।
- आप कभी एक पल के लिए भी डर या झिझक को अपनी राह में आड़े नहीं आने देते हैं। क्यों? क्योंकि आप एक विजेता हैं!
- आप सफल होने के लिए पैदा हुए थे। आपमें योग्यता, नज़रिया, सहनशक्ति और विश्वास है।
- आपके पास जो पहले से ही है, उसमें अपने आस-पास के लोगों के एक समूह को जोड़ लें - चैम्पियनों का एक अविश्वसनीय नेटवर्क बना लें - जो आपकी सहायता करने के लिए वहाँ हैं, तो आप एक दिन आसमान में चमकते डायमंडों में से एक बन जाएँगे!

अब यह संदेश ख़ुद को दें

जब आपके जीवन में चीज़ें सही नहीं हो रही हों या जब कोई पुराना डर या शंका लौटकर आ रही हो, तब अगर मैं आपसे हर दिन कुछ मिनट के लिए भी बात कर सकता या अगर हम एक-दो पल के लिए बैठ सकते, तो मेरे ख़्याल से मैं आपको पूरी तरह विश्वास दिला सकता था कि आप दरअसल कितने अच्छे हैं।

तो हाल-फ़िलहाल, यह काम आप ख़ुद ही करें और देखें कि कैसा महसूस होता है।

इन शब्दों को दोबारा पढ़ें। लेकिन इस बार, यदि संभव हो तो उन्हें ज़ोर से पढ़ें - या कम से कम, उन्हें बहुत शक्ति के साथ पढ़ें; आप जो कहते हैं, उस बारे में चेतन रूप से जागरूक बनें। इस बार, *आपके बारे में सच्चाई आपको बताई जाएगी - आप ही के द्वारा।* ख़ुद को यह नीचे दिया संदेश पढ़कर सुनाएँ! सत्य का आनंद लें। यह आप हैं :

मैं यह कर सकता हूँ। मुझे इंतज़ार करने की ज़रूरत नहीं है। मुझे झिझकने की ज़रूरत नहीं है। मुझे किसी चीज़ में टालमटोल करने की ज़रूरत नहीं है। मेरे लिए कर्म करने और आगे बढ़ने के लिए इससे बेहतर समय कभी नहीं रहा।

अगर पहले कभी मेरे मन में कोई डर रहा हो, तो यह उसे पीछे छोड़ने का अच्छा समय है। मुझे किसी चीज़ को यह अनुमति नहीं देनी है कि वह मुझे रोक सके।

मैं उससे बेहतर हूँ! इसके अलावा, मैं उससे बेहतर का हक़दार हूँ।

मेरे और किसी दूसरे सफल व्यक्ति के बीच एकमात्र फ़र्क़, जो पहले ही वहाँ पहुँच चुका है, बस उस समय का है, जो इसे करने में लगता है। तो मैं समय क्यों न लगाऊँ? मैं इस दिशा में जाऊँगा! मुझे कोई चीज़ नहीं रोक रही है। मुझे तो बस ख़ुद पर विश्वास भर करना है, अभी, आज ही... और कभी भी, ख़ुद में विश्वास करना नहीं छोड़ना है।

जब भी कोई पुराना डर लौटकर आने की कोशिश करता है, तो मैं उसे बता देता हूँ कि उसका समय ख़त्म हो चुका है। अब मैं नियंत्रण में हूँ। मैं अधिकार का इस्तेमाल कर रहा हूँ। मैं अपने भविष्य को ख़ुद चुन रहा हूँ और मैं इसके बारे में कुछ कर रहा हूँ।

मैं जानता हूँ कि डर और झिझक कुछ नहीं हैं, सिर्फ़ यह भूलना है कि मैं दरअसल कौन हूँ, मैं दरअसल क्या कर सकता हूँ। इसलिए मैं आगे बढ़ जाता हूँ। मैं ख़ुद को सत्य की याद दिलाता हूँ और अपने डर के पार निकल जाता हूँ।

अगर मैं अपने जीवन में स्वतंत्रता पाना चाहूँ, तो मैं कर सकता हूँ।

अगर मैं आर्थिक दृष्टि से स्वतंत्र और सुरक्षित होना चाहूँ, तो मैं कर लूँगा।

अगर मैं आत्मनिर्भर बनना चाहता हूँ, अपने अधिकार का इस्तेमाल करना चाहता हूँ और अपने लिए चुनाव करने की स्वतंत्रता पाना चाहता हूँ, तो मैं यह पा लूँगा।

अगर मैं संसार में सबसे अच्छा, सबसे दयालु, सबसे परवाह करने वाला और सबसे प्रेमपूर्ण पति या पत्नी बनना चाहूँ, तो मैं बन सकता हूँ।

अगर मैं उस तरह का अभिभावक बनना चाहूँ, जो विकसित करता है, शिक्षा देता है, प्रेरित करता है, और नेतृत्व करता है और मेरे पास परिवार में यह सब करने का समय रहता है, तो मैं कर सकता हूँ।

अगर मैं अपनी आस्था को मज़बूत बनाना चाहता हूँ, अपने आदर्शों के अनुरूप जीना चाहता हूँ और अपने विश्वास तथा आदर्श दूसरों को बताना चाहता हूँ, तो मैं ऐसा कर लूँगा।

अगर मैं सीखना, विस्तार करना, अपने क्षितिजों को व्यापक करना, अपने ज्ञान को बढ़ाना और अपने मस्तिष्क, अपने जीवन तथा अपने भविष्य को बेहतर बनाना चाहता हूँ, तो मुझे तो बस चुनाव करना है।

अगर मैं एक ऐसा जीवन जीना चाहता हूँ, जो महत्त्व और सार्थकता से भरा हो, तो मैं निश्चित रूप से ऐसा कर सकता हूँ।

मुझे तो बस मेरे असली स्वरूप में रहना है। मुझमें वह हर चीज़ है, जिसकी ज़रूरत है।

मेरे पास इच्छा, प्रेरणा, महत्त्वाकांक्षा और स्वप्न है।

मेरे पास इसे घटित करने के लिए अवसर, औज़ार और समय है।

मुझे जो भी जानने की ज़रूरत है, वह हर चीज़ जानने की बुद्धिमत्ता मेरे पास है और जो मैं जानता हूँ, उसे कर्म में बदलने की भी।

मैं कभी एक पल के लिए भी डर या झिझक को अपनी राह में आड़े नहीं आने देता हूँ। क्यों? क्योंकि मैं एक विजेता हूँ!

मैं सफल होने के लिए पैदा हुआ था। मुझमें योग्यता, नज़रिया, सहनशक्ति और विश्वास है।

मेरे पास जो पहले से ही है, उसमें मैं अपने आस-पास लोगों के एक समूह को जोड़ लूँ - चैम्पियनों का एक अविश्वसनीय नेटवर्क बना लूँ - जो मेरी सहायता करने के लिए वहाँ हैं, तो मैं एक दिन आसमान में चमकते डायमंडों में से एक बन जाऊँगा!

क्या अपने जीवन में डरने से इंकार की घोषणा - इस तरह से बताए जाने पर - परिचित लगती है? यह लगनी चाहिए। यह सर्वोच्च श्रेणी की नई सेल्फ़-टॉक है।

सही सेल्फ़-टॉक जब आपको आगे बढ़ाने वाले किसी सकारात्मक लक्ष्य से जुड़ जाती है, तो यह *डर की जगह ले लेती है!* समय के साथ, सही क़िस्म की पर्याप्त सेल्फ़-टॉक उन प्रोग्रामों से *छुटकारा* दिला देगी, जो पहले डर पैदा कर रहे थे।

आगे बढ़ें। अपना लक्ष्य तय करें। निर्णय लें कि आप कहाँ पहुँचना चाहते हैं। और फिर डर के पुराने प्रोग्रामों को बदलना शुरू करें, जो आपको पीछे रोक रहे हैं। अपने डर को दरकिनार कर दें; इसे अंदर आने की अनुमति न दें। विश्वास रखें; प्रार्थना करें; प्लान पर काम करें; और *कभी हार न मानें।* अगर आप अपने लक्ष्य पर ध्यान केंद्रित करते हैं *और आगे बढ़ने* पर ध्यान केंद्रित करते हैं, तो ज़्यादातर डर दूर भाग जाएगा।

"जब आपका सामना किसी ऐसे व्यक्ति के विरोध से हो, जिसे बेहतर जानना चाहिए, तो इस वाक्यांश को याद करें :

'मैं अब अपना जीवन दूसरों की नकारात्मक राय के आधार पर नहीं जीता हूँ।'"

अध्याय - 12

जब आपका परिवार न समझता हो

आइए मान लेते हैं कि अब तक *आपको* विश्वास हो चुका है कि नेटवर्क मार्केटिंग आपके लिए कारगर हो सकती है और ऐमवे ही वह जगह है, जहाँ आप रहना चाहते हैं। लेकिन आप क्या करें, अगर आपकी *घरेलू* टीम उस तरह काम न कर रही हो, जिस तरह इसे करना चाहिए?

यह देखना आसान है कि नेटवर्क मार्केटिंग *टीम सफलता* उत्पन्न करने के लिए बनाई गई है - ख़ासतौर पर, *घर* पर। पति, पत्नी और परिवार की ऐमवे टीमें सफल नेटवर्क मार्केटरों में सबसे ज़्यादा हैं। लेकिन विवाह, या संबंध में, दो लोग हर चीज़ को हमेशा एक ही नज़रिये से नहीं देखते हैं। उनमें से प्रत्येक को जो त्याग करने होते हैं, उन्हें हमेशा समान उत्साह से नहीं किया जाता है।

शायद पति को अपनी शामें और वीकएंड नए "पारिवारिक कारोबार" में लगाने में दिक्क़त न हो, लेकिन अगर उसकी पत्नी सहमत न हो, तो क्या करें? या शायद यह पत्नी है, जो उनके नए कारोबार को ऐसी महत्त्वपूर्ण खोज मानती है, जिसके लिए वह प्रार्थना कर रही थी... लेकिन पति अब भी फ़ोन करने या प्लान दिखाने से ज़्यादा समय टीवी के सामने बैठने में बिताता है।

जब मैं कोई सार्वजनिक व्याख्यान देने के बाद दंपत्तियों से मिलता और बात करता हूँ, तो मैं हमेशा "ऐमवे दंपत्तियों" को पहचान सकता हूँ। उनमें एक ख़ास भाव होता है। लेकिन मैंने प्रायः ग़ौर किया है कि उनमें भी उत्साह हमेशा समान नहीं होता।

कई बार यह पति होता है, जो क़रीब आता है, मुझसे हाथ मिलाने के लिए हाथ बढ़ाता है या साइन करने के लिए पुस्तक थमा देता है, जबकि पत्नी पीछे रुकी रहती है और उसके चेहरे पर ऐसा भाव रहता है, मानो वह अपने पति को दोबारा प्रेरित करने के बजाय समय पर उसे घर पहुँचाने के लिए वहाँ आई हो। या हो सकता है

कि महिला सकारात्मक विद्युत से दमक रही हो और पुरुष के पास अब भी "आगामी सफलता की चमक" नहीं आ पाई हो।

आप इसे मिलकर कारगर कैसे बनाएँ?

टीम के रूप में काम करना विरोध में काम करने से बेहतर होता है। तो आप दोनों जीवनसाथी यह सुनिश्चित कैसे कर सकते हैं कि आप गाड़ी को एक ही दिशा में खींच रहे हैं, विपरीत दिशाओं में नहीं?

एक डायमंड ने मुझे हाल ही में बताया कि उसकी ख़ुद की पत्नी पहले-पहल यक़ीन नहीं करती थी कि वे ऐमवे में कामयाब हो सकते हैं। वह उसके साथ गई थी, प्रस्तुति में बैठी रही थी और यहाँ तक भी सहमत हो गई थी कि इसे आज़माने में कोई जोख़िम नहीं है लेकिन वह तब भी संदेहवादी बनी रही, जब उसके पति ने अकेले ही प्लान पर काम शुरू किया। वह इसके पूरी तरह ख़िलाफ़ नहीं थी, लेकिन बहुत समर्थन भी नहीं करती थी।

"आपने उन्हें विश्वास दिलाने के लिए क्या किया?" मैंने उनसे पूछा। आख़िर, वे अब डायमंड थे। कोई चीज़ बदल गई थी।

"मैं बस इसे करता रहा," पति ने जवाब दिया। "और फिर, कुछ ही समय में यह *कारगर* होने लगा। यह कारगर है, इसका किसी को विश्वास दिलाने के लिए सफलता जैसी कोई चीज़ नहीं है!"

लेकिन हो सकता है कि वह डायमंड कुछ लोगों से ज़्यादा ख़ुशनसीब हो। मैं दूसरे डिस्ट्रिब्यूटरों को जानता हूँ, जो महसूस करते हैं कि वे एक *बहुत मुश्किल* युद्ध लड़ रहे हैं और वे इससे *अकेले* लड़ रहे हैं। उनके लिए, सबसे मुश्किल चीज़ उस व्यक्ति के नकारात्मक नज़रिये से उबरना है, जिसके साथ वे रह रहे हैं।

अगर आपका जीवनसाथी नकारात्मक है या उस तरह महसूस नहीं करता है, जैसा आप करते हैं, तो आप क्या करें? नेटवर्क मार्केटिंग को आपके विवाह को *ज़्यादा शक्तिशाली* बनाना चाहिए, इसे विखंडित नहीं करना चाहिए। अगर आप इसे सही तरीक़े से करते हैं, तो आपका जीवन बदतर नहीं, *बेहतर* बनना चाहिए।

सामने वाले व्यक्ति के प्रोग्राम

पहले तो यह जानने से मदद मिलेगी कि आपकी राय, आपके विचार, आपका नज़रिया और आपके कार्य – यहाँ तक कि आपकी कही बातें भी उन प्रोग्रामों पर आधारित हैं, जो आपको पहले से मिले हैं। यही उस व्यक्ति के बारे में सच है, जिससे

आपका विवाह हुआ है। और *आप* अपनी इच्छा मात्र से किसी व्यक्ति के प्रोग्राम नहीं *बदल* सकते।

अगर आपका कोई निकट व्यक्ति नकारात्मक है, तो दरअसल उस व्यक्ति के प्रोग्राम वही कर रहे हैं, जो करने के लिए उन्हें बनाया गया था - भले ही इसका मतलब नकारात्मक या संकोची या अविश्वासी या कोई दूसरी चीज़ होना हो, जो आपके ख़िलाफ़ काम कर सकती है। अगर आपके ऑफ़िस के कंप्यूटर की प्रोग्रामिंग अकाउंटिंग करने के लिए नहीं हुई है, तो क्या आप गुस्से से पगलाएँगे, जब यह आपकी चेकबुक का मिलान करने से हर बार इंकार करता हो?

लेकिन किसी व्यक्ति के साथ नाराज़ होना असाधारण नहीं है, जिसके *मानसिक* कंप्यूटर की प्रोग्रामिंग वह करने के लिए नहीं हुई है, जो आप *उससे* कराना चाहते हैं - जैसे आपके साथ सहमत होना और मिसाल के तौर पर, एक सुपर नेटवर्क मार्केटिंग पार्टनर बनना।

अगली बार जब आप अपने "पार्टनर" के साथ कोई बहस शुरू करें, तो मन ही मन सोचें, "इस व्यक्ति के मानसिक कंप्यूटर की *प्रोग्रामिंग* किस तरह सोचने के लिए हुई है?" ज़ाहिर है, दूसरे व्यक्ति के प्रोग्रामों के बारे में जागरूक होने से वे बदल नहीं जाएँगे। लेकिन यह निश्चित रूप से कुछ गर्मागर्म बहसों से बचा सकता है। और इससे भी ज़्यादा महत्त्वपूर्ण, आपके पार्टनर के प्रोग्राम आपसे भिन्न हैं, यह जानने से आपको यह समझने में मदद मिलेगी कि उसमें ऐमवे में सफल होने के लिए उतना उत्साह क्यों नहीं है, जितना कि आपमें है। यह उस व्यक्ति की *ग़लती* नहीं है। यह तो उस व्यक्ति के *प्रोग्राम* हैं।

अगर आप सामने वाले के प्रोग्राम बदलने में मदद करना चाहते हों, तो क्या करें?

अगर आपका जीवनसाथी कुछ परिवर्तन करना चाहे (यह उसका निर्णय होना चाहिए), तो आप मदद करने के लिए कुछ चीज़ें कर सकते हैं। आप सामने वाले *के लिए* उसके प्रोग्राम बदल नहीं सकते - लेकिन आप मदद अवश्य कर *सकते* हैं।

पहला क़दम जो आप उठा सकते हैं, वह है अपने घर में सेल्फ़-टॉक को बदलना।

याद रखें, आप जो भी करते हैं, सोचते हैं, कहते हैं या *सुनते* हैं, वह हर चीज़ एक प्रोग्राम है। इसलिए घर पर आपका पार्टनर जो सुनता है, उससे उसके प्रोग्रामों में वृद्धि होती है। इसका मतलब है कि आप जब भी, जो भी कहते हैं, हर चीज़ से फ़र्क़ *पड़ता* है।

क्या आपके शब्द सामने वाले को ऊपर उठा रहे हैं या वे सामने वाले को नीचे घसीट रहे हैं?

क्या आपकी टिप्पणियाँ आमतौर पर सामान्य मार्ग बनाती हैं, जिस पर आप दोनों चल सकते हैं?

क्या आप सचमुच *संवाद* करते हैं या फिर आप सिर्फ़ अपनी राय व्यक्त कर रहे हैं? (आपकी राय महत्त्वपूर्ण है, लेकिन आपकी राय आपके *खुद* के पुराने प्रोग्रामों के प्रिंटआउट से ज़्यादा कुछ नहीं है।)

सुनने से शुरुआत करें... लेकिन वहीं न रुके रहें

अगर आप सेल्फ़-टॉक टेप सुनकर अपने कुछ प्रोग्राम बदल रहे हैं, तो उन टेपों को घर में सुनें, जब आपका जीवनसाथी आस-पास हो। सेल्फ़-टॉक तब सबसे अच्छी तरह काम करती है, जब टेप पृष्ठभूमि में *धीरे-धीरे* बजाए जाते हैं - लगभग ऐसे जैसे आप उन्हें अनजाने में, संयोग से सुन रहे हों। जब तक उन्हें सुना जा सकता हो, आपका मस्तिष्क सुन रहा है - और आपके जीवनसाथी का भी।

तो जब आप उन्हें अपने घर में बजा रहे हैं और अपने *खुद के* सफलता के प्रोग्रामों को बेहतर बना रहे हैं, तो आपके जीवनसाथी के मस्तिष्क में भी सफलता के प्रोग्रामों की प्रोग्रामिंग हो रही होगी।

हालाँकि मैंने अक्सर देखा है कि सुनने से नकारात्मक लोग लगभग चमत्कारी ढंग से बदल जाते हैं, लेकिन मैं वहीं नहीं रुकूँगा। सेल्फ़-टॉक तकनीकों का वृहद प्रोग्राम शुरू करना अच्छी, ठोस दोबारा प्रोग्रामिंग का आधार हो सकता है, लेकिन इसे सकारात्मक नज़रिये और आपके ऐमवे जखीरे के हर प्रेरक औज़ार की सहायता मिलनी चाहिए।

अपने ऐमवे कैसेट निष्ठापूर्वक सुनें! जब आप दोनों आस-पास रहेंगे, तो वे कैसेट आपको प्रशिक्षित और प्रेरित करेंगे, लेकिन वे आपके घर में - और आपके जीवन में भी - सफलता का सकारात्मक माहौल बना देंगे। पुस्तकें पढ़ें, यथासंभव हर मीटिंग में जाएँ और यह सुनिश्चित करें कि आप अपनी जान-पहचान के सबसे सकारात्मक, सबसे सफल लोगों से घिरे रहें। और फिर, यह काम करते रहें और *रुकने से इंकार कर दें।*

आपकी सबसे महत्त्वपूर्ण कार्य योजना : अपने लक्ष्यों को एक साथ लिख लें

जब आप सेल्फ़-टॉक का इस्तेमाल करना शुरू करते हैं और यह सुनिश्चित करते हैं कि आपके पास बिलकुल सही प्रोग्राम हैं, जिनकी ज़रूरत आपको सफल होने के लिए है, तो आप दंपत्ति के रूप में जो सबसे महत्त्वपूर्ण चीज़ कर सकते हैं, वह है अपनी व्यक्तिगत और पेशेवर लक्ष्य योजना लिखना - *मिलकर।* आप इसे काफ़ी ज्ञानवर्धक पा सकते हैं।

रहस्य अपने लक्ष्यों को मिलकर पहचानने के योजना उठाना है। आप संयुक्त लक्ष्य योजना पूरी करने से जो सीखेंगे, उससे आपको इस बारे में बहुत कुछ पता चल जाएगा कि आपको प्रोग्रामों के किन क्षेत्रों पर काम करने की ज़रूरत है - बशर्ते आप मिलकर अपने लक्ष्यों तक पहुँचना चाहते हैं।

कई लोगों ने मुझे बताया है कि एक साधन से उन्हें ख़ासतौर पर मदद मिलती है। यह है "मास्टरिंग युअर गोल्स" नामक सेल्फ़-टॉक टेप। यह लक्ष्य तय करने से संबंधित कोई पारंपरिक टेप नहीं है। यह तो सेल्फ़-टॉक प्रोग्रामों की एक सावधानी से लिखी और रिकॉर्ड की गई स्क्रिप्ट है, जो लक्ष्यों पर ध्यान केंद्रित करने और ज़्यादा चुस्त बनाने में श्रोताओं की हर बार मदद करती है, जब भी वे इसे सुनते हैं।

जब मैं नेटवर्क मार्केटिंग करने वालों को निर्देश दे रहा होता हूँ कि इस ख़ास टेप का इस्तेमाल कैसे करना है, तो मैं हमेशा इस बात पर ज़ोर देता हूँ कि अगर वे विवाहित हैं, तो उन्हें यह टेप *मिलकर* सुनना चाहिए। क्यों? क्योंकि अगर आप अपने लक्ष्य स्पष्ट करने जा रहे हैं, अच्छी सेल्फ़-टॉक से उनका समर्थन करने जा रहे हैं, तो आपको सुनिश्चित कर लेना चाहिए कि आपके लक्ष्य ऐसे हों कि वे *मिलकर* काम करें। जैसा पुरानी कहावत सटीकता से हमें बताती है : इस बारे में सावधान रहें कि आप क्या चाहते हैं - शायद आपको वह मिल जाएगा।

अगर आप मिलकर राह के अंत तक पहुँचना चाहते हैं, तो आपको ऐसे लक्ष्य तय करके शुरू करना होता है, जो सबसे पहले तो आप दोनों को *एक ही राह* पर रखें। अगर आपके लक्ष्य - आपके *अचेतन* लक्ष्य भी - और प्रोग्राम एक दूसरे से मेल नहीं खाते हैं, तो आपके वहाँ एक साथ पहुँचने की संभावनाएँ इसे शुरू करने लायक़ नहीं हैं। लेकिन अगर आप मिलकर काम करने के लिए सहमत हो भी जाएँ, तब भी आपकी सफलता की ज़िम्मेदारी *आप* पर ही होगी।

अंतिम जवाब है : आपकी सफलता आप पर निर्भर होगी

आप बेहतर बनने में अपने जीवनसाथी की मदद कर सकते हैं। लेकिन आप अपने दम पर जीवनसाथी के प्रोग्राम नहीं बदल सकते। अपने जीवनसाथी को प्रोत्साहित करें। आप दरअसल पूरे परिवार के जीवन को बेहतर बनाने की कोशिश कर रहे हैं। साझे लक्ष्यों के बारे में बात करें। यह तस्वीर बनाएँ और बार-बार बनाएँ कि आप कहाँ जा रहे हैं, वहाँ पहुँचने के लिए आप क्या करना चाहते हैं और इस यात्रा के आप दोनों के लिए क्या मायने हो सकते हैं।

अपने जीवनसाथी के सबसे बड़े *प्रेरक* और सबसे बड़े *प्रशंसक* बन जाएँ। दिखाएँ कि उसमें आपको कितना *विश्वास* है। अपने लक्ष्य इकट्ठे बनाएँ, सेल्फ़-टॉक का अभ्यास करें और यह सुनिश्चित करें कि आप दोनों के पास सही प्रोग्राम हों। "दो लोगों की अपनी टीम" को मज़बूत करने और इसे एक साथ कारगर बनाने के लिए वह सब करें, जो आप कर सकते हों।

और फिर जाकर एक बार फिर आईने में *ख़ुद को* देखें। यह अब भी आप पर निर्भर करेगा।

अगर आपको यह वरदान मिला है कि आपके जीवन में ऐसा कोई है, जो इतना समर्थक और "आपके साथ" है कि आपकी सफलता लगभग सुनिश्चित है, तो आपके पास कृतज्ञ होने के लिए बहुत कुछ है। हर रात ईश्वर को धन्यवाद दें और हर दिन अपने संबंध को और ज़्यादा मज़बूत बनाने की मेहनत करें।

अगर आपके जीवन में कोई ऐसा है, जिसे आप अपनी टीम में ज़्यादा लाना चाहेंगे, तो वहाँ भी प्रार्थना मदद कर सकती है, लेकिन अगर आप सफल होना चाहते हैं, तो आपको छोड़ने या हार मानने से इंकार करना होगा।

यहाँ मुद्दे की बात यह है कि आपको इस बारे में बहुत जागरूक हो जाना चाहिए कि आपका लक्ष्य आपके लिए कितना महत्त्वपूर्ण है। किसी दूसरे की नकारात्मक राय कभी भी छोड़ने का अच्छा कारण नहीं होती। जब आपका सामना किसी ऐसे व्यक्ति के विरोध से हो, जिसे बेहतर जानना चाहिए, तो सेल्फ़-टॉक के वाक्यांश को याद रखें, *"मैं अपना जीवन दूसरों की नकारात्मक राय के आधार पर नहीं जीता हूँ।"* हो सकता है कि इससे सामने वाले की *राय* न बदले, लेकिन वे आपके *कामों* को भी नहीं बदल पाएँगे।

जब आप अपने जीवन में सामने वाले व्यक्ति (या व्यक्तियों) को प्रोत्साहित करने के लिए *हर संभव चीज़ कर दें*, इसके बावजूद अगर वे अपने उज्ज्वल भविष्य

का प्रकाश न देख पाएँ, तब भी आपको *ख़ुद पर* ही निर्भर रहना होगा - ताकि आप वहाँ पहुँच जाएँ। इस दौरान, नीचे दिए खंड से मदद मिलनी चाहिए, ताकि उन्हें यह तस्वीर दिख जाए कि आप क्या करने की कोशिश कर रहे हैं।

अपने जीवन के बहुत ख़ास "पार्टनर" के लिए एक महत्त्वपूर्ण संदेश

अगर आपके जीवन में ऐसा कोई है, जिसकी आप परवाह करते हैं, लेकिन जो आपके सपने से इत्तफ़ाक नहीं रखता है, तो आप - या कोई भी - ऐसा क्या कह सकता है, जिससे मदद मिलेगी? ऐसा क्या कहा जा सकता है, ताकि वह व्यक्ति उस सपने को देख ले, जो आप देखते हैं या उस रोमांच को महसूस कर ले, जिसे आप महसूस करते हैं?

मैं जानता हूँ कि आप अपनी सबसे बड़ी आशाएँ किसी दूसरे तक स्वचालित रूप से नहीं पहुँचा सकते। लेकिन अगर आपने ऐमवे को अपने व्यक्तिगत विकास और अपनी सफलता का एक मुख्य हिस्सा बनाया है, तो मेरे पास एक संदेश है, जो मैं उन लोगों को देना चाहूँगा जो आपके लिए महत्त्वपूर्ण हैं।

हो सकता है कि वे इस पूरी पुस्तक को पढ़ने का चुनाव न करें। दरअसल, हम यहाँ उन लोगों के बारे में बात कर रहे हैं, जिन्हें इस वक़्त ऐमवे पर उतना विश्वास नहीं है, जितना कि आपको है। वे यह भी सोच सकते हैं कि आप मूर्ख हैं, दिवास्वप्न देख रहे हैं या अपना समय बर्बाद कर रहे हैं। इसलिए इन लोगों से यह आग्रह न करें कि वे इस पुस्तक में लिखी हर चीज़ पढ़ें। इसके बजाय आप उन्हें आगे आने वाले कुछ महत्त्वपूर्ण पेज भर पढ़वा दें।

जिस व्यक्ति के बारे में आप सोच रहे हैं, वह आपकी पत्नी हो सकती है या पति हो सकता है। या यह आपके परिवार में कोई दूसरा हो सकता है। वह व्यक्ति - या वे ख़ास लोग - जो भी हों, नीचे दिया संदेश उन्हीं के लिए लिखा गया है :

डॉ. शैड हेल्मसटेटर का खुला पत्र ऐमवे परिवारों के नाम

अगर आपके किसी करीबी व्यक्ति ने आपसे यह पढ़ने का आग्रह किया है, तो मैं चाहता हूँ, आप यह जान लें कि मैंने इसका सुझाव दिया था, क्योंकि मेरे ख़्याल से इससे मदद मिल सकती है।

शुरुआत में, आप एक बहुत महत्त्वपूर्ण व्यक्ति हैं। आप जो सोचते हैं,

वह मायने रखता है। आप जो करते हैं, वह *महत्त्वपूर्ण है।* आप जो चाहते हैं, उससे *फ़र्क़ पड़ता है।*

अगर आप एक पत्नी हैं, तो आपका पति स्पष्ट रूप से आपकी परवाह करता है और वह हर उस चीज़ की परवाह करता है, जो *आप* सोचती हैं। और चूँकि आप मायने रखती हैं, इसलिए आपको यह जान लेना चाहिए कि आप उसके लक्ष्यों के बारे में कैसा महसूस करती हैं, वह बहुत मायने रखता है।

अगर आप पति हैं, तो आप अपनी पत्नी के विचारों और दिशानिर्देशों के बारे में जो सोचते हैं, उसका इस बात पर प्रबल प्रभाव पड़ता है कि आपकी पत्नी कितना अच्छा करती है – ख़ासतौर पर अगर वह ऐमवे में अपनी सफलता पाना चाहती है और आशा करती है कि आप भी *अपनी* सफलता वहीं पाएँ।

यदि आप परिवार के सदस्य हैं या किसी व्यक्ति के करीब हैं, जो चाहता है कि आप उसमें विश्वास करें, जो वह ऐमवे में करना चाहता है, तो आपको कुछ चीज़ें पता होनी चाहिए।

मैं आपको कुछ चीज़ें बताने जा रहा हूँ, जिनमें आप यकीन कर सकते हैं, क्योंकि आप ही की तरह मैं भी एक बाहरी व्यक्ति हूँ, जो अंदर झाँक रहा है। चूँकि मैं अध्ययन करता हूँ, शोध करता हूँ और उन लोगों के बारे में लिखता हूँ, जो सफल होने का तरीका सीखते हैं, इसलिए मैं अपने शोध किए हुए किसी भी समूह के बारे में ईमानदारी से बोल सकता हूँ।

मैं कई सालों से लोगों के बारे में अध्ययन कर रहा हूँ और लिख रहा हूँ। मैंने बहुत पहले पहचानना सीख लिया था कि लोगों और विचारों में फ़र्क़ होता है। कुछ "वास्तविक" होते हैं और उन पर भरोसा किया जा सकता है। बाकी ऐसे होते हैं, जिन पर आप भरोसा नहीं कर सकते।

यह उन समयों में से एक है, जब मैं आपसे विश्वास करने को कहूँगा। अपने पति या अपनी पत्नी या उस ख़ास मित्र या परिवार के सदस्य पर भरोसा करें, जो चाहता है कि आप ऐमवे के बहुत असली स्वप्न का हिस्सा बनें। वे आपसे चमत्कारों या असंभव चीज़ों पर विश्वास करने को नहीं कह रहे हैं। वे तो आपसे उनके भविष्य... और *आपके* भविष्य में यकीन करने को कह रहे हैं।

आपकी और मेरी तरह, वे बस कुछ *ख़ास* बनने का मौका चाहते हैं, चीज़ों को *सही* तरीके से करने का, असली, स्थायी सफलता हासिल करने का मौका चाहते हैं। वे एक घर, एक परिवार और एक भविष्य पाना चाहते हैं, जो सफल हो। कोई ऐसा सुझाव क्यों देना चाहेगा कि उन्हें इससे कमतर कुछ करना चाहिए?

लेकिन इस व्यक्ति, सपने वाले व्यक्ति, को *आपकी सहायता की ज़रूरत है।* और आप *इसके बाद जो करते हैं, वह आगे होने वाली* चीज़ों को बदल सकता है।

आप सपने पर सवाल कर सकते हैं और कह सकते हैं कि यह काम नहीं कर सकता। लेकिन इतने सारे लोगों ने इसे कारगर बना लिया है कि इस पर दरअसल संदेह नहीं किया जा सकता।

आप कह सकते हैं कि यह एक इंसान जिसे इस वक़्त आपकी मदद की ज़रूरत है, उसके पास सारी आवश्यक योग्यताएँ नहीं हैं। लेकिन बहुत से दूसरे लोगों ने कहीं कम शक्तियों और इससे भी कम संकल्प के साथ यह काम *पहले ही* कर दिखाया है।

आप कह सकते हैं कि ऐमवे केवल एक सपना है, एक विचार है, सफलता की एक असंभव तस्वीर है, जिसमें संभवतः आप शामिल नहीं हो सकते। लेकिन इस सपने ने हज़ारों लोगों के जीवन का कायाकल्प निराशाजनक दोयमता से जीवन बदलने वाले अंतहीन अवसरों तक किया है। और इसमें आप शामिल हो सकते हैं। यदि आप उस सपने का समर्थन करते हैं, तो आपको पता चल सकता है कि यह *दरअसल सपना नहीं है।* यह तो आप हैं, आपका परिवार है और आपका भविष्य है।

आपके जीवन में एक बहुत महत्त्वपूर्ण व्यक्ति है, जो चाहेगा कि आप उस टीम का हिस्सा बनें, जो आपके जीवन को बेहतर बनाए – इतना बेहतर कि अधिकतर लोग इसकी कभी कल्पना भी नहीं कर सकते। आप और आपके प्रिय लोग बेहतर जीवन जी रहे हैं – यह तस्वीर *वास्तविक* है। इसे आप जैसे बहुत सारे लोग जी रहे हैं – इसी समय। उन्होंने तो बस इतना किया था कि वे सफल होने के लिए सहमत हुए थे। उनके सामने मौजूद उस अविश्वसनीय भविष्य के प्रति *"नहीं"* कहने के बजाय उन्होंने बस *"हाँ"* कह दिया था।

इसका यह मतलब नहीं है कि एक बार जब आप *"हाँ"* कह देते हैं, तो उसके बाद हर चीज़ मुफ़्त होगी। किसी को भी यह नहीं चाहना चाहिए या इसकी उम्मीद नहीं रखनी चाहिए। लेकिन जिस पल आप उस भविष्य के लिए काम करने का समर्पण करते हैं – आइए हम इसे "ऐमवे भविष्य" कहते हैं – उसी पल आपका भविष्य बदल जाएगा।

ऐमवे और इसके असाधारण लोगों का अध्ययन करने के बाद मुझे यकीन है कि अगर आप उन आसान योजना पर चलते हैं, जिन्हें आपसे पहले दूसरे लोग इतनी अच्छी तरह सही साबित कर चुके हैं, अगर आप बस यही करते हैं – और *इसे करते रहते हैं* – तो आपका खुद का भविष्य बदल

जाएगा। आपका भविष्य अंत में इतना ज़्यादा सुरक्षित, आर्थिक रूप से ज़्यादा सुरक्षित, प्रगतिशील, नियंत्रण में, रोमांचक और पुरस्कारदायक होगा, जितनी कि आपने कभी कल्पना भी नहीं की थी।

अब एक पल के लिए मैं आपसे कहता हूँ कि आप इसके *विपरीत* पहलू पर विचार करें :

मैंने अभी-अभी आपके सामने जिन सपनों का वर्णन किया है, अगर उनमें से *कोई* सपना कभी साकार *नहीं* हो पाए, तो क्या होगा? आखिर, आपके पास जीवन में अपनी मनचाही दिशा को चुनने का अधिकार *है।* आप सहमत हो सकते हैं, असहमत हो सकते हैं, समर्थन दे सकते हैं और जीवन दे सकते हैं या अपना समर्थन रोककर उस भविष्य को दूर पहुँचा सकते हैं।

एक या दो लोग मिलकर अपनी संभावना की सर्वोच्च सीमाओं तक पहुँच सकते हैं, इस विश्वास के बिना संसार की कल्पना करके तो देखें। एक पल के लिए ही सही, उस पति को देखें, जो सफलता हासिल करने के लिए इतना व्याकुल है। यदि आप उसे लक्ष्य करते हुए नहीं देखती हैं, उसका हाथ थामकर सच्ची सफलता तक नहीं पहुँचाती हैं, उसे दिन, कुछ शामों और कुछ वीकएंड में वह करते नहीं देखती हैं, जो उसके जीवन को कारगर बनाने के लिए ज़रूरी है, तो आइए इसकी विपरीत तस्वीर पर नज़र डालते हैं।

आइए मान लेते हैं कि वह ऐमवे के साथ *नहीं* रुकता है। वह हताश है या आप या किसी दूसरे ने उसे विश्वास दिला दिया है कि वह उस सपने तक नहीं पहुँच सकता, जो ऐमवे उसके भविष्य के लिए दिखाता है।

ऐसा करके आप या कोई दूसरा सफलतापूर्वक उसके भविष्य को उसके अतीत की लगातार पुनरावृत्ति तक सीमित कर देता है, जो कारगर नहीं है। समय के साथ वह अविश्वसनीय भविष्य, जो उसका – और आपका – हो सकता था, अब सच्चा भविष्य नहीं रह जाएगा। समय के साथ वह सपना, वह रोमांचक संभावना, वह भविष्य, आसमान में चमकने वाले किसी धूमकेतु की तरह बुझ जाता है। और आख़िरकार, क्योंकि *किसी ने मदद नहीं की* – क्योंकि किसी ने *यकीन* नहीं किया – प्रकाश की चमक, विश्वास की आग भी, बुझ जाती है।

सपने के बिना, लक्ष्य के बिना, अविश्वसनीय, अद्भुत स्वप्नदृष्टा – सफल व्यक्ति – बदल जाता है। आपके विश्वास के बिना, आपके भरोसे के बिना, वह एक बार फिर उसी हाल में लौट जाता है, जिसमें वह उस सपने को देखने से *पहले* था।

सपने के बिना इंसान ऐसा व्यक्ति बन जाता है, जो घर पर अंतहीन शामें

बिताता है, टीवी सेट के सामने बैठा रहता है, टीवी उसी तरह देखता है, जिस तरह वह जीवन में चलता है – एक चैनल से दूसरे चैनल और तीसरे चैनल को बदलता रहता है, उम्मीद करता है कि कहीं कोई बेहतर चीज़ आएगी, हालाँकि उसे पता होता है कि कोई चीज़ कभी नहीं आएगी।

यह एक ऐसी तस्वीर है, जिसे आप कभी नहीं चाहेंगी – लेकिन *इसे इस तरह होने की ज़रूरत नहीं है।* आप उस सपने को ज़िंदा रखने में मदद कर सकती हैं।

अगर आप अपने जीवनसाथी की परवाह करती हैं, जो आपके जीवन को बेहतर बनाने की कोशिश कर रहा है, तो तीन चीज़ें हैं, जो आप कर सकती हैं और आपको करनी चाहिए, जिनसे आपकी उम्मीद से भी ज़्यादा मदद मिलेगी।

तीन चीज़ें जो आप इसी समय कर सकती हैं, वे हैं :

उस व्यक्ति को *शक्ति* दें, जो सफल होने की कोशिश करता है।

उस व्यक्ति को *विश्वास* दें, जो उसके सपनों को जीवन देता है।

उस व्यक्ति को *साहस* दें, जो परिवर्तन करने का जोखिम लेता है।

आप इसके बाद क्या करेंगे, उससे फ़र्क़ पड़ेगा।

कुछ सहायक क़दम, जो आप इसी समय उठा सकते हैं

कई साल पहले की बात है। मेरे दो छोटे बेटे अपनी माँ और मेरे साथ बातचीत कर रहे थे कि उन्हें अपने जीवन में क्या करना चाहिए। मुझे विश्वास है कि मैंने उनकी माँ को चकित और शायद बेटों को आनंदित कर दिया था, जब मैंने उन्हें यह सलाह दी कि एक दिन *"बंदरगाह छोड़कर जाने वाले अगले जहाज़ पर चढ़ जाओ, समुद्रों की सैर करो और अपने जीवन को एक महान रोमांच बनाओ!"*

आज उस बात को कई साल गुज़र चुके हैं। दोनों छोटे लड़के अब युवा हो गए हैं। उनमें से एक एंडीज़ में माचू पिक्चू की सबसे ऊँचे शिखरों पर चढ़ चुका है; दूसरा कंप्यूटर टेक्नोलॉजी में शिखर पर पहुँच चुका है। दोनों में से किसी को भी इस मेहनत – या उम्मीद से कोई दिक्क़त नहीं हुई। वे दोनों ही असाधारण इंसान हैं। बहरहाल, मैं यह सोचने से नफ़रत करता हूँ कि वे क्या करते, अगर वे दोनों बस घर पर रुके रहकर टेलीविज़न देखते।

अगर आपके जीवन में कोई व्यक्ति है जो बेहतर बनना चाहता है – हासिल

करना, ज़्यादा सफल बनना चाहता है - तो मैं आपको प्रोत्साहित करता हूँ कि आप उसकी मदद करने के लिए हर चीज़ करें, जो आप कर सकते हों। दूसरी ओर, अगर आप उन लोगों में से एक हैं, जो किसी दूसरे का समर्थन पाना चाहेंगे, ताकि वह आपके आकाश के ज़्यादा तारों तक पहुँचने में आपकी मदद करे, तो मैं आपको प्रोत्साहित करता हूँ कि आप उस व्यक्ति का समर्थन माँगे।

आप माँगकर, चाहकर या आग्रह करके सामने वाले के *प्रोग्राम* नहीं बदल सकते। लेकिन अगर आप इसे सावधानीपूर्वक करते हैं, तो कुछ समय तक आप अपना मनचाहा *समर्थन* यह साबित करने के लिए पा सकते हैं कि ऐमवे आप दोनों के लिए कितनी अच्छी तरह काम कर सकता है।

यहाँ पर कुछ उद्देश्य और कार्य योजना दिए जा रहे हैं, जो आपको अभी शुरू करा सकते हैं।

उद्देश्य #1 : एक "टीम" बनाना।

आपको यहाँ शुरू करना चाहिए, भले ही यह टीम बस दो लोगों की है - आप और आपकी पत्नी या पति, या आपके जीवन में महत्त्वपूर्ण दूसरा व्यक्ति।

उद्देश्य #2 : यह सुनिश्चित करना कि आप दोनों (या सभी) के पास काम करने के लिए सही प्रोग्राम हैं।

अभी हाल उन सभी प्रोग्रामों से मुक्ति पाने का एक धुआँधार अभियान छेड़ दें, जो आपको पीछे रोक रहे हैं और उन प्रोग्रामों को बनाना शुरू करें, जो अंततः आपकी नई सफलता उत्पन्न करेंगे।

कार्य योजना #1

यदि ऐसा कोई है, जिसे आप सफलता के मार्ग पर अपने साथ शामिल करना चाहते हैं, तो उससे कहें कि वह उस खुले पत्र को पढ़े, जिसे मैंने ऊपर शामिल किया है।

कार्य योजना #2

जब वह व्यक्ति शब्दों को पढ़ चुके और विचारों पर सोच ले, तो आप दोनों को निम्न पर बातचीत करनी चाहिए :

क. एक टीम बनना और यह काम मिलकर करना।

ख. आपमें से प्रत्येक क्या हासिल करना चाहता है।

ग. आपमें से प्रत्येक लक्ष्य तक पहुँचने के लिए क्या करने के लिए तैयार है।

घ. तुरंत उस तरह के प्रोग्राम बनाने में जुटना, जो - मिलकर - सफल होने में आपकी मदद करेंगे।

आपके पास सफलता हासिल करने का अधिकार है

अगर अतीत में आपके पास वह सारा समर्थन नहीं रहा, जो आप यह सुनिश्चित करने के लिए पसंद करते कि ऐमवे व्यवसाय आपके लिए कारगर हो, तो मैं आपको प्रोत्साहित करता हूँ कि आप उम्मीद न छोड़ें। आप अभी शुरुआत कर रहे हैं।

साहस रखें। आस्था रखें। अपने दृढ़ निश्चय पर विश्वास करें। अपने आस-पास के संसार के सामने साबित कर दें - ख़ासतौर पर उन लोगों के सामने, जिनकी आप सबसे ज़्यादा परवाह करते हैं - कि अपने भविष्य पर *आपका* पूरा नियंत्रण है। रुकें नहीं। इसे न छोड़ें। *किसी को भी आपको* राज़ी न कराने दें कि आप अपने लक्ष्य तक नहीं पहुँच सकते।

याद रखें, आप ख़ास *हैं!* आप सफल होने के हक़दार हैं। आपके अलावा कोई दूसरा *आप* कभी नहीं होगा। कोई भी आपके *लिए* सोच नहीं सकता या सपने नहीं देख सकता। आपके पास अपने जीवन में *सफलता हासिल* करने का अधिकार है - और कोई भी कभी यह अधिकार आपसे नहीं छीन सकता। आप *असली* सफलता की ओर जा रहे हैं - और कोई भी उस लक्ष्य को आपसे नहीं छीन सकता।

अगर आप चाहते हैं कि आपकी पत्नी या आपका पति या परिवार का कोई सदस्य या आपका सबसे अच्छा मित्र आपके साथ जुड़े, लेकिन उन्हें अभी तक तस्वीर पूरी तरह समझ नहीं आई है, तो इस बारे में ज़रूरत से ज़्यादा चिंता न करें।

प्लान पेश करें, यह चित्र दिखाएँ कि आप - और वे - क्या कर सकते हैं और *मैदान कभी न छोड़ें।*

अंततः हर व्यक्ति आपसे साथ सहमत हो जाएगा कि जब आप ऐमवे में शामिल हुए थे, तो आपने सही चीज़ की थी।

एक दिन जल्दी ही, जब आप आश्चर्यजनक रूप से सफल होंगे और अपने जाड़े कहीं किसी टापू पर धूप सेंक रहे होंगे, तो आपके सबसे ज़्यादा हताश करने वाले साथी और परिचित भी आपकी सफलता में आपका साथ देकर खुश होंगे।

मान लें, कोई "मेरी क्रिसमस" कहने के लिए आपको फ़ोन करता है। अगर उस वक़्त आप किसी कैरिबियाई टापू पर सैर कर रहे होते हैं, तो उनके लिए आपको यह बताना बहुत मुश्किल होता है कि आपका सपना कारगर नहीं रहा।

"आत्म-ग़ौरव का अर्थ 'आत्म-प्रेम,' झूठा अहंकार या घमंडी अहं नहीं होता है।

आत्म-ग़ौरव का अर्थ होता है ख़ुद की पूरी तस्वीर - और हर उस चीज़ की, जो आप अपने बारे में सच मानते हैं।"

अध्याय - 13

आत्म-ग़ौरव को ज़्यादा शक्तिशाली बनाना

आपकी अपने बारे में क्या राय है? अगर आप ऐमवे व्यवसाय में (या देखा जाए, तो *किसी भी* सार्थक चीज़ में) सफल होना चाहते हैं, तो आपके पास एक अच्छा, स्वस्थ आत्म-ग़ौरव होना चाहिए। और अब हम जान चुके हैं कि अगर यह आपके पास पहले से ही नहीं है, तो आप इसे *हासिल कर सकते हैं।*

आप इस बारे में सचमुच क्या सोचते हैं कि आप कौन हैं और क्या कर रहे हैं? अगर आप अपनी और अपने काम की सबसे अच्छी, सच्ची तस्वीर देख सकें, तो वह कैसी दिखेगी? आपकी आस्था कैसी है? आपका विश्वास कैसा है? क्या आप सफलता के लिए निर्धारित हैं?

बेहतर "आत्म-ग़ौरव" होने के विचार को अक्सर ग़लत समझा जाता है। आदर्श रूप में, आत्म-ग़ौरव का मतलब आत्म-प्रेम, झूठा गर्व या घमंडी अहं नहीं होता। वास्तव में, इसका सच्चा मतलब इसके विपरीत है। "आत्म-ग़ौरव" का दरअसल मतलब है आपकी अपने बारे में तथा आप कौन हैं, इस बारे में पूर्ण, संयुक्त तस्वीर। आपका आत्म-ग़ौरव खुद के बारे में आपके *विश्वासों का चित्र* है।

खुद के बारे में आपका "चित्र" दो कारणों से महत्त्वपूर्ण है :

1. **आपका आत्म-ग़ौरव हमेशा उन प्रोग्रामों का परिणाम होता है, जो इस वक़्त आपके अपने स्व के बारे में हैं।**

2. **आपका प्रोग्राम किया हुआ आत्म-ग़ौरव हमेशा तय करता है कि अंततः आपके अपने बारे में क्या विश्वास होंगे। आपके अपने बारे में विश्वास ही अचेतन रूप से हमेशा यह तय करते हैं कि आप क्या करते हैं।**

अगर आपके व्यक्तिगत - और व्यावसायिक - आत्म-ग़ौरव प्रोग्राम आपको इस बारे में सबसे अच्छी तस्वीरें नहीं दे रहे हैं कि आप *दरअसल कौन हैं* और आप *दरअसल क्या हासिल कर सकते हैं*, तो ये प्रोग्राम आपको पीछे रोककर रखेंगे। हम लगभग हमेशा अपने आत्म-ग़ौरव की सीमाओं तक ऊपर उठते हैं। यदि वह सीमा नीची है, यानि अगर आपकी खुद के बारे में तस्वीर सर्वश्रेष्ठ से कमतर है, तो आप उतना ही हासिल कर सकते हैं।

इसी तरह आपके जो आंतरिक आत्म-ग़ौरव प्रोग्राम यह बताते हैं कि आप नेटवर्क मार्केटिंग और ख़ासतौर पर ऐमवे के बारे में क्या सोचते हैं तथा कैसा महसूस करते हैं, वही उन अधिकतर चयनों को तय करते हैं, जो आप अपने कारोबार में चुनते हैं। आपके पास इस बारे में प्रोग्राम हैं और वे प्रोग्राम बहुत वास्तविक हैं।

परिणाम यह है, आपके पास आत्म-ग़ौरव का एक व्यक्तिगत एहसास है और आपके पास एक व्यावसायिक या *नेटवर्किंग* आत्म-ग़ौरव है।

अपने आस-पास के लोगों के *"नेटवर्किंग आत्म-ग़ौरव"* को देखें

अपने आस-पास के नेटवर्क सहयोगियों को देखें और आपको दिख जाएगा कि यह सच है।

आपके कुछ मित्रों के पास आत्म-स्वीकृति और स्व-विश्वास का बहुत अविश्वसनीय, आंतरिक एहसास होता है। वे हमेशा प्रेरित नज़र आते हैं। वे कड़ी मेहनत करते हैं, उनके पास एक लक्ष्य होता है, वे प्लान पर चलते हैं, वे लगभग हमेशा आशावादी होते हैं, वे दूसरों की मदद करते हैं, उन्हें प्रोत्साहित करते हैं और वे रुकने से इंकार कर देते हैं।

इस तरह का नज़रिया अंधी स्वीकृति से पैदा नहीं होता है। इस तरह का सकारात्मक स्व-विश्वास आत्म-ग़ौरव के कुछ बहुत शक्तिशाली प्रोग्रामों से आता है - *व्यक्तिगत* आत्म-ग़ौरव और *नेटवर्किंग* आत्म-ग़ौरव दोनों के प्रोग्रामों से।

अब उन दूसरी तरह के लोगों को देखें, जिन्हें आप जानते हैं। वे आपके संगठन में भी हो सकते हैं, लेकिन ये लोग *दूसरी* तरह के हैं - उस तरह के जो हार रहे हैं। वे वही हैं, जो लगभग हर चीज़ में "उदासीन" हैं। वे नकारात्मक हैं; उनमें कोई उत्साह नहीं है और वे अपनी खुद की सफलता में विश्वास नहीं करते हैं।

यह दरअसल उनका दोष नहीं है - यह तो उनका *आत्म-ग़ौरव* है। उनका व्यवसाय पर कोई विश्वास नहीं है, क्योंकि उनका *खुद* पर कोई विश्वास नहीं है।

उनका खुद का कमज़ोर आत्म-ग़ौरव असफलता से भरा भविष्य उत्पन्न कर रहा है और वे यह भी नहीं समझ पाते हैं कि उनके साथ क्या हो रहा है।

हमने सीखा है कि सारा आत्म-ग़ौरव "हासिल" किया जाता है या उसकी छाप छोड़ी जाती है - सरल भाषा में, यह *सीखा* जाता है। आपका आत्म-ग़ौरव आपके मस्तिष्क में छाप या न्यूरोलॉजिकल "रिकॉर्डिंग" की अनंत श्रृंखला के रूप में रिकॉर्ड होता है। परत दर परत, रिकॉर्डिंग दर रिकॉर्डिंग, आपके बारे में आपके विश्वास बनते हैं।

मस्तिष्क की भीतर की यह प्रक्रिया रासायनिक होती है और यह जटिल होती है। लेकिन इस प्रक्रिया को सरल बनाने के लिए, जैसा हमने पहले कहा था, बस यह ध्यान रखें कि आपको जो भी संदेश मिलता है, वह हर संदेश रासायनिक मार्गों - मस्तिष्क के न्यूरॉन हाईवे - में रिकॉर्ड होता है।

अगर आप नए प्रोग्राम बनाते हैं - तो आप नया आत्म-ग़ौरव बनाते हैं

आपके लिए हाल-फ़िलहाल इसका मतलब है कि आपने अपने बारे में कभी जो भी सुना, सोचा, कहा या यक़ीन किया था, वह आपके मस्तिष्क के न्यूरल मार्गों में रिकॉर्ड है। इसी तरह आपने नेटवर्क मार्केटिंग - और ऐमवे - के बारे में जिस भी चीज़ पर यक़ीन किया था, वह भी आपके मस्तिष्क के *न्यूरल मार्गों में रिकॉर्ड* है। ये रिकॉर्डिंग जो भी हों - अगर आपने इन *संदेशों* को बदलने के लिए कुछ न किया हो, तो *ये प्रोग्राम की हुई "रिकॉर्डिंग" अब भी वहीं हैं।*

तो जब मैं आपकी मदद करने के लिए नए संदेशों - नए प्रोग्रामों - की एक टीम बनाने के लिए नई सेल्फ़-टॉक (स्वयं से संवाद) के इस्तेमाल की सलाह देता हूँ, तो मुझे आशा है कि आप समझते होंगे कि मैं आपसे सिर्फ़ थोड़े अलग तरह से ही सोचने को नहीं कह रहा हूँ। यह इससे बहुत ज़्यादा वैज्ञानिक है। यह केवल "सकारात्मक सोच" या कोई इतनी सरल या अल्पजीवी चीज़ नहीं है।

दरअसल हम जिस बारे में बात कर रहे हैं, वह यह है कि *आप* अपनी प्रोग्रामिंग की पूरी प्रक्रिया की ज़िम्मेदारी खुद लें। इसका मतलब है कि आपको जो अगले प्रोग्राम मिलते हैं, आप उनके प्रभारी हैं। अतीत में, "प्रोग्रामिंग की प्रक्रिया" आपके आस-पास के संसार पर निर्भर रही है। अब से आपकी प्रोग्रामिंग आप पर निर्भर करती है।

कुछ असाधारण नए प्रोग्राम जो जीतने में आपकी मदद करेंगे

इस पुस्तक में हर स्क्रिप्ट की तरह ही आगे दी गई सेल्फ़-टॉक स्क्रिप्टें ख़ासतौर पर आपके लिए लिखी गई हैं। लेकिन वे कुछ बहुत महत्त्वपूर्ण नियमों का पालन करती हैं। अच्छी सेल्फ़-टॉक - *सही* सेल्फ़-टॉक - सरल होनी चाहिए। यह सीधी और इस्तेमाल में आसान होनी चाहिए। और इसे बिंब, विषय वस्तु, आरूप और भाषा के विशिष्ट प्रोग्रामिंग नियमों के अनुरूप होना चाहिए।

हर सावधानी से संकलित और सफल सेल्फ़-टॉक स्क्रिप्ट की तरह ही अंतिम परिणाम बेहद आसान होता है। अच्छी सेल्फ़-टॉक अजर-अमर सत्य के आदर्श को मानो कविता की लय के साथ मिला देती है।

लेकिन नीचे दिए गए उदाहरणों की तरह ही अच्छी सेल्फ़-टॉक सही शब्दों से बहुत ज़्यादा होती है, जो बिलकुल सही तरीक़े से लिखी जाती है। यह उस तरह की सेल्फ़-टॉक है, जो आपको प्रेरित करने से ज़्यादा करेगी। *इसे इस तरह तैयार किया गया है, ताकि यह पुराने प्रोग्रामों की जगह बेहतर प्रोग्राम डालने में आपकी मदद करे।*

सकारात्मक ऐमवे आत्म-ग़ौरव

आप नीचे दी गई सेल्फ़-टॉक स्क्रिप्ट को कभी-कभार पढ़ सकते हैं या दोबारा पढ़ सकते हैं। या फिर आप सेल्फ़-टॉक को शब्द दर शब्द सीख सकते हैं और याद कर सकते हैं। या आप इसे कैसेट पर सुन सकते हैं और वही प्रोग्राम ज़्यादा बार ग्रहण कर सकते हैं, जो मैं खुद करता हूँ, जब भी मैं अपने जीवन के किसी क्षेत्र को बेहतर बनाना चाहता हूँ।

ज़ाहिर है, आप इस सेल्फ़-टॉक को बस इसी एक बार पढ़ने... और फिर आगे बढ़ जाने का चुनाव कर सकते हैं।

लेकिन मैं आपको इस सेल्फ़-टॉक - इन प्रोग्रामों - को इससे ज़्यादा गंभीरता से लेने के लिए प्रोत्साहित करता हूँ। नीचे दी गई सेल्फ़-टॉक स्क्रिप्टों में दिए गए शब्द पर्याप्त सरल हैं। लेकिन अर्थ, और इन शब्दों द्वारा उत्पन्न होने वाले *नए प्रोग्राम* - बारंबार इस्तेमाल के साथ - ख़ासतौर पर महत्त्वपूर्ण हैं!

यह मेरा अनुभव रहा है कि जब इस तरह के प्रोग्राम आपके जीवन का स्वचालित और स्वाभाविक हिस्सा बन जाते हैं, तो आपका जीवन अपने आप और स्वाभाविक रूप से बेहतर बन जाता है।

चाहे आप अपने बारे में और *नेटवर्क मार्केटिंग* में अपनी भूमिका के बारे में

कैसा भी महसूस करते हों, हाल-फ़िलहाल कल्पना करें कि आप ये शब्द अगले कुछ सप्ताह या अगले कुछ *महीने* हर सुबह सुन रहे हैं और यही प्रोग्राम अपने अंदर डाल रहे हैं :

विशेष ऐमवे डिस्ट्रिब्यूटर सेल्फ़-टॉक स्क्रिप्ट # 4

"मुझे ऐमवे में रहने पर गर्व है"

मुझे ऐमवे में रहने पर गर्व है। मैं सफल होना चाहता हूँ और ऐमवे में रहना सफल बनने का सफल तरीक़ा है।

मैं ख़ुद को पसंद करता हूँ और मैं उसे पसंद करता हूँ, जो मैं अपने जीवन में कर रहा हूँ।

जब मैं अपने जीवन को बेहतर के लिए बदल रहा हूँ, तो मैं दूसरों के जीवन को भी बदल रहा हूँ... बेहतर के लिए।

ऐमवे में अपने काम की बदौलत मैं दूसरे लोगों का जीवन बदलने में उनकी मदद करके अपना जीवन बदल रहा हूँ।

हाल-फ़िलहाल, इस पल और आगे आने वाले सारे समय, मैं अपने सपनों की सफलता की पूरी और व्यक्तिगत ज़िम्मेदारी लेता हूँ।

ऐमवे हर दिन ज़्यादा शक्तिशाली बन रहा है ओर इसके साथ ही मैं भी ज़्यादा शक्तिशाली बन रहा हूँ। मैं ऐमवे में यक़ीन करता हूँ और ऐमवे मुझमें यक़ीन करता है।

अगर मेरे मन में अतीत में कभी अपने बारे में कोई शंका रही हो, तो मैं उन शंकाओं से हमेशा के लिए छुटकारा पाने का चुनाव करता हूँ।

मैंने सर्वश्रेष्ठ में से एक बनने का चुनाव किया है। मैंने अपने जीवन में ऐमवे के काम में सफल होने का चुनाव किया है। मैं जो कर रहा हूँ, उसे मैं पसंद करता हूँ... और मैं सफल होने का चुनाव करता हूँ।

ऐमवे के मेरे लिए, मेरे परिवार के लिए और मेरे जीवन के लिए जो मायने हैं, उस पर मुझे गर्व है। मुझे गर्व है कि मैंने यह विकल्प चुना।

मैं ख़ुद पर भरोसा करता हूँ... और मैं ऐमवे पर भरोसा करता हूँ।

मुझे विश्वास है कि मैं हर सकारात्मक तरीक़े से सफल बनूँगा। मैं इसमें विश्वास करता हूँ, मैं इस पर काम करता हूँ और मैं इसे घटित करता हूँ।

मैं ख़ुद को संसार के सबसे सकारात्मक लोगों से घेरे रखता हूँ। मेरे लिए ऐमवे सकारात्मक मित्रों का एक अविश्वसनीय परिवार है।

मेरा घर, मेरा परिवार, मेरा काम-काज और मेरी आस्था उस सकारात्मक समृद्धि से बढ़ती है, जो ऐमवे मेरे जीवन में लाता है।

मुझे सकारात्मक ढंग से संसार बदलने का हिस्सा बनने पर गर्व है।

मैं अपने ख़ुद के जीवन को बेहतर बना रहा हूँ, साथ ही दूसरों के जीवन को बेहतर बनाने में उनकी मदद कर रहा हूँ।

मुझे ऐमवे टीम का हिस्सा बनने पर गर्व है - बेहद गर्व है। यह संसार की सबसे रोमांचक, सार्थक, सबसे विजेता टीम है।

मुझे ऐमवे में होने पर गर्व है!

हर सुबह जब आप जागते हैं, तो ऐसी सेल्फ़-टॉक स्क्रिप्ट सुनने की कल्पना करें - या जब आप अपना दिन शुरू करते हैं, तो इसे ज़ोर से पढ़ने की कल्पना करें!

आप जो हैं और आप जो कर रहे हैं, जब आपको उस पर गर्व होता है, तो आपका उत्साह दिखता है। आपका आत्म-ग़ौरव सूचकांक ऊपर हो जाता है। और आप बेहतर करने के बारे में सोचने लगते हैं।

जब आप अगली बार किसी नए व्यक्ति से मिलते हैं या प्लान दिखाते हैं, तो ऐमवे के बारे में इस तरह का विश्वास होने की कल्पना करें!

अगर आप चाहते हैं कि दूसरे लोग यक़ीन करें, तो आपका विश्वास अंदर से आना चाहिए। जब आप इस तरह की सेल्फ़-टॉक को अपने अस्तित्व का एक स्थायी हिस्सा बना लेते हैं, तो आप दरअसल उस विश्वास को अपने भीतर *बना* रहे हैं।

एक और सेल्फ़-टॉक प्रोग्राम, जो वैसा बताता है जैसा यह है

जब आप अपने कुछ पुराने प्रोग्रामों को "मिटाना" चाहें, तो आपको पता होना चाहिए कि हम आपको अपना जीवन बदलने का सारा श्रेय देने की कोशिश नहीं कर रहे हैं। "ख़ुद में यक़ीन करने..." का अर्थ यह नहीं है कि आप किसी दूसरी चीज़ में यक़ीन नहीं करते।

कई लोगों की तरह ही मैं भी एक बहुत धार्मिक परिवार में बड़ा हुआ। मुझसे हमेशा उम्मीद की जाती थी कि मैं बड़े होकर चर्च में काम करूँगा। (मैं केवल यह उम्मीद कर सकता हूँ कि मैं इस समय जो कर रहा हूँ, हालाँकि वह पुरोहित के मंच से बोलना नहीं है, लेकिन वह पर्याप्त होगा।)

यदि आप अपने धर्म पर विश्वास करते हैं, तो आपको बहुत सावधान रहना होगा कि आप खुद को किस तरह के नए प्रोग्राम देते हैं। जिस तरह की सेल्फ़-टॉक के बारे में हम यहाँ बात कर रहे हैं, वह आपके आध्यात्मिक विश्वासों के *साथ* मिलकर काम करने के लिए तैयार की गई है।

खुद को सेल्फ़-टॉक के सही, नए और ज़्यादा सकारात्मक संदेश देकर हम धर्म के स्त्रोत से कोई श्रेय लेने की कोशिश नहीं कर रहे हैं।

इसका मतलब है कि मिसाल के तौर पर, जब आप किसी सेल्फ़-टॉक टेप को सुनते हैं, तो आप यह नहीं कह रहे हैं, “मैं अविश्वसनीय हूँ... और मैं यह सब अपने दम पर *अकेले* कर रहा हूँ।”

इसके बजाय, आप हर सेल्फ़-टॉक प्रोग्राम में ये शब्द जोड़कर शुरुआत करने का चुनाव भी कर सकते हैं, *“मेरे धर्म* के ज़रिये... मैं यह करने का चुनाव करता हूँ...” और फिर आप टेप सुनें या स्क्रिप्ट का इस्तेमाल करें।

यदि आप सेल्फ़-टॉक के हमारे कुछ शुरुआती रूपों को पढ़ना पसंद करें, तो भजन पढ़ें, जो शायद आज तक लिखी गई सबसे महान सेल्फ़-टॉक है। या कहावतों को दोबारा पढ़ें।

सही सेल्फ़-टॉक कभी भी आपके धर्म के साथ प्रतिस्पर्धा करने के लिए नहीं बनाई जाती है। सही सेल्फ़-टॉक आपकी धार्मिक आस्था को बढ़ा सकती है, जैसा कि इसने दूसरों के लिए किया है। यह प्रार्थना, आस्था और सकारात्मक विश्वास के साथ-साथ चलने के लिए तैयार की गई है।

इसे ध्यान में रखते हुए सेल्फ़-टॉक की एक और स्क्रिप्ट पर ग़ौर करें, जो आपको सही क़िस्म के अधिक प्रोग्राम देगी, ताकि आप ऐमवे डिस्ट्रिब्यूटर के रूप में हर दिन अपने लक्ष्यों तक पहुँच जाएँ।

कल्पना करें कि आप अपना दिन, हर दिन, *इस* तरह की सेल्फ़-टॉक से शुरू करते हैं!

विशेष ऐमवे डिस्ट्रिब्यूटर सेल्फ़-टॉक (स्वयं से संवाद)
स्क्रिप्ट # 5

"मैं यह कर सकता हूँ – और मैं जानता हूँ कि मैं कर सकता हूँ!"

मैं यह कर सकता हूँ और मैं जानता हूँ कि मैं कर सकता हूँ। मुझमें वह सब है, जिसकी ज़रूरत है – और मैं हर दिन इसे साबित करता हूँ।

मैं विशेष, अनूठा और विश्वास से भरा बनने का चुनाव करता हूँ।

मुझमें आस्था है। मैं जानता हूँ कि मैं यह कर सकता हूँ – मैं जानता हूँ कि मैं जीत सकता हूँ!

मैंने अपनी सफलता बनाने का निर्णय लिया है। मैं इसकी योजना बनाता हूँ, मैं इस पर मेहनत करता हूँ और मैं इसमें यक़ीन करता हूँ।

मैं व्यक्ति के रूप में, साझेदार के रूप में और अपनी टीम के सदस्य के रूप में सफल होने का चुनाव करता हूँ!

मैंने जीतने का निर्णय ले लिया है – और अब कोई चीज़ मुझे नहीं रोक सकती!

मैं किसी चीज़ को ख़ुद को निराश करने की अनुमति देने से इंकार करता हूँ। मैं अपने नज़रिये को "ऊपर" रखता हूँ और मैं लक्ष्य की ओर बढ़ता रहता हूँ!

मैं अपने कारोबार और अपनी सफलता के बारे में सकारात्मक, स्वस्थ नज़रिया रखने का चुनाव करता हूँ।

मेरा नज़रिया मेरा चुनाव है और मैं बेहतर महसूस करने, ख़ुद पर विश्वास करने, प्लान का अनुसरण करने और अपने लक्ष्यों की दिशा में जाने का चुनाव करता हूँ!

मुझमें आस्था है! मैं ख़ुद में यक़ीन करता हूँ, मैं जो कर रहा हूँ उसमें यक़ीन करता हूँ और मैं उस भविष्य में यक़ीन करता हूँ, जिसे मैं अपने परिवार और ख़ुद के लिए बना रहा हूँ। मुझमें आस्था है!

मैंने अपने कारोबार को सही तरीक़े से कारगर बनाने का निर्णय लिया है! मैं सफल हूँ और मेरा कारोबार भी सफल है।

मैं सचमुच उस भविष्य को पसंद करता हूँ, जो मैं ख़ुद के और उन लोगों के लिए बना रहा हूँ, जिनकी मैं सबसे ज़्यादा परवाह करता हूँ।

मैं अपने कारोबार की परवाह करता हूँ और यह दिखता है। मेरा कारोबार मेरी परवाह करता है - क्योंकि मैं अपने कारोबार की परवाह करता हूँ।

मैं अपने ऐमवे कारोबार को सफल बनाने के लिए आवश्यक हर चीज़ करता हूँ।

मुझे अपने कारोबार में - हर दिन - काम करने में ख़ुशी मिलती है और मैं हर सकारात्मक वरदान का आनंद लेता हूँ, जो मेरा कारोबार मेरे जीवन में लाता है।

मैंने जीतने का चुनाव किया है - इस समय और हर दिन। मुझमें आस्था है। मैं यक़ीन करता हूँ। और मैं सफल होता हूँ!

मैं एक विजेता हूँ - और मैं इस वक़्त जीत रहा हूँ!

मैं यह कर सकता हूँ... और मैं जानता हूँ कि मैं कर सकता हूँ!

यह ऐसी सेल्फ़-टॉक है, जो न केवल आपके प्रोग्राम बदलने और आपकी सफलता को उत्पन्न करने में मदद करती है, बल्कि यह आपकी आस्था, विश्वास और आत्म-ग़ौरव को भी बढ़ाती है। आप इसे जितना ज़्यादा सुनते हैं या इसका जितना ज़्यादा अभ्यास करते हैं, आपका आत्म-ग़ौरव भी उतना ही ज़्यादा सफल और स्वस्थ बनेगा।

आपका आत्म-ग़ौरव आपका भविष्य है

आत्म-ग़ौरव के आपके प्रोग्राम (हर चीज़ जो आप अपने बारे में यक़ीन करते हैं) आपके द्वारा की जाने वाली हर चीज़ को तय करते हैं। हर चीज़ जो आप सोचते हैं, हर चीज़ जो आप कहते हैं और हर काम जो आप करते हैं, छोटे से छोटे विवरण तक - वह सब आत्म-ग़ौरव के उन प्रोग्रामों से शासित होता है, जिन्हें आप इस समय रखे हुए हैं।

ऐमवे डिस्ट्रिब्यूटर के रूप में आपकी सफलता को कोई दूसरी चीज़ उतना प्रभावित *नहीं* करेगी, जितना कि आपका आत्म-ग़ौरव करेगा। यह अच्छी ख़बर है! क्योंकि आपका आत्म-ग़ौरव एक ऐसी चीज़ है, जिसे आप *बदल* सकते हैं।

हमेशा याद रखें, आप यह कर सकते हैं - और आप जानते हैं कि आप कर सकते हैं!

खण्ड - IV

सितारों की ओर बढ़ना

"ऐमवे डिस्ट्रिब्यूटर के रूप में आप सबसे महत्त्वपूर्ण पेशेवरों में से एक हैं।

अगर आप यह सुनिश्चित करना चाहते हैं कि आप सही मार्ग पर बने रहें, तो अपने प्रोग्रामों की जाँच करें। फिर, कल इसे दोबारा करें।

आप और आपका ऐमवे कारोबार यह करने लायक़ है।"

अध्याय - 14

आपकी दैनिक प्रोग्राम जाँचसूची

मानव व्यवहार के क्षेत्र में काम करने का एक लाभ यह है कि आप अंततः कुछ महान सत्य सीख लेते हैं, जो अच्छे जीवन को अच्छी तरह चलाते हैं। आप यह सीखते हैं, जैसा मैंने सीखा है, कि कुछ प्रेरक विचार सैद्धांतिक तौर पर तो बेहतरीन नज़र आते हैं, लेकिन व्यावहारिक तौर पर बहुत कम कारगर होते हैं, जबकि दूसरे विचार अविश्वसनीय मायनों में ज़िंदगी बदल देते हैं।

मैं अब आपको जो साधन बताने जा रहा हूँ, उसका इस्तेमाल करना आसान है, रोज़मर्रा के जीवन में भी, लेकिन इसके परिणाम सचमुच जीवन बदलने वाले हो सकते हैं। देखिए, सबसे सरल विचार ही हमेशा सबसे अच्छी तरह काम करते हैं। लेकिन फिर भी, उन्हीं को सबसे पहले नज़रअंदाज़ किया जाता है। वे इतने आसान नज़र आते हैं - वे आपका जीवन कैसे बदल सकते हैं?

अगर आप शायद अगले तीन-चार साल तक यह अभ्यास करें, पहले तो दैनिक, फिर साप्ताहिक और इसके बाद कभी-कभार, तो मुझे यक़ीन है कि आप ऐमवे में अपने स्तर पर काम कर रहे आस-पास के सभी लोगों से आगे निकल जाएँगे। मुझे यक़ीन है कि अगर आप इस सलाह का अनुसरण करते हैं, तो आप ऐमवे के हर लक्ष्य और अपने तय किए हुए हर व्यक्तिगत लक्ष्य तक भी पहुँच जाएँगे।

वह रहस्य क्या है, जो पेशेवरों ने सीखा है?

अंतरिक्ष यात्री को अंतरिक्ष में यात्रा शुरू करने के लिए भेजने से उसे प्रशिक्षित किया जाता है। इस प्रशिक्षण में वह एक चीज़ इतनी अच्छी तरह से सीखता है, जितनी दूसरी कोई चीज़ नहीं सीखता। यह इतनी आसान चीज़ है कि कोई भी ताज्जुब करेगा कि इसे करने में निपुण होने के लिए इतने साल के समय और इतने सारे अभ्यास की ज़रूरत क्यों होती है।

यदि आप भी यही योग्यता सीख लें, तो आप ज़्यादा प्रभावी और ज़्यादा सफल हो जाएँगे। लेकिन यह योग्यता स्कूल में नहीं सिखाई जाती है, न ही इसका सुझाव अधिकतर करियरों में दिया जाता है। यह एक ऐसी योग्यता है, जिसे केवल सबसे गंभीर और अत्यंत महत्त्वपूर्ण कामों में ही सिखाया, समझा और इस्तेमाल किया जाता है।

अंतरिक्ष यात्री इसे पृथ्वी छोड़ने से पहले करते हैं। पायलट इसे हर उड़ान से पहले करते हैं। डॉक्टर इसे हर ऑपरेशन के पहले और बाद में करते हैं। भवन निर्माता इसे निर्माण की पहली ईंट रखने से पहले करते हैं। और गोताखोर इसे पानी में छलाँग लगाने से पहले करते हैं।

इनमें से प्रत्येक प्रकरण में लोगों को एक ऐसी चीज़ करने के लिए प्रशिक्षित किया जाता है, जो उनकी सफलता के लिए अत्यंत महत्त्वपूर्ण है। और इनमें से हर प्रकरण में शामिल लोग सफल होने की तैयारी कर रहे हैं।

वह कौन-सी चीज़ है, जिसे ये सभी बेहद सफल लोग करते हैं? वे एक सरल लेकिन असाधारण रूप से महत्त्वपूर्ण काम करते हैं। वे एक *जाँचसूची* भरते हैं।

आपकी ख़ुद की सफलता भी इतनी ही महत्त्वपूर्ण है

अंतरिक्ष में किसी की उड़ान कब भविष्य में *आपकी* उड़ान से ज़्यादा महत्त्वपूर्ण थी? कब किसी डॉक्टर का शारीरिक परीक्षण आपके इस आत्म-परीक्षण से ज़्यादा महत्त्वपूर्ण था कि आप कहाँ खड़े हैं और इस वक़्त क्या कर रहे हैं?

कब किसी भवन निर्माता की योजनाएँ उन योजनाओं से ज़्यादा महत्त्वपूर्ण थीं, जो आपने अपने *जीवन* के लिए बना रखी हैं? कब किसी गोताखोर की गोता लगाने के पहले की जाँच सूची अज्ञात में क़दम रखने, ख़ज़ाना खोजने और शिखर पर पहुँचने की आपकी तैयारी की समीक्षा से ज़्यादा महत्त्वपूर्ण थी?

अपनी ख़ुद की जाँचसूची होने की कल्पना करें - ऐसी सूची, जिसे आप हर दिन या कोई भी ऐसा क़दम उठाते समय भर सकें, जो आपके भविष्य को प्रभावित करेगा (और यह काम हम दरअसल हर दिन ही करते हैं)।

आप अपने लिए, और हर उस व्यक्ति के लिए जो कर रहे हैं, जिससे आप मिलते और स्पॉन्सर करते हैं, वह उतना ही महत्त्वपूर्ण है, जितना कि जाँचसूची प्रशिक्षित कोई पेशेवर, जिसका ज़िक्र मैंने अभी-अभी किया था। दरअसल, आप उनसे *ज़्यादा* महत्त्वपूर्ण हैं। हो सकता है कि *वे* अज्ञात में क़दम रख रहे हों; *आप* संसार बदल रहे हैं।

दैनिक जाँचसूची – अनुसरण करने के लिए आपके नए प्रोग्रामों का पैटर्न

नीचे दी गई जाँचसूची यह आंकलन करने में आपकी मदद के लिए तैयार की गई है कि इस समय आपके सबसे महत्त्वपूर्ण प्रोग्राम कौन से हैं। यह आपके सकारात्मक *नए* प्रोग्रामों को बनाने और बलवान करने में मदद के लिए भी तैयार की गई है।

जाँचसूची को पढ़ें, ताकि आप इसके बिंदुओं से परिचित हो जाएँ। इसके बाद आपको मेरी अनुमति है कि आप इस जाँचसूची की जितनी चाहें, उतनी प्रतियाँ बना सकते हैं। आप सूची के अंशों की जितनी ज़्यादा बार समीक्षा करते हैं, आप उतनी ही ज़्यादा एकाग्रता, ऊर्जा तथा संकल्प के साथ कार्ययोजना बनाएँगे।

सूची के हर बिंदु के साथ मैंने *सही* क़िस्म के सेल्फ़-टॉक प्रोग्रामों का एक संक्षिप्त उदाहरण शामिल किया है, ताकि जब भी आप जाँचसूची का इस्तेमाल करें, तो अनुसरण करने के लिए आपको नए प्रोग्रामों का एक *ढाँचा* बनाने में मदद मिले।

मेरी दैनिक प्रोग्राम जाँचसूची

अगले तीन-चार सप्ताह तक हर दिन एक बार इस जाँचसूची को पूरा करें। इसके बाद जाँचसूची को हर सप्ताह कम से कम एक बार पूरा पढ़ें। हर बार जब आप सवालों की सूची से गुज़रें, तो अपनी नई सेल्फ़-टॉक का इस्तेमाल करते हुए उनका जवाब देने का अभ्यास करें। आप यह काम जितनी ज़्यादा बार करते हैं, आपके नए प्रोग्राम उतने ही ज़्यादा शक्तिशाली बनेंगे।

❑ जाँचसूची प्रश्न #1 :
क्या मैं ख़ुद पर भरोसा करता हूँ?

(उदाहरण :)

मैं ख़ुद पर *सचमुच* विश्वास करने का चुनाव करता हूँ! अपने सपने में मेरी अटल आस्था है और मुझे अपनी सफलता का भरोसा है। मेरा सपना महत्त्वपूर्ण है। मेरा सपना सार्थक, सकारात्मक और अच्छा है और मैं इसे हासिल करने का हक़दार हूँ। इसलिए मैं बिना किसी शंका या झिझक के, पूरी तरह से ख़ुद पर भरोसा करने का सकारात्मक चुनाव करता हूँ। मुझे ख़ुद पर और अपने सपने पर पूरा भरोसा है।

❑ **जाँचसूची प्रश्न #2**

मेरी ऊर्जा कैसी है?

मैं सुनिश्चित करता हूँ कि मैं बेहतरीन, ऊर्जावान, फ़िट और संसार के शिखर पर महसूस करूँ। मैं जानता हूँ कि मेरा सपना सक्रिय ऊर्जा लेता है, इसलिए मैं ख़ुद को शारीरिक और मानसिक रूप से अच्छी तरह रखने का चुनाव करता हूँ। मैं यह सुनिश्चित करता हूँ कि मेरे पास काम करने के लिए आवश्यक सारी ऊर्जा हो।

❑ **जाँचसूची प्रश्न #3**

मेरा *नज़रिया* और मेरा *उत्साह* कैसा है?

मैं जानता हूँ कि प्लान के साथ-साथ मेरा *नज़रिया* ऐमवे में मेरी सफलता का सबसे अहम हिस्सा है। इसलिए मैं यह सुनिश्चित करता हूँ कि मेरा नज़रिया इतना आशावादी और सकारात्मक हो कि मेरी सफलता तय हो जाए। अपने नज़रिये के साथ मैं हर दिन को एक बेहतरीन दिन बनाता हूँ।

❑ **जाँचसूची प्रश्न #4**

मैं आज ऐमवे में अपना विश्वास अपने परिवार वालों और दूसरों तक पहुँचाने में कितना अच्छा हूँ?

मैं एक बेहतरीन पति (या पत्नी), अभिभावक, परामर्शदाता, प्रेरक, शिक्षक और मित्र बनने का चुनाव करता हूँ। ऐमवे डिस्ट्रिब्यूटर के रूप में मैं कई लोगों की - उनके जीवन के कई क्षेत्रों में - मदद कर रहा हूँ। इसलिए मैं अपने शब्दों से, अपने कार्यों से और अपने द्वारा पेश सकारात्मक मिसाल से "कहानी बताता हूँ।" मुझे अपने सफल ऐमवे व्यवसाय से जो कई पुरस्कार मिलते हैं, उन्हें अपने प्रियजनों के साथ बाँटने में मुझे आनंद आता है - और ऐमवे की वजह से मैं हर दिन अपने परिवार के ज़्यादा क़रीब आ जाता हूँ।

❑ **जाँचसूची प्रश्न #5**

मैं प्लान पर कितनी अच्छी तरह काम कर रहा हूँ?

मैं प्लान का *अक्षरशः* अनुसरण करने का चुनाव करता हूँ। यह कारगर है, इसलिए मैं इसका अनुसरण करता हूँ, सटीकता से। कोई अपवाद नहीं।

❑ जाँचसूची प्रश्न # 6

मैं प्रॉस्पेक्टिंग कितनी अच्छी तरह कर रहा हूँ?

मैं प्रॉस्पेक्टिंग को अपने जीवन की सबसे सकारात्मक गतिविधियों में से एक बनाता हूँ। मैं हर मिलने वाले को अपना *सपना बताने* की राह देखता हूँ। यही है, जिसे करने का मैंने निर्णय लिया है। और मैं हर दिन उस निर्णय पर काम करता हूँ।

❑ जाँचसूची प्रश्न # 7

मैं प्लान दिखाने का काम कितनी अच्छी तरह कर रहा हूँ?

मुझे प्लान दिखाना सचमुच अच्छा लगता है और मेरा उत्साह नज़र आता है। मैं यह सुनिश्चित करने के लिए काम करता हूँ कि मेरी प्रस्तुतिकरण योग्यताएँ शक्तिशाली रहें, साथ ही साथ मेरा विश्वास भी। चूँकि मैं खुद प्लान पर काम करता हूँ, इसलिए मैं प्लान को अक्सर दिखाता हूँ।

❑ जाँचसूची प्रश्न # 8

क्या मैं सफल बनने के लिए सही सेल्फ़-टॉक का इस्तेमाल कर रहा हूँ?

मैं यह सुनिश्चित करता हूँ कि मेरे पास सही मानसिक प्रोग्राम हैं - और मैं किसी भी पुराने या नकारात्मक प्रोग्राम को अपनी राह में बाधक बनने से इंकार करता हूँ। इसलिए मैं सेल्फ़-टॉक को अपने जीवन का एक अहम हिस्सा बनाता हूँ। मैं उस तरह की सेल्फ़-टॉक की एक बिलकुल नई शब्दावली सीख रहा हूँ, जो मेरे जीवन के हर क्षेत्र में सफलता के शक्तिशाली नए प्रोग्राम उत्पन्न करे। और जब-जब मैं इस जाँचसूची को पढ़ता हूँ, तो मेरी नई सेल्फ़-टॉक हर बार और भी ज़्यादा शक्तिशाली हो जाती है।

❑ जाँचसूची प्रश्न # 9

क्या मैं हर वह चीज़ कर रहा हूँ, जो मैं अपने लक्ष्यों तक पहुँचने के लिए कर सकता हूँ?

मैंने ऐमवे डिस्ट्रिब्यूटर के रूप में सफल होने को पूर्णकालिक पेशा बनाने का निर्णय लिया है - और मैं इस पर उतना ध्यान देता हूँ, जितने का यह हक़दार है। मेरा ऐमवे करियर मेरी अच्छी परवाह करेगा, इसलिए मैं इसकी अच्छी परवाह करता हूँ। मैं ऐमवे के दिए हर औज़ार और योग्यता का लाभ लेता हूँ और मैं हर वह चीज़ करता हूँ, जो मुझे करने की ज़रूरत है, जब मुझे उसे करने की ज़रूरत है। इसका मतलब है अभी। आज ही।

❑ जाँचसूची प्रश्न # 10
मेरी धार्मिक आस्था कैसी है?

मेरी आध्यात्मिक आस्था मेरे जीवन में चमत्कार कर *सकती* है। मैं उस तरह की आस्था रखने का चुनाव करता हूँ, जो मेरी यात्रा के हर क़दम पर मेरा मार्गदर्शन करती है, मुझे शक्ति देती है और मुझे ऊपर उठाती है। मैं अपनी आस्था के अनुरूप जीता हूँ और यह हमेशा मेरे साथ रहती है। मैं ऐसे लोगों के साथ अपना समय बिताने का चुनाव करता हूँ, जिनके शक्तिशाली आध्यात्मिक आदर्श हों और मिलकर हम पहले से कहीं अधिक शक्तिशाली बन जाते हैं।

❑ जाँचसूची प्रश्न # 11
क्या मैंने अपने अगले ऐमवे सेमिनार या वीकएंड कार्यक्रम में भाग लेने का फ़ैसला कर लिया है?

मैं सीखने और बताने के हर अवसर में हिस्सा लेने के लिए समय देता हूँ, जो ऐमवे मुझे प्रदान करता है। मैं ऐमवे बैठकों और कार्यक्रमों को अपनी *सबसे बड़ी प्राथमिकता मानता* हूँ। ऐमवे के समारोहों में जाने में समय *जाया* नहीं होता है - इससे तो मेरे कारोबार और मेरे जीवन को अतुल्य लाभ होता है।

❑ जाँचसूची प्रश्न # 12
मैं आज ही ऐसा कौन-सा क़दम उठा सकता हूँ - जो मेरे कारोबार और मेरे जीवन में मुझे आगे बढ़ाए?

मैं प्लान पर काम करता हूँ। मैं इसे जीता हूँ। मैं इसे अपना बनाता हूँ। मैं सपना देखता हूँ। मैं इसका मानसिक चित्र देखता हूँ; मैं इसके दायरे में चलता हूँ; *मैं इसे छूता हूँ;* मैं इसे जीवन देता हूँ। मैं सफल होने का चुनाव करता हूँ, इसलिए मैं आज ही, इसी समय क़दम उठाता हूँ, ताकि मुझे अपने व्यक्तिगत और पेशेवर लक्ष्यों तक पहुँचने में मदद मिले। आज और हर दिन, *मैं प्लान पर काम करता हूँ!*

यह सरल लेकिन शक्तिशाली जाँचसूची प्रक्रिया आपके जीवन पर कितना गहन प्रभाव डाल सकती है! जब आप अपनी *नई* सेल्फ़-टॉक प्रतिक्रियाओं को पढ़ते और उनका अभ्यास करते हैं, तो आप लगभग नए प्रोग्रामों को शुरू होते *महसूस* कर सकते हैं।

यह जाँचसूची सरल है, लेकिन यह दो बहुत प्रभावी तरीक़ों से आपके नए प्रोग्राम बनाती है : आपके कार्यों - और आपके *परिणामों* - को अभी हाल बदलकर

और रोज़मर्रा की सफलता के दीर्घकालीन *प्रोग्राम* बनाकर।

अगले पेज पर मैंने यही जाँचसूची संक्षिप्त रूप में दी है, ताकि आप इसकी प्रति बनाकर अपने साथ रख लें। एक बार फिर, जाँचसूची को पढ़ते समय उस सेल्फ़-टॉक प्रतिक्रिया से हर सवाल का जवाब दें, जिसे आप अपने व्यक्तिगत, मानसिक कंप्यूटर में *सबसे ज़्यादा* प्रोग्राम करना चाहेंगे।

मेरी दैनिक प्रोग्राम जाँचसूची

- ❑ 1. क्या मैं खुद पर *भरोसा* करता हूँ?
- ❑ 2. मेरी *ऊर्जा* कैसी है?
- ❑ 3. मेरा *नज़रिया* और मेरा *उत्साह* कैसे हैं?
- ❑ 4. मैं ऐमवे में अपने विश्वास को आज अपने परिवार और दूसरों के सामने कितनी अच्छी तरह *संप्रेषित* कर रहा हूँ?
- ❑ 5. मैं *प्लान पर कितनी अच्छी* तरह काम कर रहा हूँ?
- ❑ 6. मैं *प्रॉस्पेक्टिंग* में कितना अच्छा कर रहा हूँ?
- ❑ 7. मैं प्लान *दिखाने* में कितना अच्छा कर रहा हूँ?
- ❑ 8. क्या मैं सफल बनने के लिए सही *सेल्फ़-टॉक* का इस्तेमाल कर रहा हूँ?
- ❑ 9. क्या मैं हर वह चीज़ कर रहा हूँ, जो मैं अपने लक्ष्यों तक पहुँचने के लिए कर सकता हूँ?
- ❑ 10. मेरी धार्मिक *आस्था* कैसी है?
- ❑ 11. क्या मैंने अपने अगले ऐमवे समारोह या वीकएंड कार्यक्रम में *जाने* का फ़ैसला कर लिया है?
- ❑ 12. मैं आज, इसी समय, वह कौन-सा *क़दम* उठा सकता हूँ, जो मुझे अपने कारोबार और अपने जीवन में *आगे* बढ़ाएगा?

आप, और आपका कारोबार, इस लायक़ हैं कि यह किया जाए

आपका स्व-विश्वास कैसा *है?* क्या आपमें वह ऊर्जा और उत्साह है, जिसकी ज़रूरत काम पूरा करने के लिए है? क्या आपका नज़रिया हमेशा सकारात्मक रहता है? क्या आप *गुणवत्तापूर्ण* लोगों को अपनी ओर आकर्षित करते हैं? क्या आप प्लान का आख़िरी विवरण तक अनुसरण करते हैं? क्या आप वैसे ही समय बिताते हैं, जैसे कि आपको बिताना चाहिए - प्रॉस्पेक्टिंग करने और प्लान दिखाने में? क्या आपने अगले ऐमवे वीकएंड कार्यक्रम में जाने की योजनाएँ बना ली हैं? क्या आप हर वह चीज़ कर रहे हैं, जो आप प्लान पर काम करने और अपने लक्ष्यों तक पहुँचने के लिए कर सकते हैं - अपने कारोबार में भी और बाक़ी जीवन में भी?

जब आप खुद से ये सवाल पूछते हैं, तो आपके जवाबों में वे *चयन* झलकने चाहिए, जो आप करने का चुनाव करते हैं। हर बार जब आप पूछते हैं और हर बार जब आप जवाब देते हैं, तो आप उन परिणामों की *प्रोग्रामिंग* कर रहे हैं, जिन्हें आप उत्पन्न करना चाहते हैं। इस जाँचसूची को ज़्यादा से ज़्यादा बार देखें; इसके बारे में सोचें, अपने परिवार वालों और अपने स्पॉन्सर से इस पर बातचीत करें, और सफलता के इन शक्तिशाली नए प्रोग्रामों को बनाने में समय का निवेश करें।

आप और आपका ऐमवे कारोबार इस लायक़ हैं कि आप यह निवेश करें।

"अगर आप जैसे दो लोग होते, और आपमें से एक सीखे गए अच्छे विचारों का अभ्यास करना और उन्हें बलवान करने का चुनाव करता, जबकि दूसरा "आप" ऐसा नहीं करता -

तो आप सफल होने के लिए अपना वोट दोनों में से किसे देते?"

अध्याय - 15

समीक्षा करें, दोहराएँ और *शक्तिशाली* बनाएँ

तो जवाब क्या है? नेटवर्क मार्केटिंग के इस अविश्वसनीय संसार में जीतने का रहस्य क्या है? आप इस बात पर भरोसा कर सकते हैं : इस व्यवसाय में सफलता का जवाब कहीं *बाहर* नहीं है - जवाब तो *अंदर* है। *यहीं* पर, आपके *अंदर*, आपके उस हिस्से में जो इस वक़्त ये शब्द पढ़ रहा है।

स्व-सहायता, व्यक्तिगत प्रेरणा और जीवन में जीतने के बारे में बहुत कुछ लिखा जा चुका है। आप सोचते होंगे कि पूरे संसार ने अब तक इसके बारे में सब कुछ जान लिया होगा। लेकिन फिर भी, सच्चाई को चूकना आसान है। जवाब खोजने के बजाय अधिकतर संसार बस मुश्किल से जीता है, बहुत कम हासिल करता है और सोचता है कि यह वैसा ही है, जैसा कि इसे होना चाहिए - *जबकि इसे उस तरह होने की कोई ज़रूरत नहीं है!*

लेकिन आप अलग हैं। आप बेहतर जानते हैं, और आपने कम से कम कुछ जवाब मालूम कर लिए हैं। और आप, अगर आप इस पर काम करते रहें, उन तमाम सफलताओं तक पहुँचने वाले हैं, जिनके *बाक़ी* संसार सिर्फ़ सपने देखता है।

आप यह बात कैसे जानेंगे? आप पहले ही टेस्ट में पास हो चुके हैं। आपने पहले ही वे संकेत दिखा दिए हैं, जो कहते हैं, *"मैं* अपने *सर्वश्रेष्ठ* स्तर पर जीना चाहूँगा।" अगर यह सच नहीं होता, तो आप इस वक़्त ये शब्द नहीं पढ़ रहे होते और आपने इस कारोबार में रुचि ही नहीं ली होती। आख़िर, यह कारोबार सिर्फ़ उन्हीं लोगों के लिए है, जो सफल होना चाहते हैं।

इसका मतलब है कि आप सही जगह पर हैं। आपने सही संगठन को चुना है, आपके पास सारे सही औज़ार हैं, अवसर आपके ठीक सामने है और आप आगे बढ़ने के लिए तैयार हैं।

अब, आप वास्तव में अगला क़दम कौन-सा उठाएँगे?

अब बहुत ग़ौर से देखें कि इसके बाद क्या होता है। खुद की ओर देखें, लेकिन अपने *आस-पास* के लोगों का अवलोकन भी करें - जो नेटवर्क मार्केटिंग में हैं या जो आने वाले हैं।

यहीं पर विजेता और *पराजित* दो *अलग* समूहों में बँटते हैं। यहीं पर विजेता बनने जा रहे लोग बाक़ी सबसे भिन्न कुछ करेंगे।

यही वक़्त है, जब विजेता जीतने की *तैयारी* करते हैं।

इस बिंदु तक ज़्यादातर चीज़ें समान रही हैं। यानि, कारोबार में हर व्यक्ति, कम से कम कुछ हद तक, जीतना *चाहता* है। इसके अलावा कारोबार में हर व्यक्ति के पास, कम से कम आपके संगठन में, वही साधन और वही अवसर रहे हैं।

लेकिन इस पल जब उनमें से *कुछ* - लेकिन सभी नहीं - विजेता के दायरे में क़दम रखेंगे - उन लोगों का समूह, जो खुद को सुनिश्चित, बिना शर्त की सफलता से लैस करने वाले हैं। उन सभी के पास सारा *बाहरी* समर्थन है, जिसकी ज़रूरत उन्हें सफल बनने के लिए है - लेकिन ये लोग यहीं नहीं रुकते हैं।

जो लोग *सचमुच* जीतने जा रहे हैं, वे यह सुनिश्चित करते हैं कि उनके पास वह *आंतरिक* समर्थन हो, जो जीतने के लिए ज़रूरी है - वे अपने *मस्तिष्क* को सफलता के लिए तैयार करते हैं।

वे लोग जानते हैं कि *असली* सफलता भीतर से आती है। यदि आप अपने *शरीर* को सफल होने के लिए प्रशिक्षित कर सकते हैं, तो क्या *मस्तिष्क* को भी सफलता के लिए प्रशिक्षित करना उतना ही महत्त्वपूर्ण नहीं है?

हर ओलंपिक स्वर्ण पदक विजेता अपने मस्तिष्क को प्रशिक्षित करने के बारे में सच्चाई जानता है। जीतने की इच्छा रखने वाले हर खिलाड़ी की तरह ही सफलता चाहने वाले हर ऐमवे डिस्ट्रिब्यूटर की एक *ज़िम्मेदारी* है - खुद के प्रति भी और उसके संगठन के प्रति भी - कि वह सही तरीक़े से अपने मस्तिष्क को तैयार करे और बनाए। अपने मस्तिष्क को बनाएँगे, तो आप अपने कारोबार को बना लेंगे।

जो लोग जीतते हैं, ख़ासतौर पर *इस* व्यवसाय में - *वे सफल होने के लिए अपने मस्तिष्क को तैयार करते हैं!*

वे अपनी मानसिक कंडीशनिंग को सही स्थिति में लाते हैं; वे हर दिन इसका व्यायाम करते हैं। वे कंडीशन करते हैं, वे अभ्यास करते हैं, वे अपने प्रदर्शन को आदर्श बनाते हैं, और वे जीत जाते हैं।

आपको सही आकार में लाने - और बनाए रखने - के लिए अभ्यास का एक प्रोग्राम

लेकिन आप तैयार कैसे करें? अगर आप इसे सचमुच कारगर बनाना चाहते हैं, तो आपको इसके बाद क्या करना चाहिए?

सच्ची मदद किससे मिलती है - और किससे नहीं मिलती है?

मैं मानता हूँ कि आप हर सुबह आईने के सामने एक घंटा बिता सकते हैं और अल्पकालीन दृढ़ कथनों तथा सकारात्मक सोच का अभ्यास कर सकते हैं। लेकिन, हालाँकि इससे आप उस पल तो प्रेरित हो सकते हैं और बेहतर महसूस कर सकते हैं, लेकिन शोध बताता है कि मस्तिष्क के न्यूरोलॉजिकल मार्गों को बदलने में उससे बहुत ज़्यादा की ज़रूरत होती है।

आप स्व-सम्मोहन को आज़मा सकते हैं (जिसकी मैं अनुशंसा *नहीं* करता हूँ) या आप "सबलिमिनल या अवचेतन" संदेशों को सुनकर सफलता तक ख़ामोशी से पहुँचने की कोशिश कर सकते हैं (जो न्यूरोलॉजिकल या *किसी* दूसरे तरीक़े से आपके अवचेतन मन तक नहीं पहुँचते हैं)।

या आप प्रोग्रामिंग पर एक दर्जन पुस्तकें पढ़ सकते हैं। आप समय प्रबंधन, व्यक्तिगत संबंध, सीमाओं से उबरने, लक्ष्य तय करने और आत्म-गौरव बनाने संबंधी पुस्तकें भी पढ़ सकते हैं। आप यह सब कर सकते हैं, और भी बहुत कुछ कर सकते हैं।

लेकिन मेरा एक समाधान है, जो मेरे ख़्याल से आपके लिए अगले क़दम को सबसे ज़्यादा आसान बना देगा। उन पुस्तकों को पढ़ते रहें और उन टेपों को सुनते रहें, जिनकी सलाह आपके लीडर आपको देते हैं, लेकिन इस दौरान आप कुछ महत्त्वपूर्ण चीज़ें कर सकते हैं, जिनसे मदद मिलेगी।

शुरुआत में, हम उन बुनियादी बातों में जाते हैं, जो हम यहाँ सीख रहे हैं और उन बातों को एक सरल *अभ्यास योजना* में रखते हैं, जिसका इस्तेमाल आप किसी भी दिन, किसी भी समय कर सकें।

लक्ष्य है ऐमवे डिस्ट्रिब्यूटर के रूप में सफल होने - *सचमुच* सफल होने - के लिए आपको सुदृढ़ करना और आपको अपने परिवार, अपने घर, अपनी आर्थिक सुरक्षा और जो आप चुनते हैं, वह करने की स्वतंत्रता के साथ भी वैसी ही सफलता दिलाना।

और हम यहाँ किसी तरह की कपोल-कल्पना के बारे में बात नहीं कर रहे हैं। हम यह *उम्मीद* नहीं कर रहे हैं कि यह किसी तरह कारगर हो जाए। हम तो यहाँ

वास्तविक, व्यावहारिक, बुनियादी कामों के बारे में बात कर रहे हैं, जिनके बारे में अब हम जान चुके हैं कि ये उन नज़रियों और कार्यों को बनाने के लिए ज़रूरी हैं, जिनकी ज़रूरत आपको सफल होने के लिए है।

हमने अब तक जो विचार और अवधारणाएँ दी हैं, उनसे आप जान चुके हैं कि इसमें से कुछ भी मुश्किल नहीं है। वास्तव में मैं आपको जो सुझाव दे रहा हूँ, उन पर अमल करने में बहुत कम समय और ऊर्जा की ज़रूरत होती है। किसी भी चीज़ से बढ़कर इसमें आपकी *जीतने* की इच्छा और अपने कारोबार को *सफल* बनाने का विकल्प *चुनने* की ज़रूरत होती है।

आप इसकी जितनी ज़्यादा समीक्षा करते हैं, जितना ज़्यादा दोहराते हैं और जितना ज़्यादा शक्तिशाली बनाते हैं, यह उतना ही बेहतर काम करेगा

इसमें समझदारी नज़र आती है कि अगर प्रोग्रामिंग दोहराव और सशक्तिकरण की बदौलत काम करती है, तो आपको पहला क़दम तो यह उठाना चाहिए कि हमने जो विशिष्ट विचार बताए हैं, उन्हें शक्तिशाली बनाया जाए, इसलिए आप उन्हें सीखकर *अपने साथ रखते हैं।*

हो सकता है कि आप इस पुस्तक को पूरी पढ़ लें, इसे नीचे रख दें और दोबारा कभी न उठाएँ। अगर आप ऐसा करते हैं, तो आपको थोड़ा मूल्य तो मिलेगा, लेकिन कुछ घंटे तक पढ़ने और पढ़ी हुई बातों को शक्तिशाली न बनाने से आपको बस थोड़ी-सी जागरूकता ही मिलेगी। आपको कोई सच्चा *अभ्यास* - या *प्रोग्रामिंग* नहीं मिल पाएगी।

किसी चीज़ से यथासंभव अधिकतम पाने के लिए कई लोग कुछ अध्यायों को दोबारा पढ़ते हैं या हाईलाइट भी कर देते हैं और पुस्तक के खंडों पर बार-बार जाते हैं। मैं प्रायः ऐसा करने की अनुशंसा करता हूँ और यह कारगर भी है, अलबत्ता इसमें बहुत सा समय लग सकता है।

तो अगर आप हमारी दी हुई जानकारी का पूरा लाभ पाना चाहते हैं, तो नीचे दिए अभ्यास "समीक्षा करें, दोहराएँ और बलवान बनाएँ" से मदद मिलेगी। इससे बुनियादी बातों की फटाफट समीक्षा आसान हो जाएगी और आप उस क्षेत्र में सीधे जाएँगे, जहाँ आप अगली बार काम करना चाहते हैं।

समीक्षा करें, दोहराएँ और शक्तिशाली बनाएँ

कार्य योजना #1

पहचानें कि आप और आपका संगठन दरअसल कितने महत्त्वपूर्ण हैं।

आप ख़ास हैं। आपका संगठन भी ख़ास है। आप अपना जीवन बदल रहे हैं और आप संसार को बदल रहे हैं।

इस संदेश की *बार-बार* समीक्षा करें! अगली बार आप जब भी प्लान दिखाएँ, तो उसके ठीक पहले इस पन्ने पर पहुँचें और एक-दो बार ये शब्द या तो ज़ोर से या मन ही मन पढ़ लें। अगर मैं उस पल वहाँ होता, तो मैं आपको बहुत स्पष्टता से बताता कि आपकी अगली प्रस्तुति कितनी महत्त्वपूर्ण है - और मैं आपको आपके मूल्य, आपके महत्त्व और काम को पूरा करने की योग्यता भी बता देता।

आप यह काम खुद भी कर सकते हैं। इन शब्दों को पढ़ें। और फिर इन्हें दोबारा पढ़ें।

कार्य योजना #2

इस पुस्तक के पेज 10 के उद्धरण की फ़ोटोकॉपी करा लें।

इसे अपनी डेस्क के सामने दीवार पर लटकाएँ और इसे अक्सर पढ़ते रहें। इसे पढ़ते वक़्त यह याद रखें - *यह आपके* बारे में लिखा गया है।

कार्य योजना #3

दूसरे मुख्य "प्रोग्रामिंग उद्धरणों" को फ़ोटोकॉपी कराकर ऐसी जगह लगाएँ, जहाँ आप उन्हें बार-बार पढ़ सकें।

पुस्तक के सभी उद्धरण वाले पन्नों को दोबारा पढ़ें। जो आपको सबसे ज़्यादा पसंद हों या जिन पर आपको सबसे ज़्यादा काम करने की ज़रूरत हो, उन्हें चुन लें, उनकी फ़ोटोकॉपी करा लें और उन्हें ऐसी जगह रखें, जहाँ आप उन्हें सबसे ज़्यादा बार देख सकें।

मैं जैसा सुझाव दे रहा हूँ, उद्धरणों का वैसा इस्तेमाल करने का एक महत्त्वपूर्ण कारण है। ये उद्धरण एक उद्देश्य से दिए गए हैं। उनमें शामिल संदेश सकारात्मक, यथार्थवादी और महत्त्वपूर्ण *प्रोग्राम* हैं। उन्हें इसी तरह तैयार किया गया है।

हर बार जब आप उनमें से किसी को भी पढ़ते हैं, तो आप खुद को एक और स्व-संदेश - एक और प्रोग्राम दे रहे हैं। शक्तिशाली प्रोग्रामिंग में दोहराव की ज़रूरत होती है - बहुत से दोहराव की। इसलिए इन उद्धरणों को पढ़ने से आपके सभी प्रोग्राम-मार्ग नहीं बदलेंगे, ज़ाहिर है; इन्हें इस उद्देश्य से तैयार भी नहीं किया गया है।

लेकिन इन्हें *मंच सजाने* के उद्देश्य से तैयार किया गया है, ताकि आपकी *बाक़ी* प्रोग्रामिंग की *घोषणा* हो जाए : कि अब आप अपने कंप्यूटर में इस तरह के संदेश डालने का *चुनाव* करते हैं।

सफलता से खुद को घेरने का सिर्फ़ यह मतलब नहीं है कि आप खुद को अपने चुने हुए मित्रों या सहयोगियों से घेर लें। इसका मतलब तो दरअसल हर मिलने वाले संदेश के साथ खुद को सही *प्रोग्रामों* से - *हर* तरह से - घेरना है।

कार्य योजना #4

सफल नेटवर्क मार्केटिंग के नौ मुख्य गुणों को सीखें, समीक्षा करें और अभ्यास करें।

हर सप्ताह *कम से कम* एक बार अपने नेटवर्क मार्केटिंग व्यवसाय के नौ अनिवार्य गुणों की सूची पढ़ें। सूची की फ़ोटोकॉपी करा लें (जिसे मैंने आपके लिए यहाँ दिया है); उसे दीवार पर लगा लें या अपने प्लानर में रखें।

सूची पढ़ना सिर्फ़ याद दिलाने से ज़्यादा काम करेगा। जब भी आप यह सूची पढ़ते हैं, तो आप हर बार स्व-निर्देशों के एक और समूह के साथ खुद को *तैयार* कर रहे होंगे।

न सिर्फ़ आप खुद को कुछ सबसे सकारात्मक, स्वस्थ, कार्य-केंद्रित प्रोग्रामों की याद दिला रहे होंगे, बल्कि आप इन अनिवार्य गुणों का *अभ्यास* करने की भी खुद को याद दिला रहे होंगे।

सफल नेटवर्क मार्केटिंग के नौ मुख्य गुण

(इन्हें अक्सर पढ़ें और चेतन रूप से इनमें से प्रत्येक का अभ्यास करें।)

1. **मुख्य गुण #1 –** ***स्वप्न***

2. **मुख्य गुण #2 –** ***अपने समय का सकारात्मक इस्तेमाल***

3. **मुख्य गुण #3 –** ***समर्पण***

4. **मुख्य गुण #4 –** ***विश्वास***

5. **मुख्य गुण #5 –** ***आत्म-स्वीकृति***

6. **मुख्य गुण #6 –** ***स्वयं की ज़िम्मेदारी लेना***

7. **मुख्य गुण #7 –** ***दूसरों की परवाह करना***

8. **मुख्य गुण #8 –** ***आध्यात्मिक आदर्श***

9. **मुख्य गुण #9 –** ***सकारात्मक रिप्रोग्रामिंग***

कार्य योजना #5
तुरंत अपनी सेल्फ़-टॉक की निगरानी और संपादन शुरू करें।

आप घर पर, कामकाज में और ख़ासतौर पर डिस्ट्रिब्यूटर के रूप में जो भी करते हैं, हर क्षेत्र में अपनी सेल्फ़-टॉक को बदलना शुरू करें। उन प्रोग्रामों को पहचानें, जो आपको पीछे रोक रहे हों और तुरंत उन्हें बदलना शुरू करें।

कार्य योजना #6
इस पुस्तक में दी गई सेल्फ़-टॉक स्क्रिप्टों को पढ़ें, ज़ोर से या मन ही मन।

जिन स्क्रिप्टों को मैंने इस पुस्तक में शामिल किया है, उन्हें सिर्फ़ एक बार ही पढ़ना

काफ़ी नहीं है। इनमें से हर स्क्रिप्ट इस तरह तैयार की गई है, ताकि उसे अक्सर पढ़ा या सुना जाए - यदि संभव हो तो हर दिन।

अगर आप सावधानी से स्क्रिप्टों का अध्ययन करते हैं, तो आप पाएँगे कि उनमें से प्रत्येक आपके जीवन या आपके कारोबार के एक अकेले महत्त्वपूर्ण क्षेत्र को टारगेट करती है। लेकिन साथ ही, वे ऐसे प्रोग्राम बनाती हैं जो कई दृष्टिकोणों से उस विषय को टटोलती हैं। यह तो वैसा ही है, जैसे आप किसी वस्तु या अध्ययन सामग्री को हर तरफ़ से और सभी सबसे महत्त्वपूर्ण कोणों से देखें।

जब आप इस तरह की सेल्फ़-टॉक स्क्रिप्ट के इस्तेमाल का अभ्यास करते हैं, जो मैंने आपके लिए लिखी है, तो आप सुनने में अच्छे लगने वाले एक दर्जन वाक्यांशों को दोहराने से बहुत ज़्यादा कर रहे हैं। आप बहुत सुनियोजित ढंग से अपने मस्तिष्क में ढेर सारे फ़ाइलिंग कैबिनेट खोल रहे हैं। आप केवल एक-दो पर नहीं, बल्कि *सभी* महत्त्वपूर्ण प्रोग्रामों पर काम कर रहे हैं।

जो आसान दोहराव जैसा लगता है, वह दरअसल मस्तिष्क के पुराने न्यूरल सर्किटों को *दोबारा बनाने* की प्रक्रिया है। इसे सही तरीक़े से करने के लिए आपको सभी सही सर्किटों को दोबारा बनाना होता है। और आपको नए प्रोग्रामों को इतनी ज़्यादा बार दोहराना होता है, ताकि नए सर्किट - नए मार्ग - सचमुच बन जाएँ।

सेल्फ़-टॉक स्क्रिप्टें इसीलिए होती हैं। वे पढ़ने, दोहराने और आपके कंप्यूटर कीबोर्ड पर बार-बार "टाइप" करने के लिए हैं, जब तक कि वे मस्तिष्क में स्थायी, निश्चित, नए प्रोग्राम न बन जाएँ।

और जब आप उन ख़ासतौर पर लिखी स्क्रिप्टों का अभ्यास करते हैं, तो आप खुद को एक शक्तिशाली नया *पैटर्न* दे रहे हैं, जिसका अनुसरण आपकी *बाक़ी* की स्व-प्रोग्रामिंग करे। स्क्रिप्टों का अनुसरण करके आप जानते हैं कि आप इसे सही करने वाले हैं।

आप उन्हें पढ़कर देख सकते हैं, इनमें से कोई भी विशेष सेल्फ़-टॉक प्रोग्राम स्क्रिप्ट आपके खुद के आंतरिक नेटवर्क मार्केटिंग "प्रोग्रामों" में बेहतरीन इज़ाफ़ा हो सकती है।

यह इतना आसान है कि इसे कोई भी कर सकता है

न्यूरोलॉजिकल, मस्तिष्क रसायनशास्त्रीय दृष्टिकोण से दोबारा प्रोग्रामिंग की बात करते समय यह थोड़ा जटिल लग सकता है, लेकिन इसे सचमुच करते *वक़्त* यह प्रक्रिया बहुत सरल और बहुत स्वाभाविक होती है। (इसी तरह मस्तिष्क को प्रोग्राम होने के लिए बनाया गया है।)

यहाँ रहस्य यह है कि आप कितनी *ज़्यादा बार* और कितने *नियमित* ढंग से स्क्रिप्टों को पढ़ते या सुनते हैं।

मुझसे अक्सर पूछा जाता है, "क्या आपको टेप पर सेल्फ़-टॉक प्रोग्राम सुनने होते हैं?" जवाब है, नहीं।

अगला सवाल हमेशा यह होता है, "क्या आप दोबारा प्रोग्रामिंग का काम उतनी ही अच्छी तरह कर लेंगे, अगर आप खुद ही स्क्रिप्ट्स को पढ़ें और बार-बार पढ़ें?" इसका जवाब यह है, आप कर सकते हैं, लेकिन इसमें ज़्यादा लंबा समय लगेगा और नए प्रोग्राम संभवतः उतने शक्तिशाली नहीं होंगे। ऐसा सिर्फ़ इसलिए नहीं है, क्योंकि टेपों में शब्द और लहज़ा बिलकुल सही होते हैं। ऐसा इसलिए भी है, क्योंकि टेप कभी थकता नहीं है।

हो सकता है कि सुबह *आप* उतने उत्साही महसूस न कर रहे हों, या रात को सोने जाने से ठीक पहले सकारात्मक प्रोग्रामों का वह अंतिम समूह देने का आपका मन न हो रहा हो। लेकिन सेल्फ़-टॉक के टेप हमसे पहले जाग जाते हैं और वे हमारे सोने के लंबे समय बाद तक सोने नहीं जाते हैं।

चाहे आप सेल्फ़-टॉक को टेप पर सुनने का चुनाव करें या बस उन प्रोग्रामिंग स्क्रिप्टों को बार-बार पढ़ने का, जिन्हें मैंने इस पुस्तक में शामिल किया है, हर दिन, ख़ासतौर पर सुबह अपना दिन शुरू करते समय और रात को सोने से ठीक पहले, *कम से कम* एक-दो बार अपनी नई सेल्फ़-टॉक के साथ काम करने की आदत डालें।

मैं इस बात पर जितना भी ज़ोर दूँ, कम है कि इस तरह की सेल्फ़-टॉक को *बहुत* अच्छी तरह जानना कितना महत्त्वपूर्ण होता है। शोध अब यह साबित कर रहा है कि जिन लोगों को सही प्रोग्राम मिलते हैं और जिन लोगों को सही प्रोग्राम नहीं मिलते हैं, उनके बीच *भारी फ़र्क़* होता है।

सही प्रोग्राम होना आपके कारोबार और आपके बाक़ी जीवन के लिए अनिवार्य है। इसे करना पर्याप्त आसान है और परिणाम सचमुच जीवन बदल देते हैं। यह एक बड़े वादे जैसा लगता है। *यह सचमुच है।*

कार्य योजना # 7

अपने सबसे अच्छे प्रेरक बनने के लिए खुद को प्रशिक्षित करें और इसके लिए सेल्फ़-टॉक (स्वयं से संवाद) का इस्तेमाल करें।

आपकी *स्व*-प्रेरणा हमेशा आपके मौजूदा प्रोग्रामों पर निर्भर करती है। जब आपके प्रोग्राम आपको पीछे रोककर रखते हैं या जब उनकी वजह से आपमें शंका आती है, आत्मविश्वास कम होता है या अज्ञात का डर भी लगता है, तो आपको हमेशा ज़्यादा

अच्छा महसूस होता है, जब कोई आपको प्रोत्साहित करता है। इससे आप एक बार फिर प्रेरित हो जाते हैं।

जब आपके पास *खुद* को प्रेरित करने वाले *प्रोग्राम* होते हैं, तो आप अंततः खुद को प्रेरित करने लगते हैं। इसका यह मतलब नहीं है कि आप बाहरी सहायता और प्रोत्साहन पर विश्वास नहीं करते हैं; इसका मतलब तो यह है कि आप अपने कोच खुद बन जाते हैं।

जागना, दिन का अभिवादन करना और प्रोग्रामों का अपने आप चालू हो जाना बेहतरीन लगता है, जब आप कूदकर बिस्तर छोड़ते हैं और तेज़ी से ज़मीन पर पैर रखते हैं।

मैं ऐसा सिर्फ़ क्रिसमस की सुबह को किया करता था। अब मैं ऐसा इसलिए करता हूँ, क्योंकि मैंने कुछ प्रोग्राम जोड़ लिए हैं, जो मुझे *बाक़ी* समय भी *वैसा ही* महसूस कराते हैं।

मैंने इस पुस्तक में आपके लिए जो सेल्फ़-टॉक स्क्रिप्टें लिखी हैं, उनमें से कोई भी आपको प्रोत्साहित कर देगी। चाहे आप उन्हें ज़ोर से या मन ही मन पढ़ने या सुनने का चुनाव करें, मैं अनुशंसा करता हूँ कि आप यहाँ दी गई सभी स्क्रिप्टों का इस्तेमाल करें, ताकि आप अपनी प्रेरणा और उत्साह को अपने सर्वोच्च स्तर पर क़ायम रख सकें।

जब आप स्क्रिप्टों का इस्तेमाल करते हैं, तो आप प्रदर्शन ही बेहतर नहीं होगा। इसके अलावा, आप खुद को कुछ बेहद नए प्रोग्राम भी देंगे, जो *स्थायी* बन जाएँगे, बशर्ते आप उनका इस्तेमाल करते रहें। मेरी सलाह है, उनका इस्तेमाल करते रहें।

कार्य योजना # 8

निर्णय लें कि आप किस तरह के डिस्ट्रिब्यूटर बनना चाहते हैं और फिर उस शैली तथा कारोबार को उत्पन्न करें।

पहले मैंने डिस्ट्रिब्यूटर के दस भिन्न "प्रकार" बताए थे। आप अपने लगभग हर परिचित को इनमें से एक-दो प्रकारों में फ़िट कर सकते हैं। कुछ प्रकार के डिस्ट्रिब्यूटर स्पष्ट रूप से दूसरों से बेहतर होते हैं।

इन दस भिन्न शैलियों को पहचानना सीखने का उद्देश्य आपको यह अवसर देना है कि आप यह वास्तविक *चुनाव* करें कि आप सबसे बढ़कर *किस प्रकार के* व्यवसायी बनना पसंद करेंगे। जो लोग अपने व्यवसाय के *मालिक* होते हैं, उन्हें यह निर्णय लेना होता है कि वे अपने व्यवसाय को कैसे *चलाना* चाहते हैं।

फिर भी इन श्रेणियों में आने वाले ज़्यादातर डिस्ट्रिब्यूटरों को आमतौर पर यह पता ही नहीं होता कि उन्होंने एक शैली अपना ली है, जिसका वे भले या बुरे के लिए अनुसरण कर रहे हैं।

जब मैंने उन पर बात की थी, तो मैंने इन डिस्ट्रिब्यूटर शैलियों का ज़िक्र "चित्र" के रूप में किया था कि ये डिस्ट्रिब्यूटर कौन हैं और वे अपने व्यवसाय का प्रबंधन कैसे करते हैं।

आप इन शैलियों को जितना ज़्यादा पहचानते हैं और आप अपने तथा अपने व्यवसाय के लिए स्पष्ट, दृढ़ शैली संबंधी निर्णय जितने अधिक लेते हैं, आप उस शैली और पेशेवर पहचान को अपनाने में उतने ही बेहतर बनेंगे, जो कारगर होगी।

मैंने जिन शैलियों को पहचाना है और जिन पर बातचीत की है, वे हैं :

शैली #1 : गोपनीय डिस्ट्रिब्यूटर

शैली #2 : शंका करने वाला

शैली #3 : टालमटोल करने वाला

शैली #4 : दिशाहीन शक्तिपुंज

शैली #5 : रातोंरात सफलता

शैली #6 : ख़ामोश साथी

शैली #7 : टीम खिलाड़ी

शैली #8 : योजना पर चलने वाला

शैली #9 : सकारात्मक स्वप्नदर्शी

शैली #10 : सितारों की ओर अग्रसर डिस्ट्रिब्यूटर

अपने साझेदार, अपने जीवनसाथी या अपने परिवार के साथ मिलकर इस पर बातचीत करें।

निर्णय लें कि डिस्ट्रिब्यूटर के विभिन्न प्रकारों के ऐसे कौन से लक्षण हैं, जिन पर आप अपने व्यवसाय को बनाना चाहते हैं।

अध्याय दस को दोबारा पढ़ें और निर्णय लें कि आप किस तरह के व्यवसाय के स्वामी बनना चाहते हैं : कौन से लक्षण हैं जिन्हें आप अपनाना चाहते हैं या जिनसे छुटकारा पाना चाहते हैं।

अपनी योजना में सटीक बनें। खुद से सही तरह के सवाल पूछें :

यदि आप "टीम खिलाड़ी" बनना चाहते हैं, "योजना पर अमल करना चाहते

हैं," "सकारात्मक रूप से स्वप्न देखना" चाहते हैं और अपनी निगाह "सितारों की ओर अग्रसर सफलता" पर रखना चाहते हैं, तो *आपको दरअसल क्या करना चाहिए?*

आपको अपना व्यवसाय किस तरह चलाना चाहिए? आपको किस तरह की योजनाएँ लिखनी चाहिए और उन पर काम करना चाहिए? आप जो करते हैं, उस हर चीज़ को यह किस तरह प्रभावित करेगा?

सभी छोटी-बड़ी कंपनियाँ मीटिंग करके ऐसे ही निर्णय लेती हैं, चाहे वह आपका स्थानीय बैंक हो या एटीऐंडटी या भवन निर्माता या आईबीएम या आपका प्रिंटर या माइक्रोसॉफ़्ट या कोई भी दूसरी सफल कंपनी हो। क्या आपको भी यही नहीं करना चाहिए?

आपको डिस्ट्रिब्यूटरों के ये दस प्रकार बताने का उद्देश्य आपको यह जानकारी देना है कि आप अपने व्यवसाय को किस तरह बना सकते हैं, परख सकते हैं और प्रबंधन कर सकते हैं।

एक बार जब आप पहचान लेते हैं कि आप अपने व्यवसाय की शैली, नज़रियों और दिशा के नियंत्रण में हैं, तो आप जान जाते हैं कि इसके बाद क्या करना है। निश्चय करें। अपना चुनाव करें - और उस पर काम करें।

कार्य योजना #9

आपका अपने या इस व्यवसाय के बारे में जो डर हो, उसके पार जाने का निर्णय लें।

यह कार्य योजना आपसे यह नहीं कहता है कि आज के बाद आप *कभी* किसी चीज़ से न डरें। यह तो बस कहता है कि आप इसके बावजूद आगे बढ़ जाएँ।

पल भर के लिए आइए दो लोगों पर नज़र डालते हैं। उनमें से एक डरा हुआ है और ज़्यादातर मामलों में अपने जीवन की छायाओं में रहता है। आप यह कल्पना भी कर सकते हैं कि आप इस व्यक्ति को बहुत स्पष्टता से नहीं देख सकते। वह कहीं पर छायाओं में छुपा हुआ है। या तो उसे वहाँ रहना अच्छा लगता है या वह बाहर निकलने से घबराता है।

अब इस उदाहरण में दूसरे व्यक्ति की ओर देखें। यह व्यक्ति धूप से प्रेम करता है। वह खुले में रहता है - और वह अपना जीवन और व्यवसाय भी इसी तरह चलाता है। वह जीने से प्रेम करता है! वह इसके लिए सारे जतन कर रहा है!

इन दोनों लोगों के बीच फ़र्क़ डर से निबटने की उनकी क़ाबिलियत में नहीं है; यह तो आगे बढ़ने की उनकी इच्छा में है - और इस निश्चय में है कि वे जीवन या

जीवन बदलने वाले *अवसर* को कभी अपने पास से नहीं गुज़रने देंगे।

"क्या मैं यह कर सकता हूँ?" या "कोई दूसरा क्या सोचेगा?" या "अगर यह कामयाब नहीं हुआ, तो क्या होगा?" यह सब सोचने के बजाय आप *तुरंत* आगे बढ़ जाते हैं – और आप इसे कारगर *बनाने पर* ध्यान केंद्रित करते हैं।

अगर आप डर से छुटकारा पाना चाहते हैं, तो अपने लक्ष्य पर ध्यान केंद्रित करें। और फिर इसके लिए योजना बनाएँ, इसकी तैयारी करें, इस पर काम करें, इसके बारे में बात करें, इसमें यक़ीन करें और फिर इस पर थोड़ी ज़्यादा मेहनत करें। जब आप *लक्ष्य पर ध्यान केंद्रित* करने में व्यस्त होते हैं, तो आप इतने ज़्यादा मसरूफ़ हो जाते हैं कि डर के बारे में चिंता ही नहीं रह जाती है।

यह भी दिमाग़ में रखें कि आपको और आपके व्यवसाय को प्रभावित करने वाले ज़्यादातर डर *अचेतन* किस्म के होते हैं – जो आपको कोई चीज़ करने से रोक देते हैं और आपको इस बारे में सोचना भी नहीं पड़ता है।

ये डर – ये सभी डर – मस्तिष्क के पुराने नकारात्मक प्रोग्राम होते हैं। और आप जानते हैं कि उनके बारे में क्या करना है।

कार्य योजना # 10

अपने परिवार को प्रोत्साहित करें कि यह आपको प्रोत्साहित करे। सभी नकारात्मक चीजों के पार निकल जाएँ। और अपने लिए ख़ुद सोचें।

मैं सोचता हूँ कि अगर हर व्यक्ति को घर पर पूरा समर्थन मिले, तो आपका संगठन बहुत तेज़ी से तरक्की कर सकता है।

नकारात्मक नज़रिये और निराधार रायें पतियों, पत्नियों, अभिभावकों, सास-ससुर, बेटे-बेटियों, सबसे अच्छे मित्रों, सामान्य मित्रों, बॉस और यहाँ तक कि अज्ञानी मीडिया से भी आ सकती हैं।

घर पर लोगों को सकारात्मक ढंग से राज़ी करने के लिए कड़ी मेहनत करें। बाक़ी सबको नज़रअंदाज़ कर दें।

यदि आपको इस समस्या से निबटने की ज़रूरत नहीं है, तो आप ख़ुशक़िस्मत हैं। आप अपना समय और ऊर्जा अपने व्यवसाय को बनाने में लगा सकते हैं।

लेकिन अगर आपके घर में कोई है या कोई क़रीबी पारिवारिक सदस्य है, जो यह चाहता है कि *आप* वही करें, जो *वह* चाहता है कि आप करे, तो उससे कहें कि वह उस पत्र को पढ़ ले, जो मैंने उसके लिए लिखा है। और जब भी ऐसा हो, तो ख़ुद भी इसे दोबारा पढ़ें, साथ ही एक-दो सेल्फ़-टॉक स्क्रिप्ट दोबारा भी पढ़ लें।

सबसे अहम बात यह है कि *आप* आगे बढ़ते रहें।

कार्य योजना # 11

तुरंत अपने आत्म-ग़ौरव पर ध्यान केंद्रित करना शुरू करें। इसे चेतन रूप से बढ़ाने का अभ्यास करें। एक लक्ष्य तय करें, जो आपको बताए कि आप अपने आत्म-ग़ौरव को कितना शक्तिशाली और सकारात्मक बनाना चाहते हैं। फिर उस लक्ष्य तक पहुँच जाएँ।

आपका आत्म-ग़ौरव, चाहे यह इस वक़्त जैसा भी हो, संयोग से *बना* हो सकता है - लेकिन यह संयोग से *बेहतर* नहीं बनेगा। आपको इसे खुद बदलना होगा।

अपने आत्म-ग़ौरव को बनाने के लक्ष्य में बहुत निश्चित बनने के लिए खुद से नीचे दिए सवाल पूछें। यही सवाल एक उत्कृष्ट समीक्षा सूची भी देंगे, जिसे आप समय-समय पर पढ़ सकते हैं, ताकि आप अपनी प्रगति की जाँच कर सकें कि आप कितना अच्छा प्रदर्शन कर रहे हैं :

आपका आत्म-ग़ौरव इस वक़्त कैसा है?
क्या आप खुद को नैसर्गिक विजेता के रूप में देखते हैं?
क्या यह व्यवसाय आपके लिए आसान है?
आप जो कर रहे हैं, क्या उसके प्रति आपमें बहुत उत्साह है?
आप जो चाहते हैं, क्या आप उसके लिए कड़ी मेहनत करने के इच्छुक हैं?
क्या आप दूसरे लोगों को खुद को रोकने देते हैं?
क्या आप जानते हैं कि आप क्या चाहते हैं?
क्या आप ऐसे व्यक्ति हैं, जो दीर्घकालीन लक्ष्य तय करता है?
क्या आप अपने लक्ष्यों तक पहुँचते हैं?
क्या आपके पास सकारात्मक नज़रिया है?
क्या आप संवाद में अच्छे हैं?
जब कोई दूसरा बोलता है, तो क्या आप सुनते हैं?
क्या आप खुद को अच्छी तरह व्यक्त करते हैं?
क्या आप बहस करते हैं?
अगर आप बहस करते हैं, तो आप किस बारे में बहस करते हैं?
आपके हाव-भाव कैसे हैं?

आप ज़्यादातर समय अपना सिर कैसे रखते हैं?

कौन-सी चीज़ें हैं, जिनमें आपकी सबसे ज़्यादा रुचि है?

वे कौन लोग हैं, जिनका आप सबसे ज़्यादा सम्मान करते हैं? आप उनका सम्मान क्यों करते हैं?

क्या आप व्यवस्थित हैं?

क्या आपके जीवन पर आपका नियंत्रण है?

क्या आप यक़ीन करते हैं कि आप अपने भविष्य में एक महत्त्वपूर्ण, सकारात्मक फ़र्क़ डाल सकते हैं?

क्या आप यक़ीन करते हैं कि आप दूसरे लोगों के जीवन में एक महत्त्वपूर्ण, सकारात्मक फ़र्क़ डाल सकते हैं?

आप अपनी उम्र के बारे में कैसा महसूस करते हैं?

क्या आप ऐसे व्यक्ति हैं, जो कोई चीज़ शुरू करके उसे पूरा कर सकता है?

आपका स्व-विश्वास कैसा है?

क्या आप अच्छे टीम खिलाड़ी हैं और दूसरे लोगों के साथ अच्छी तरह काम करते हैं?

क्या आप एक लीडर हैं?

क्या आप किसी योजना पर अमल करने में अच्छे है?

क्या आप यक़ीन करते हैं कि आपमें दौलतमंद, पेशेवर रूप से स्वतंत्र, खुश और सफल बनने की योग्यता है?

इस सूची में इसी तरह के सौ अन्य सवाल हो सकते हैं - लेकिन इन कुछ उदाहरणों से आपको विचार मिल जाएगा।

ग़ौर करें कि इनमें से एक सवाल में भी यह नहीं पूछा गया है कि क्या आप खुद को *पसंद करते हैं।* आत्म-ग़ौरव दरअसल खुद को पसंद करने या प्रेम करने के बारे में ही नहीं है; आत्म-ग़ौरव तो इस बात की *पूरी तस्वीर* है कि आप खुद के बारे में - अपने से संबंधित *हर चीज़* के बारे में - कैसा सोचते हैं।

ये सवाल, और इसी जैसे और सवाल, यह पता लगाने में आपकी मदद करेंगे कि आप अपने आत्म-ग़ौरव को दरअसल *कैसा बनाना चाहेंगे।* यहाँ प्रक्रिया इस सूची को पढ़ना है, जैसा आपने अभी किया। लेकिन अब, कोई एक सवाल लें और इसे दोबारा व्यक्त करें। आइए मिसाल के तौर पर, इस सवाल को ले लें, *"क्या आपके जीवन पर आपका नियंत्रण है?"*

इस बार पढ़ते वक़्त इसे थोड़ा बदल लें। इस बार यह सवाल पूछें, "क्या मैं अपने जीवन पर नियंत्रण रखने का *चुनाव करता हूँ?"*

दूसरे उदाहरणों को भी इस तरह व्यक्त किया जाएगा, "क्या मैं संवाद में अच्छा बनने का *चुनाव करता हूँ,"* "क्या मैं बाधाओं या समस्याओं को खुद को रोकने देने का *चुनाव करता हूँ,"* या "क्या मैं किसी योजना के अनुसरण में अच्छा बनने का *चुनाव करता हूँ?"* आदि।

जब आप अपने आत्म-ग़ौरव को बेहतर बनाने का लक्ष्य तय करते हैं, तो आपको पहले-पहल यह जानकर शुरू करना होगा कि वह "बेहतर" आत्म-ग़ौरव कैसा दिखेगा। क़दम ये हैं :

क. ऐसे चुनाव करें, जो आपको बताते हों कि आप अपने आत्म-ग़ौरव को कैसा बनाना चाहते हैं।

ख. उन चुनावों को क़ागज़ पर लिख लें, जैसे "मैं संवाद में अच्छा बनने का चुनाव करता हूँ।" लगभग एक दर्जन चुनावों से शुरुआत करें। फिर बाद में और जोड़ लें।

ग. इसके बाद, जब भी आपकी जीवन-योजना मीटिंग हो या आप जब भी नियमित समय तय करें, हर बार आत्म-ग़ौरव के विकल्पों की सूची पढ़ लें।

आत्म-ग़ौरव के विकल्पों की सूची पढ़ते वक़्त आप ग़ौर करेंगे कि वे बहुत हद तक सेल्फ़-टॉक जैसे दिखते हैं। वे सेल्फ़-टॉक *हैं।* आपकी। उनका ठीक इसी तरह अभ्यास करें।

कार्य योजना # 12

अपनी दैनिक प्रोग्राम जाँचसूची की फ़ोटोकॉपी कराएँ और निष्ठापूर्वक इसे पढ़ें तथा इसकी समीक्षा करें।

मैं सुझाव देता हूँ कि आप अपनी जाँचसूची (जो अध्याय 14 में दी गई है) की बहुत सारी प्रतियाँ करा लें। इनमें से प्रत्येक प्रश्न का जवाब देते समय बॉक्स में *निशान* लगा लें।

आप बहुत सौभाग्यशाली हैं। जाँच सूचियाँ कई अन्य व्यवसायों के लोगों के लिए अच्छी तरह काम नहीं करती हैं, सिर्फ़ इसलिए क्योंकि उनके पास *अनुसरण करने के लिए कोई बिलकुल स्पष्ट योजना नहीं होती है।* अगर आपको यह पता ही नहीं है कि मार्ग कहाँ है, तो आप *मार्ग पर* कैसे बने रह सकते हैं?

लेकिन आप एक ऐसे व्यवसाय में हैं, जो एक प्लान पर बना है; आपके पास एक मार्ग है, जिसे आप चूक नहीं सकते।

जाँचसूची का इस्तेमाल करें। प्रत्येक प्रश्न का जवाब दें। हर सुधार की तलाश करें, जिस पर आप अमल कर सकते हों, जो आपके व्यवसाय को और ज़्यादा सफल बनाएगा।

यह भी मुश्किल नहीं है। विजेता यही *करते हैं।*

अगर आप जैसे दो लोग होते, तो आप किसे वोट देते?

अगर आप जैसे *दो* लोग होते और आपमें से एक उन कार्य योजना पर अमल करने का चुनाव करता, जिनकी समीक्षा हमने अभी-अभी इस अध्याय में की है, जबकि दूसरा "आप" इस पुस्तक को दूर रखकर, शायद बाद में किसी समय पढ़ने का चुनाव करता, तो आप सफल होने के लिए - *डायमंड बनने* के लिए अपना वोट किसे देते?

इन बारह कार्यक़दमों की बार-बार समीक्षा करने से आपको इस पुस्तक में दिए सभी मुख्य विचारों और साधनों को शक्तिशाली बनाने में मदद मिलेगी।

इस तरह से इस अध्याय का इस्तेमाल करने से न सिर्फ़ ये विचार और अवधारणाएँ आपके दिमाग़ में ताज़ा बनी रहेंगी, बल्कि आपको इन विचारों पर *तुरंत* अमल शुरू करने में मदद मिलेगी - एक प्रभावी और व्यवस्थित तरीक़े से।

जब आप इन अवधारणाओं का अभ्यास करते हैं और उन्हें अपने व्यवसाय - और हर दूसरी चीज़ जो आपके लिए महत्त्वपूर्ण है - का हिस्सा बना लेते हैं, तो आप अपने जीवन, अपने परिवार के जीवन और जिस भी चीज़ को आप स्पर्श करते हैं, उस में ज़्यादा गुणवत्ता और मूल्य बना लेते हैं।

आइए अब देखते हैं कि आप जो छूते हैं, क्या हम उसे सोने में बदल सकते हैं।

या डायमंड में।

"यदि आप वाक़ई अपने
आसमान के उन डायमंड में से एक
बनना चाहते हैं, तो आप बन
सकते हैं।

आपके पास <u>संगठन</u> है।
आपके पास <u>साधन</u> हैं।
आपके पास <u>समय</u> है।
आपके पास <u>समर्थन</u> है।
आपके पास वहाँ पहुँचने की
<u>योग्यता</u> है।

कभी भी किसी को ख़ुद को इससे
कम न बताने दें।

<u>आप यह कर सकते हैं</u> -
और आप जानते हैं कि आप कर
सकते हैं!"

अध्याय - 16

अविश्वसनीय *आप* में यक़ीन करना!

कुछ साल पहले मैंने एक सेल्फ़-टॉक (स्वयं से संवाद) स्क्रिप्ट लिखी, जो मेरी सबसे लोकप्रिय सेल्फ़-टॉक स्क्रिप्ट साबित हुई। इसका शीर्षक था "अविश्वसनीय आप में यक़ीन करना!" और यह मेरी लिखी बाक़ी सभी प्रोग्राम स्क्रिप्टों से भिन्न थी। इसे लिखते वक़्त मैंने सोचा था, "अगर मैं सिर्फ़ एक, अंतिम सेल्फ़-टॉक स्क्रिप्ट लिख सकूँ, तो वह कैसी होगी?"

जैसा बाद में पता चला, यह स्क्रिप्ट हर व्यक्ति के लिए थी, जो अपने जीवन को कुछ बनाना चाहता था। सैकड़ों प्रकाशित सेल्फ़-टॉक स्क्रिप्टों में से आज तक यही सबसे ज़्यादा आग्रह वाली, सबसे ज़्यादा पढ़ी और सबसे ज़्यादा सुनी जाने वाली सेल्फ़-टॉक प्रोग्राम रही है।

लेकिन अब सर्वश्रेष्ठ को बेहतर बनाने का समय है। हालाँकि कई ऐमवे डिस्ट्रिब्यूटर उस सेल्फ़-टॉक प्रोग्राम को अपना प्रिय मानते हैं, लेकिन मुझसे बार-बार *उसी* तरह की सेल्फ़-टॉक लिखने का आग्रह किया गया है, लेकिन सिर्फ़ उनके लिए।

आप गौर करेंगे कि यह ख़ास स्क्रिप्ट "मध्यम पुरुष" में लिखी गई है, जैसे कोई *बाहरी* कोच आपके *अंदर वाले* स्वरूप को संबोधित कर रहा हो। (यह इसी तरह रिकॉर्ड की गई है, इसीलिए यह इतना शक्तिशाली प्रेरक साधन बन जाती है, साथ ही यह नए प्रोग्राम भी उत्पन्न करती है।)

इसे पढ़ें, यथासंभव ज़ोर से - और देखें कि इसी समय आपकी अपने बारे में देखी जाने वाली तस्वीर के साथ क्या होता है। यह ध्यान रखें कि आपके बारे में एक साथ इतनी सारी सकारात्मक चीज़ें "बताया जाना" कैसा महसूस हो सकता है; ज़्यादातर लोग इसके अभ्यस्त नहीं होते। अगर ऐसा होता है, तो यह पूरी तरह आपके लिए सही है कि आप ऐसा महसूस करें। चिंता न करें। बार-बार इस्तेमाल से आपको जल्दी ही सच्चाई सुनने की आदत पड़ जाएगी - *अपने* बारे में।

तो यहाँ "अविश्वसनीय आप में यक़ीन करना!" नई स्क्रिप्ट के रूप में है, लेकिन इस बार यह सिर्फ़ आपके लिए है।

विशेष ऐमवे डिस्ट्रिब्यूटर सेल्फ़-टॉक स्क्रिप्ट # 6

"अविश्वसनीय आप में यक़ीन करना! – ऐमवे के लिए"

आप अविश्वसनीय हैं! और आप जानते हैं कि मैं किसके बारे में बात कर रहा हूँ!

आपके पास हर वह चीज़ है, जो सफल होने के लिए ज़रूरी है और कोई चीज़ अब आपको नहीं रोकने वाली है। आपके पास गुण, दक्षताएँ और योग्यता है। आपके पास ऐसे गुण और योग्यताएँ हैं, जिनके बारे में आप अब तक जानते ही नहीं हैं!

आपके पास इसे पूरा करने का सारा सामान है। आपके पास सकारात्मक महत्त्वाकांक्षा, साहस, संकल्प और उस तरह का नज़रिया व दृढ़ता है, जो आपको शुरू कराती है और काम पूरा होने तक आपको कभी नहीं रुकने देती!

आप ख़ुद में यक़ीन करते हैं, आप अपने संगठन में यक़ीन करते हैं, आप ऐमवे में यक़ीन करते हैं और आप उस अविश्वसनीय भविष्य में यक़ीन करते हैं, जो आप अपने लिए बना रहे हैं।

आपमें शक्ति है! आपमें प्रबल प्रेरणा है! आपमें स्टैमिना है और आपमें सफल होने की शक्ति है। आप अपने और अपने आस-पास के हर व्यक्ति के जीवन में शक्तिशाली, सकारात्मक ऊर्जा उत्पन्न करते हैं।

आप ख़ुद को फ़िट, सक्रिय, शारीरिक रूप से चुस्त, ऊर्जावान, उत्साह से भरपूर और काम करने का जज़्बा रखते हैं। आप सारे समय और हर काम में अपनी परवाह करते हैं।

आप यह सुनिश्चित करते हैं कि आपका मन स्पष्ट, पैना, चौकस, सक्रिय और स्वस्थ रहे और हमेशा सबसे सकारात्मक संभव तरीक़े से आपके लिए काम कर रहा हो।

आप तैयारी करते हैं, आप अभ्यास करते हैं, आप प्रॉस्पेक्टिंग करते हैं, आप

प्लान दिखाते हैं और आप परिणाम देते हैं! आप सफल होने का चुनाव करते हैं, इसलिए आप इसमें पूरी तरह बने रहते हैं, हर अवसर, हर दिन, हर स्तर और रास्ते के हर क़दम पर!

आपमें आस्था, साहस और विश्वास है। आप जानते हैं कि आप यह कर सकते हैं और आप इसे हर दिन साबित करते हैं!

आप अपने व्यवसाय के प्रति समर्पित हैं और आप अपने लक्ष्य के प्रति समर्पित हैं। आपने सफल होने के लिए ख़ुद के साथ एक अनुबंध किया है।

आपके पास एकाग्रता है! आपके पास प्लान है! आप व्यवस्थित हैं! आप अपने जीवन, अपने व्यवसाय और अपनी सफलता को नियंत्रित करते हैं। इसलिए आप अपनी निगाह जमाते हैं, लक्ष्य पर केंद्रित रहते हैं, अपने लक्ष्य को दोबारा व्यक्त करते हैं और कर्म करते हैं!

आप ख़ास हैं, अनूठे हैं और आपकी सफलता तय है। आपमें ऐसे आदर्श हैं, जो आपको कभी नीचा नहीं देखने देंगे! आप लोगों की परवाह करते हैं और लोग आपकी परवाह करते हैं। आप सफल होने में दूसरों की मदद करते हैं और अपने प्रयासों के जरिये आप संसार बदलने में अपनी भूमिका निभा रहे हैं।

आप एक असाधारण इंसान हैं। आप सम्मान, सत्य, आदर्शों, आस्था, कर्म, उपलब्धि, ख़ुशी और विश्वास के साथ अपना जीवन जीने का चुनाव करते हैं।

आप ख़ुश हैं, जीवन से भरे हैं और उत्साह से भरे हैं! ख़ासतौर पर आज! हाल-फ़िलहाल, आप अपने भीतर उस अपराजेय भावना की आवाज़ सुनते हैं! आप ख़ास हैं। आपको वरदान मिले हैं और आप उन्हें हर चीज़ में याद रखते हैं, जो आप कहते और करते हैं - आज, कल, और हर दिन।

यह आपका समय है; यह आपकी जगह है। यही वह पल है - आज आपका दिन है! इसलिए आप इसके लिए जाते हैं! इसी समय आप संसार को दिखाते हैं कि आप कर सकते हैं - सिर्फ़ इसलिए क्योंकि आप हाँ कहने का चुनाव करते हैं। आप अपने जीवन और अपने व्यवसाय को सबसे अविश्वसनीय, सकारात्मक तरीक़े से सफल बनाने का चुनाव करते हैं - इसी समय। आज!

अगर आपके मन में अतीत में अपने बारे में कोई शंकाएँ रही हों, तो आज हर शंका, चिंता या अविश्वास को दरकिनार करने का अच्छा दिन है। आपके पास वह सब है जिसकी ज़रूरत है और कोई चीज़ सफल होने के आपके संकल्प को पराजित नहीं कर सकती।

आप अपना सिर ताने रखते हैं। आप अपनी निगाह जमाते हैं। आप अपना संतुलन बनाए रखते हैं। आप हिचकते नहीं हैं। आप पीछे नहीं रुकते हैं। आप आगे क़दम बढ़ाते हैं और आप जीतते हैं!

सोचें कि आप आज क्या कर सकते हैं! सोचें कि आप कितनी ख़ुशी, कितनी उपलब्धि, कितनी भलाई, कितनी सफलता उत्पन्न कर सकते हैं।

तो हाल-फ़िलहाल आप एक गहरी साँस लेते हैं। आप ख़ुद को पहले से ज़्यादा ऊँचाई तक तना देखते हैं और आप ख़ुद को हाँ कहते हैं, और अपनी सफलता को हाँ कहते हैं!

आप अविश्वसनीय हैं! और आज इसे साबित करने का बेहतरीन दिन है!

यह स्वयं में - *अविश्वसनीय आप में* - विश्वास करने का समय है! यह अपने व्यवसाय - और आपके बाक़ी जीवन - को हर वह चीज़ बनाने का निर्णय लेने का समय है, जो यह संभवतः बन सकता है।

ये ख़याली-पुलाव वाली सोच या क्षणिक प्रेरणा के खोखले शब्द नहीं हैं। आप इस समय जो करते हैं, वह असाधारण रूप से महत्त्वपूर्ण है। कर्म करने, व्यस्त होने, प्लान पर काम करने और एक असीमित भविष्य की स्वतंत्रता उत्पन्न करने का आपका निर्णय ही आपको सामान्य लोगों से अलग करेगा और आपके भविष्य को उज्ज्वल करेगा।

क़दमों पर चलें। प्लान पर काम करें। आपको दिए गए औज़ारों का इस्तेमाल करें। ख़ुद को उस समर्थन से घेर लें, जो वहाँ आपके लिए मौजूद है। मीटिंगों और समारोहों में हिस्सा लें। अपनी टीम के साथियों के साथ समय बिताएँ और अपने उत्साह को बढ़ाएँ, साथ ही दूसरों के उत्साह को बढ़ाने में उनकी मदद करें। तुरंत अपने पुराने प्रोग्रामों पर काम करने जाएँ; उन्हें बदल दें, जिन्होंने अतीत में आपको सीमित करने की कोशिश की है - और उन्हें जोड़ दें, जिन्हें आप अपने भविष्य में साथ रखना चाहेंगे।

और इस दौरान, ख़ुद को याद दिलाएँ कि समय कम है और करने के लिए बहुत कुछ है। इससे पहले कि आप जान पाएँ, आप उस अगले स्तर, और फिर अगले स्तर और फिर अगले स्तर... पर पहुँच जाएँगे।

हर पल को महत्त्वपूर्ण बनाना

मैं आपको अपने जीवन की एक कहानी बताना चाहूँगा, जिसने मुझे हर पल जीने का महत्त्व सिखाया। यह कहानी एक घटना से संबंधित है, जो मेरे साथ बहुत कम उम्र में

हुई – और इसने मेरे जीवन को हमेशा-हमेशा के लिए बदल दिया।

मैं छह साल का था, जब मेरी पहली असली जन्मदिन पार्टी दी गई। इसमें मेरे चर्च के मित्रों और रिश्तेदारों को आमंत्रित किया गया था। उनमें एक बहुत ख़ास बुज़ुर्ग थे। उनका नाम एली था, जो मेरे दादाजी के भाई थे। मैं एली को ख़ासतौर पर पसंद करता था, क्योंकि वे बहुत बुद्धिमान थे और वे हर चीज़ के बारे में कुछ न कुछ जानते थे; लेकिन मैं उन्हें सबसे ज़्यादा पसंद इसलिए करता था, क्योंकि वे मेरे मित्र थे और वे हमेशा मुझसे बात करने का समय निकाल लेते थे और मुझे नई बातें समझाते रहते थे।

छठे जन्मदिन की उस पार्टी में किसी समय एली अंकल ने कहा कि वे मेरे साथ बात करना चाहते हैं। हम बाहर जाकर घर के आस-पास लगे देवदार के वृक्षों के नीचे एक लकड़ी की बेंच पर बैठ गए। यह रात का समय था और आसमान करोड़ों, चमकते तारों से भरा था।

जब हम वहाँ बैठे, तो एली ने पूछा, "तुम कितने साल के हो?"

मैंने बहुत गर्व से कहा, "मैं छह साल का हूँ।"

"क्या तुम अपनी अँगुलियाँ चटका सकते हो?" एली ने आगे पूछा।

"बिलकुल चटका सकता हूँ," मैंने जवाब दिया, क्योंकि मैं जानता था कि छह साल के लड़के को अपनी अँगुलियाँ चटकाना आना चाहिए।

और मैंने इसे साबित करने के लिए एक बार अपनी अँगुलियाँ सचमुच ज़ोर से चटका दीं।

"यह बहुत अच्छा है," एली ने कहा। "अब मैं चाहता हूँ कि तुम मेरी ख़ातिर एक महत्त्वपूर्ण चीज़ करो।"

मैंने कहा, "अगर मैं कर सकूँगा, तो ज़रूर करूँगा।"

एली ने आगे कहा, "मैं चाहता हूँ कि अगले साल अपने सातवें जन्मदिन की पार्टी के दौरान तुम किसी समय बाहर निकलकर तारों को देखो। फिर मैं चाहता हूँ कि तुम इस वक़्त को याद करो और बस एक बार अपनी अँगुलियाँ चटका दो। क्या तुम मेरी ख़ातिर यह करोगे?"

हालाँकि मैं नहीं जानता था कि एली मुझे क्या बता रहे थे या क्यों बता रहे थे, लेकिन मैं उन्हें पसंद करता था, इसलिए मैंने ख़ुशी-ख़ुशी वादा कर लिया।

उन्होंने कहा, "अगर मैं अगली पार्टी में तुम्हारे साथ रह पाया, तो यह काम करते वक़्त मैं तुम्हारे साथ बाहर चलूँगा।" फिर वे आगे बोले, "और मैं चाहता हूँ कि तुम यही चीज़ अपने आठवें जन्मदिन पर करो और फिर अपने नवें जन्मदिन पर

भी और अपने दसवें जन्मदिन पर भी। और फिर, अपने पंद्रहवें, और फिर बीसवें और फिर पच्चीसवें और फिर हर पाँचवें जन्मदिन पर यह करो, जितने समय तक यह कर सकते हो।"

"अपनी पार्टी के दौरान किसी समय कुछ मिनट निकालकर बाहर चले जाओ, सितारों को देखो और अपनी अँगुलियाँ बस एक बार चटका दो। क्या तुम मेरी ख़ातिर यह करोगे?" उन्होंने पूछा।

मैंने एली से वादा किया कि मैं यह करूँगा, हालाँकि मैं तब यह नहीं समझ पाया था कि वे मुझसे यह करने को क्यों कह रहे हैं। लेकिन मैं जानता था कि वे बहुत बुद्धिमान थे और वे मेरे मित्र थे, इसलिए मैंने वादा कर लिया।

फिर एली ने कहा, "एक बार फिर अपनी अँगुलियाँ चटकाओ।" एक बार फिर मैंने गर्व से अपनी अँगुलियाँ चटका दीं, जितनी ज़ोर से मैं चटका सकता था। एली ने कहा, "अच्छी बात है।" और फिर उन्होंने आगे कहा, "... वैसे क्या तुमने इस बात पर ग़ौर किया कि जब तुमने अभी अँगुलियाँ चटकाई थीं और जब तुमने कुछ मिनट पहले पहली बार अँगुलियाँ चटकाई थीं, तो *ऐसा लग रहा था जैसे इन दोनों घटनाओं के बीच में ज़रा भी समय नहीं गुज़रा था?"*

मैं आंशिक रूप से समझ गया कि एली का क्या मतलब था, लेकिन पूरी तरह नहीं। एक साल बाद जब मैं सात साल का हो गया, तब कहीं जाकर मैं आख़िरकार इसका मतलब समझ पाया। बूढ़े एली अंकल उस साल मेरी जन्मदिन पार्टी में नहीं आ पाए। गर्मियों में एक रात वे सोने गए थे और दोबारा कभी नहीं जागे।

लेकिन मुझे वह वादा याद था, जो मैंने उनसे किया था, इसलिए अपने सातवें जन्मदिन की पार्टी में मैं अकेला बाहर गया, देवदार के पेड़ों के नीचे वाली लकड़ी की बेंच पर बैठा और रात के आसमान की ओर ऊपर देखा, जिसमें करोड़ों सितारे भरे थे। फिर मैंने एली के बारे में सोचा और बस एक बार अपनी अँगुलियाँ चटका दीं।

उस *पल* में मुझे एहसास हुआ कि एली मुझे क्या बताने की कोशिश कर रहे थे : ऐसा लग रहा था, मानो एक साल पहले जब मैंने अपनी अँगुलियाँ *पहली* बार चटकाई थीं और *अब जब* मैंने अपनी अँगुलियाँ चटकाईं, उनके बीच मानो एक पल भी न गुज़रा हो। समय के एक पल में *एक पूरा वर्ष* गुज़र गया था!

और मैंने यही चीज़ अपने आठवें जन्मदिन पर की, और नवें और दसवें और फिर अपने पंद्रहवें और बीसवें और पच्चीसवें और उसके बाद हर पाँचवें जन्मदिन पर की। किसी समय पार्टी के दौरान मैं कुछ मिनट का समय निकालता था, अकेला बाहर जाता था और मैं जहाँ भी रहता था, तारों की ओर ऊपर देखता था, एली के बारे में सोचता था और अपनी अँगुलियाँ बस एक बार चटका लेता था।

ज़्यादा समय नहीं हुआ, जब मैंने अपना पचासवाँ जन्मदिन मनाया। और जब मैं उस रात तारों के नीचे खड़ा हुआ और उन पूरे सालों के बारे में सोचा, जो इतने साल पहले पहली बार अँगुलियाँ चटकाने और अभी के बीच गुज़रे थे - तो मुझे एहसास हुआ कि मैं समय में कुछ, संक्षिप्त "चटाकों" के साथ ही लड़के से आदमी बनने की यात्रा कर चुका था।

जल्दी ही, अपने पचपनवें जन्मदिन पर मैं उन तारों के नीचे एक बार फिर अपनी अँगुलियाँ चटकाऊँगा, और अपने साठवें जन्मदिन पर और अपने पैंसठवें जन्मदिन पर और अपने सत्तरवें जन्मदिन पर और उसके हर पाँच साल बाद... जब तक कि मैं कर सकता हूँ। और हर बार जब मैं यह करता हूँ, तो मुझे यह एहसास होता है कि *मैंने इन "चटाकों" के बीच जो किया है, वह मायने रखता है।*

एक सबक़ जो याद रहता है

कुछ साल पहले मैं अपने जन्मदिन पर अकेला था और मैं अपने बेटे टोनी के फ़ोन के आने की उम्मीद कर रहा था। वह बड़ा हो चुका था और उसका अपना परिवार था। लेकिन यह मेरा जन्मदिन था और मुझे आशा थी कि यह उसे याद होगा।

शाम ढलती गई और रात गहराती गई। मैं सोचने लगा था कि क्या मेरा जन्मदिन मन भी पाएगा या नहीं। मैं उम्मीद छोड़ने वाला था, तभी आख़िरकार फ़ोन की घंटी बजी। मैंने रिसीवर उठाकर कहा, "हेलो," मैं दूसरे छोर पर अपने बेटे की आवाज़ सुनने की उम्मीद कर रहा था। लेकिन वहाँ ख़ामोशी के सिवा कुछ नहीं था।

मैंने एक बार फिर *"हेलो"* कहा - लेकिन फिर भी कुछ सुनाई नहीं दिया।

और फिर आख़िरकार, मैंने इसे सुना और उस पल मेरे जज़्बात आसमान में पहुँच गए। मैंने जो सुना, वह *अँगुलियाँ चटकाने* की स्पष्ट आवाज़ थी, जिसे समझने में कोई ग़लती नहीं हो सकती थी।

यह मेरा बेटा था, जो इतनी मील दूर और इतने बरस बाद मुझे यह संदेश भेजकर याद दिला रहा था कि वह भूला नहीं था।

इस घटना को ज़्यादा समय नहीं हुआ, जब एक रात को मेरे पोते एंथनी का छठा जन्मदिन था। उस दिन मेरा बेटा एंथनी को अपने साथ अकेले बातचीत करने के लिए बाहर ले गया। और जब पिता-पुत्र तारों के नीचे एक साथ बैठे और जीवन तथा छह साल का होने के बारे में बात की, तो मेरे बेटे ने एंथनी से पूछा, "तुम कितने साल के हो?"

"मैं छह साल का हूँ," छोटे एंथनी ने बहुत गर्व से कहा।

फिर मेरे बेटे ने तारों को देखा, मुस्कुराते हुए याद किया और अपने बेटे से कहा, "एक चीज़ है, जो मैं चाहता हूँ कि तुम मेरी ख़ातिर करो। *मैं चाहूँगा कि तुम अपनी अँगुलियाँ चटकाओ, बस एक बार।"*

आप अभी जो करते हैं, उससे फ़र्क़ पड़ता है

यह सच है। आप जीवन में उन कुछ, संक्षिप्त अँगुलियाँ चटकाने के बीच जो करते हैं, वह महत्त्वपूर्ण होता है। आप इस समय जो करते हैं, और आगे आने वाले हर दिन जो करते हैं, उससे फ़र्क़ पड़ेगा।

अगर आप सचमुच अपने आसमान के उन डायमंडों में से एक बनना चाहते हैं, तो आप बन सकते हैं।

आपके पास *संगठन* है।

आपके पास *साधन* हैं।

आपके पास *समय* है।

आपके पास *समर्थन* है।

और आपके पास वहाँ पहुँचने की *क़ाबिलियत* है।

कभी किसी को इससे कम कोई चीज़ ख़ुद को न बताने दें। *आप यह कर सकते हैं,* और आप जानते हैं कि आप कर सकते हैं!

इसी समय, एक पल के लिए ठहर जाएँ। एक गहरी साँस लें और तनावमुक्त हो जाएँ। अपने बारे में अच्छा महसूस करें।

और फिर मैं आपसे बस एक और चीज़ करने को कहूँगा : एक और पल के लिए ठहर जाएँ। अपने *अविश्वसनीय, असीमित* भविष्य के बारे में सोचें। ख़ुद को अपने सपनों का जीवन जीते देखें। और फिर, *इसी समय... अपनी अँगुलियाँ चटकाएँ, बस एक बार।*

आप संसार को बदल रहे हैं।

आपको मेरी शुभकामनाएँ।

आभार

कई बेहतरीन व्यक्ति हैं, जिन्होंने इस पुस्तक में अपने समय और बुद्धिमत्ता का योगदान दिया है। इनमें से कई डायमंड हैं, जबकि कई अन्य भी हैं, जो मेरे अनुमान से एक दिन डायमंड बनेंगे। हालांकि जिन लोगों ने कृपापूर्वक सहायता की है, वे इतने ज़्यादा हैं कि यहाँ उन सभी का ज़िक्र करना संभव नहीं है, और मैं उनमें से किसी का नाम भी छोड़ना नहीं चाहूँगा, इसलिए मैं उनमें से प्रत्येक को हार्दिक धन्यवाद देना चाहूँगा :

*आप ऐसे लोग हैं, जो दूसरों की परवाह व सहायता करने के प्रतीक हैं। आप की ही वजह से ऐमवे इतना असाधारण संगठन है। संसार में जो कुछ **सही** है, आप सचमुच उसका एक अहम हिस्सा हैं!*